Schlögl
Bestandsaufnahme Informationsmanagement

GABLER EDITION WISSENSCHAFT
Information Engineering und
IV-Controlling

Herausgegeben von

Professor Dr. Franz Lehner,
Universität Regensburg (schriftführend),
Professor Dr. Stefan Eicker,
Universität-GH Essen,
Professor Dr. Ulrich Frank,
Universität Koblenz-Landau,
Professor Dr. Erich Ortner,
Technische Universität Darmstadt,
Professor Dr. Eric Schoop,
Technische Universität Dresden

Die Schriftenreihe präsentiert aktuelle Forschungsergebnisse der Wirtschaftsinformatik sowie interdisziplinäre Ansätze aus Informatik und Betriebswirtschaftslehre. Ein zentrales Anliegen ist dabei die Pflege der Verbindung zwischen Theorie und Praxis durch eine anwendungsorientierte Darstellung sowie durch die Aktualität der Beiträge. Mit der inhaltlichen Orientierung an Fragen des Information Engineerings und des IV-Controllings soll insbesondere ein Beitrag zur theoretischen Fundierung und Weiterentwicklung eines wichtigen Teilbereichs der Wirtschaftsinformatik geleistet werden.

Christian Schlögl

Bestandsaufnahme Informations- management

Eine szientometrische, qualitative und empirische Analyse

Mit einem Geleitwort
von Prof. Dr. Wolf Rauch

Deutscher Universitäts-Verlag

Die Deutsche Bibliothek - CIP-Einheitsaufnahme

Schlögl, Christian:
Bestandsaufnahme Informationsmanagement : Eine szientometrische, qualitative und empirische Analyse / Christian Schlögl. Mit einem Geleitw. von Wolf Rauch. - 1. Aufl..
- Wiesbaden : Dt. Univ.-Verl. ; Wiesbaden : Gabler, 2001
   (Gabler Edition Wissenschaft : Information Engineering und IV-Controlling)
   Zugl.: Graz, Univ., Habil.-Schr., 2000
   ISBN 3-8244-7349-6

1. Auflage Februar 2001

© Betriebswirtschaftlicher Verlag Dr. Th. Gabler GmbH, Wiesbaden, und
  Deutscher Universitäts-Verlag GmbH, Wiesbaden, 2001
Lektorat: Brigitte Siegel / Stefanie Brich

Der Gabler Verlag und der Deutsche Universitäts-Verlag sind Unternehmen der Fachverlagsgruppe BertelsmannSpringer.

www.gabler.de
www.duv.de

Höchste inhaltliche und technische Qualität unserer Produkte ist unser Ziel. Bei der Produktion und Verbreitung unserer Werke wollen wir die Umwelt schonen. Dieses Buch ist deshalb auf säurefreiem und chlorfrei gebleichtem Papier gedruckt. Die Einschweißfolie besteht aus Polyethylen und damit aus organischen Grundstoffen, die weder bei der Herstellung noch bei der Verbrennung Schadstoffe freisetzen.

Die Wiedergabe von Gebrauchsnamen, Handelsnamen, Warenbezeichnungen usw. in diesem Werk berechtigt auch ohne besondere Kennzeichnung nicht zu der Annahme, dass solche Namen im Sinne der Warenzeichen- und Markenschutz-Gesetzgebung als frei zu betrachten wären und daher von jedermann benutzt werden dürften.

Druck und Buchbinder: Rosch-Buch, Scheßlitz
Printed in Germany

ISBN 3-8244-7349-6

Geleitwort

Als Geburtsstunde des Informationsmanagements wird allgemein wird der sogenannte „Paperwork Reduction Act", durch den die Bundesbehörden in den USA per Gesetz zur Einführung von Informationsmanagement verpflichtet wurden, betrachtet. In der Folge kam es zu einer wahren Publikationsflut zu dieser Thematik. Damit verbunden war aber auch eine sehr uneinheitliche Begriffsverwendung. Dementsprechend lässt sich die Informations-management-Literatur dadurch charakterisieren, dass es zahlreiche unterschiedliche konzeptionelle Beiträge gibt. Empirische Belege sind eher selten zu finden.

Das Ziel der hier vorliegenden Arbeit besteht darin, den Mythos „Informationsmanagement" einer genauen Analyse zu unterziehen. Einem derart ehrgeizigen Vorhaben kann am besten durch eine Multi-Methoden-Untersuchung entsprochen werden. So werden in der gegenständlichen Arbeit eine szientometrische Untersuchung, eine herkömmliche Literaturanalyse und eine empirische Studie vorgenommen.

Mit Hilfe der szientometrischen Untersuchung gelingt es dem Autor, die wesentlichen Dimensionen des Informationsmanagements herauszuarbeiten. Da es sich bei einer szientometrischen Studie um ein hoch aggregierendes Verfahren handelt und „inhaltliche" Kenntnisse zur Interpretation der Ergebnisse notwendig sind, erfolgt darüber hinaus eine Analyse der bestehenden Informationsmanagement-Literatur. Diese bestätigt die Ergebnisse der szientometrischen Untersuchung und verfeinert sie weiter. Auf der Grundlage der im Theorieteil erarbeiteten Ergebnisse erfolgt die Konzeption der empirischen Studie. Diese geht demnach von einem umfassenden Verständnis des Informationsmanagements im Sinne eines Managements von Information und Informationstechnologie aus. Untersuchungseinheiten sind nicht nur IT-Abteilungen, sondern auch (sonstige) informationsvermittelnde Stellen in österreichischen Großunternehmen der Banken-, Versicherungs- und Automobilbranche.

Der Nutzen der Arbeit besteht vor allem darin, dass sie die unterschiedlichen Aspekte des Informationsmanagements aufzeigt. Dadurch ist eine Standortbestimmung innerhalb des Informationsmanagements möglich, mit der sich die Inhalte bestimmen und die mit ihnen betrauten Disziplinen klar voneinander abgrenzen lassen. Darüber hinaus wird ein Einblick in die Praxis des Informationsmanagements geboten.

Zusammenfassend lässt sich festhalten, dass mit dieser Arbeit ein wichtiger Beitrag zum Informationsmanagement vorgelegt wurde, dem eine entsprechende Beachtung und Verbreitung zu wünschen ist.

Prof. Dr. Wolf Rauch

Vorwort

Die umfassende Bearbeitung eines Themas ist immer auch auf externe Unterstützung ange-wiesen. An dieser Stelle möchte ich mich daher bei allen vielmals bedanken, die zum Erschei-nen der hier vorliegenden Arbeit beigetragen haben.

Allen voran gilt mein Dank meinem akademischen Lehrer o. Univ.-Prof. Dr. Wolf Rauch. Er schaffte mir die denkbar besten Rahmenbedingungen für meine Arbeit und stand mir auf alle meine Fragen stets mit fachlichem Rat zur Seite. Bedanken möchte ich mich auch bei Herrn Prof. Dr. Gerhard Fröhlich und bei Herrn Dr. Juan Gorraiz für ihre Anregungen bei der szientometrischen Studie. Die dazu erforderlichen Daten-bankrecherchen wurden in kompetenter Weise von Frau Dr. Liselotte Maierl durchgeführt. Ebenfalls meinen Dank aussprechen möchte ich Prof. Wigand Ph.D., der die Grobkonzeption meiner Arbeit mit mir diskutierte und mich bei der Interpretation der Wissenschaftslandkarte unterstützte.

Mein Dank gilt weiters Herrn Prof. Dr. Alfred Gutschelhofer, Herrn Mag. Franz Strohmeier und meiner Frau Dr. Elvira Schlögl für die laufende kritische Durchsicht der Arbeit und die daraus resultierenden Verbesserungsvorschläge. Schließlich möchte ich mich noch bei allen Personen bedanken, die trotz ihres knappen Zeitbudgets an der empirischen Studie teilgenom-men haben.

Dr. Christian Schlögl

Inhaltsverzeichnis

Abbildungsverzeichnis

XIII

Tabellenverzeichnis

Abkürzungsverzeichnis

A&HCI®	Arts & Humanities Citation Index®
CIO	Chief Information Officer
DV	Datenverarbeitung
EDI	Electronic Data Interchange
EDV	Elektronische Datenverarbeitung
IM	Informationsmanagement
IM-ARTIKEL	Informationsmanagement-Artikel: Artikel aus dem SCI® und SSCI®, die im Titel die Phrase „Information Management" (nicht aber „Information Management System"), „Information Resource Management" oder „Information Resources Mangement" enthalten
IRM	Information Resource(s) Management/Informationsressourcen-Management
ISI®	Institute for Scientific Information®
IT	Informationstechnologie
IV	Informationsverarbeitung
JCR®	Journal Citation Reports®
LIS	Informationswissenschaft (Library and Information Science)
MIS	Management Information Systems
nfd	Nachrichten für Dokumentation
SCI®	Science Citation Index®
SSCI®	Social Science Citation Index®

1 Einleitung

Der Entwicklungsschub im Bereich der Informationstechnologien und das gestiegene Bewusstsein für die Bedeutung von Information führten dazu, dass bereits Ende der siebziger Jahre die Notwendigkeit empfunden wurde, bestehende Informationspotentiale besser auszuschöpfen und die dafür einzusetzenden Informationstechnologien zu beherrschen. Auf große Resonanz stieß der sogenannte „Paperwork Reduction Act" von 1980, durch den die Bundesbehörden in den USA per Gesetz zur Einführung des Informationsmanagements[1] (IM) verpflichtet wurden. Einige Autoren sind daher der Meinung, dass der „Paperwork Reduction Act" einen Meilenstein bei der Entstehung des Informationsmanagement-Konzepts darstellt.[2] In der Folge stieg das Publikationsvolumen zum Informationsmanagement stark an. Das war mit einer inflationären Verwendung dieses Terminus technicus verbunden, wobei von einer einheitlichen Begriffsverwendung keine Rede sein kann[3]. Gründe für diese Entwicklung waren unter anderem:

- Informationsmanagement ist ein unklares Konzept. Das liegt teilweise daran, dass eine eindeutige Verwendung der Grundbegriffe auch nicht gegeben ist.

- Informationsmanagement lässt auf ein attraktives Konzept schließen.

- Aufgrund dieser Attraktivität bedienen sich verschiedene „Gruppen" dieses Etiketts.[4]

Ein Ziel der hier vorliegenden Arbeit besteht nun darin, terminologische Klarheit zu schaffen.[5] Dazu sollen die wesentlichen Dimensionen des Informationsmanagements herausgearbeitet werden. Da eine herkömmliche Literaturanalyse immer die Gefahr einer gewissen Subjektivität in sich trägt und daher grundlegenden wissenschaftlichen Kriterien wie intersubjektiver Überprüfbarkeit[6] nicht genügen kann, wurde zusätzlich ein objektive(re)s Verfahren eingesetzt: eine szientometrische Studie[7]. Bei dieser wurde die Literatur zum Informationsmanagement nach verschiedenen Aspekten quantitativ ausgewertet und analysiert. Nach dem Kenntnisstand des Autors handelt es sich um die erste derartige Studie bei der Untersuchung des Informationsmanagements. Als Ergebnis werden die wichtigsten Charakteristika

---

[1]   Im „Paperwork Reduction Act" wird die Bezeichnung „information resources management" verwendet.
[2]   Vgl. zum Beispiel Bergeron 1996, S. 264; Broadbent/Koenig 1988, S. 250; Ellis 1986; Herget 1997, S. 785; Levitan 1982, S. 228; Lewis/Snyder/Rainer 1995, S. 201; Savic 1992, S. 132.
[3]   Vgl. beispielsweise Grudowski 1996, S. 351; Guimares 1985, S. 130; Levitan 1982, S. 228; Lewis / Snyder/Rainer 1995; Nawatzki 1994, S. 7; O'Brien/Morgan 1991, S. 2; Schwarze 1998; Silbley/Lucas 1988, S. 4; Taylor 1992; Thielscher 1999, S. 12; Wollnik 1986; Zahn/Rüttler 1990, S. 5.
[4]   In Anlehnung an Herget 1992, S. 7; Wersig 1989, S. 72.
[5]   Bezüglich Wichtigkeit eines einheitlichen Sprachgebrauchs in der Wissenschaft siehe zum Beispiel Esser/Klenovits/Zehnpfennig (1977, S. 68 f.).
[6]   Vgl. zum Beispiel Wohlgenannt 1969, S. 59 ff.
[7]   Van Raan definiert szientometrische Forschung als „... devoted to quantitative studies of science and technology" (vgl. Van Raan 1997, S. 205).

der Informationsmanagement-Literatur aufgezeigt. Insbesondere wird anhand einer Autoren-Kozitationsanalyse die formale Wissenschaftskommunikation im Bereich des Informationsmanagements dargestellt.

Ergänzend dazu wurde eine genaue Analyse der vorhandenen Literatur vorgenommen, um dadurch die Resultate der szientometrischen Studie weiter zu vertiefen. Ein Ergebnis davon ist ein Klassifikationsschema, das die Kernpunkte des Informationsmanagements aufzeigt und zur Positionierung unterschiedlicher Informationsmanagement-Ansätze verwendet werden kann. Eine derartige Standortbestimmung ist vor allem im Falle einer multidisziplinären[8] Ausrichtung des Informationsmanagements von einem großen Nutzen.

Nachdem Klarheit über die Begriffsverwendung in der Literatur geschaffen wurde, werden Selbstverständnis und Umsetzung des Informationsmanagements in der Praxis (Grundgesamtheit: österreichische Großunternehmen der Banken-, Versicherungs- und Automobilbranche mit mehr als 1000 Mitarbeitern) untersucht. Bisherige Studien hatten meist nur bestimmte Aspekte des Informationsmanagements zum Gegenstand. Im Gegensatz dazu geht die hier vorliegende Arbeit von einem umfassenden Informationsmanagement im Sinne des Managements von Information *und* Informationstechnologie aus. Dem Folge leistend werden alle jene Stellen/Abteilungen in die Untersuchung einbezogen, die in den einzelnen Unternehmen Informationsdienstleistungen für andere Abteilungen im selben Unternehmen erbringen. Je nach dem Aufgabenschwerpunkt sind dies informations- oder technologieorientierte „Informationsfunktionen". Erstere sind damit betraut, Information für andere Abteilungen im Unternehmen zu beschaffen, analysieren, speichern, bedarfsgerecht aufzubereiten und weiterzuvermitteln und/oder die dafür erforderliche Infrastruktur aufzubauen und zu betreuen. Letztere sind für die Bereitstellung und den Betrieb von computerbasierten Informationssystemen verantwortlich. Die Bedeutung der durchgeführten empirischen Studie liegt somit in der interdisziplinären Betrachtung des Informationsmanagements, die sowohl die technologieorientiertere Sichtweise der Wirtschaftsinformatik als auch die informationsorientiertere Ausrichtung der Informationswissenschaft einbezieht.

Im Rahmen dieser Arbeit werden also folgende zwei *Forschungsprobleme* untersucht:
- Forschungsproblem 1:
  In der Literatur gibt es kein einheitliches Begriffsverständnis zum Informationsmanagement. Die zahlreichen konzeptionellen Beiträge zum Informationsmanagement unterscheiden sich teilweise erheblich voneinander. Dies ist aber mit einer Reihe von Problemen, wie Erschwerung der Wissenschaftskommunikation, geringe-

---

[8]   Es wurde bewusst nicht die Bezeichnung „interdisziplinär" gewählt, da vorneweg nicht davon ausgegangen werden kann, dass jene Disziplinen, die sich mit Fragen des Informationsmanagements auseinander setzen, auch zusammenarbeiten.

rer Informationsgehalt von (allenfalls entwickelten) Theorien und mangelnde Vergleichbarkeit von verschiedenen Theorien und Aussagen, verbunden. Ziel: Es sollen die wesentlichen Dimensionen des Informationsmanagements herausgearbeitet werden. Dazu sollen eine Wissenschaftslandkarte erstellt und ein Klassifikationsschema entwickelt werden, die zur Standortbestimmung unterschiedlicher IM-Ansätze verwendet werden können.

- Forschungsproblem 2:

Im Gegensatz zur großen Zahl an „konzeptionellen" Beiträgen in der Literatur liegen vergleichsweise wenige empirische Belege zum Informationsmanagement vor. Die Kenntnisse über den Objektbereich sind insbesondere dann gering, wenn man von einem umfassenden Informationsmanagement ausgeht.

Ziel: Mit der empirischen Arbeit soll der Wissensstand zum Informationsmanagement (im Sinne des Managements von Information und Informationstechnologie) in der Praxis erhöht werden. Unter anderem werden folgende Aspekte des Informationsmanagements untersucht: Selbstverständnis, Ausprägungsgrad, Rolle des Endbenutzers, externe Einflussfaktoren, Problembereiche, zukünftige Entwicklung und das Verhältnis zwischen den verschiedenen „Informationsfunktionen".

Abbildung 1.1 zeigt das dieser Arbeit zugrunde liegende Forschungsdesign.

Die **Gliederung der Arbeit** orientiert sich an obigem Forschungsdesign: Nach der Einleitung werden die Grundbegriffe „Information" und „Management" einer Klärung zugeführt. Dadurch ist eine erste Abgrenzung des Informationsmanagements möglich.

Es folgt der *Theorieteil* der Arbeit, der mit der szientometrischen Studie beginnt. Nach einer kurzen Einführung in die Thematik und der Vorstellung des Forschungsplans werden die Ergebnisse präsentiert. Dabei erfolgt eine Trennung in Häufigkeitsverteilungen, mit deren Hilfe verschiedene Charakteristika der IM-Artikel aufgezeigt werden, und in Zitatenanalyse. Mittels einer Autoren-Kozitationsanalyse wird die formale Wissenschaftskommunikation im Bereich des Informationsmanagements einer genauen Analyse unterzogen. Das Ergebnis wird in Form einer Wissenschaftslandkarte dargestellt, die die wesentlichen Dimensionen des Informationsmanagements aufzeigt.

Im nächsten Kapitel (Literaturanalyse) werden die Resultate der Autoren-Kozitationsanalyse - die Unterscheidung zwischen informations- und technologieorientiertem Informationsmanagement – aufgegriffen und weiter verfeinert. Anschließend wird ein Klassifikationsschema entwickelt, mit dessen Hilfe Unterschiede und Gemeinsamkeiten der zuvor erarbeiteten IM-Ansätze verdeutlicht werden. Am Ende des Kapitels werden Überlegungen dahingehend angestellt, ob es sich bei informations- und technologieorientierten IM-Ansätzen um gegensätzliche oder sich ergänzende Standpunkte im Rahmen des dahingehend angestellt,

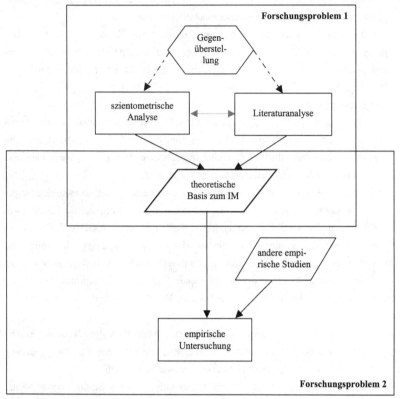

Abb. 1.1: Forschungsdesign

ob es sich bei informations- und technologieorientierten IM-Ansätzen um gegensätzliche oder sich ergänzende Standpunkte im Rahmen des Informationsmanagements handelt. Weiters wird die Frage diskutiert, warum sich das Informationsmanagement bis jetzt nicht als eine eigene wissenschaftliche Disziplin etabliert hat und ob eine derartige Entwicklung in Zukunft möglich scheint. Die theoretische Analyse endet schließlich mit einer Gegenüberstellung von szientometrischer Untersuchung und Literaturanalyse.

Der *empirische Teil* setzt sich mit der Umsetzung des Informationsmanagements in der Unternehmenspraxis auseinander. Zunächst wird ein umfassender Überblick über bereits durchgeführte Studien zum Informationsmanagement gegeben. Diese fließen, ebenso wie die Erkenntnisse des Theorieteils in die Konzeption der empirischen Studie ein. Im Kapitel „Informationsmanagement in österreichischen Großunternehmen" wird die durchgeführte empirische Studie vorgestellt. Am Beginn wird das Forschungsdesign, bestehend aus Konzeptualisierung und Untersuchungsplan offengelegt. Den Hauptteil macht die Präsentation der Ergebnisse aus. Danach werden die bei der empirischen Studie aufgetretenen Problembereiche erörtert. Am Ende des empirischen Teils werden die wichtigsten Ergebnisse der durchgeführten Studie zusammengefasst und mögliche Folgestudien skizziert.

Die **Erkenntnisse** der hier vorliegenden Arbeit lassen sich wie folgt resümieren: Die *szientometrische Untersuchung* ergab ein sprunghaftes Ansteigen des Publikationsvolumens am Beginn der achtziger Jahre, das sich seither in einem bestimmten Rahmen bewegt. Man kann also davon ausgehen, dass es sich bei Informationsmanagement um kein Modethema handelt. Weiters wurde belegt, dass Informationsmanagement in verschiedenen Anwendungsbereichen, vor allem in Technik, Wirtschaft, öffentlicher Verwaltung, Medizin sowie im Erziehungswesen ein Thema ist. Bei der Autoren-Kozitationsanalyse konnten Informationswissenschaft und Wirtschaftsinformatik als die beiden Grundlagendisziplinen identifiziert werden. Die Informationswissenschaft konzentriert sich dabei primär auf die Informationsinhalte (informationsorientiertes Informationsmanagement), während der Fokus von Wirtschaftsinformatik/Management Information Systems (MIS) vor allem im effektiven Einsatz von computerbasierten Informationssystemen in Organisationen (technologieorientiertes Informationsmanagement) liegt.

Bei der szientometrischen Studie traten auch einige Probleme zutage, die einerseits auf das zugrunde liegende Instrument (Social Science Citation Index® bzw. Science Citation Index®), andererseits auf die Methode an sich zurückzuführen sind. Wenn möglich wurden diese bei der Durchführung der Studie umgangen, zumindest aber bei der Interpretation der Ergebnisse berücksichtigt. So beziehen sich obige Aussagen primär auf den anglo-amerikanischen Raum, da ca. 70 % von den der Studie zugrunde liegenden Publikationen von Autoren aus den USA oder Großbritannien stammt.

Bei der *Literaturanalyse*, in die in einem stärkeren Maße auch deutschsprachige Literatur einbezogen wurde, wurden die Ergebnisse der szientometrischen Studie weiter verfeinert. Dabei konnte unter anderem herausgearbeitet werden, dass das technologieorientierte Informationsmanagement bei einer sehr engen Auslegung mit Datenmanagement gleichgesetzt wird. Die meisten Autoren aus dem Bereich von MIS/Wirtschaftsinformatik vertreten aber eine weitere Auffassung von Informationsmanagement (IT-Management). Demnach umfasst Informationsmanagement die Planung, Organisation und Kontrolle der Infrastruktur der Informationsverarbeitung, der (computerbasierten) Informationssysteme und zum Teil des Informationseinsatzes. Einen Schwerpunkt des IT-Managements bildet dabei die Entwicklung eines Informationsmodells. In einer noch weiteren Sichtweise umfasst das IT-Management auch strategische Aspekte (strategisches IT-Management). Dies kann so weit gehen, dass durch den Einsatz von Informationstechnologie aktiv versucht wird, die Wettbewerbsposition des jeweiligen Unternehmens zu verbessern. Informationsorientierte IM-Ansätze decken ein sehr weites Spektrum ab. Beim „records management" handelt es sich um eine eigene Disziplin mit einer standardisierten Ausbildung. Es ist aber primär nur in den anglo-amerikanischen Ländern in seinem vollen Funktionsumfang etabliert. Ein anderer Schwerpunkt liegt bei der Beschaffung externer Informationen. Bei einer weiteren Klasse von informationsorientierten IM-Ansätzen steht die Analyse und Planung von Informationsprozessen im Vordergrund. Im Gegensatz zu den technologieorientierten IM-Ansätzen werden keine so formalistischen und starren Modellierungsmittel verwendet. Generell wird dem Menschen eine große Bedeutung beigemessen, sei dies als Benutzer von Informationssystemen oder dadurch, dass er selbst Träger oder Vermittler der Information ist. Mit dem Informationsressourcen-Management wurde schließlich der Versuch unternommen, die unterschiedlichen Aspekte zu einem integrativen IM-Konzept zusammenzuführen.

Anhand folgender Kriterien lassen sich (obige) IM-Ansätze voneinander unterscheiden:
- unterstützte Informationsressourcen (Information, Informationstechnologie, Endbenutzer)
- Herkunft der Information (intern, extern),
- Strukturiertheitsgrad der be-/verarbeiteten Daten,
- verwendete Datenträger (elektronisch, papierbasiert, sonstige),
- betrachtete Informationssysteme (computerbasiert, nicht computerbasiert),
- eingesetzte Modellierungsmittel (formalistisch, nicht formalistisch),
- strategische Ausrichtung,
- Einbeziehung der Informations-/Unternehmenskultur und
- „Sensibilität" für politische Aspekte (z. B. Macht).

An der *empirischen Untersuchung* nahmen 20 technologie- und 22 informationsorientierte Informationsfunktionen (Beteiligungsquote: 88 %) aus 18 Unternehmen teil. Die Datenerhebung erfolgte in Form eines strukturierten und großteils standardisierten Interviews. Bei den technologieorientierten Informationsfunktionen handelte es sich großteils um EDV-Abteilungen. Wesentlich heterogener war die Zusammensetzung der informationsorientierten Informationsfunktionen (Bibliothek, Auskunftei, Mitarbeiterinformation, technische Dokumentation, Unternehmensanalyse, usw.). Da diese in den einzelnen Unternehmen mit verschiedenen Bezeichnungen an unterschiedlichen Stellen angesiedelt sind, waren sie nur schwer lokalisierbar. Dies war mit ein Grund für die Wahl der Erhebungsmethode.

In stark verkürzter Form lassen sich die Ergebnisse wie folgt zusammenfassen:

In keinem der untersuchten Unternehmen liegt eine *strukturorganisatorische Integration* von informations- und technologieorientierten Informationsfunktionen und somit ein zentrales

Informationsmanagement vor. Laut Meinung der meisten Respondenten sind die Unterschiede größer als die Gemeinsamkeiten. Erstere bestehen vor allem darin, dass beide Typen von Informationsfunktionen unterschiedliche Aufgaben und Anforderungen zu erfüllen haben.

Informations- und technologieorientierte Informationsfunktionen haben zum Teil ein ähnliches, zum Teil ein unterschiedliches *Selbstverständnis* bezüglich Informationsmanagement. Unterschiede bestehen darin, dass informationsorientierte Informationsfunktionen stärker mit unstrukturierten und externen Daten befasst sind und die Informationsnutzung stärker betonen. Technologieorientierte Informationsfunktionen betrachten primär strukturierte und interne Daten. Ihr Fokus liegt stärker auf der Informationsbereitstellung.

Die Bezeichnung Informationsmanagement wird von beiden Typen von Informationsfunktionen verwendet, dies aber eher selten. Aus der Sicht der untersuchten Unternehmen kann man also nicht davon ausgehen, dass es sich bei Informationsmanagement um ein „allgemein gültiges" Managementkonzept handelt.

Die einzelnen Bereiche des *Informationsmanagements* – strategische Informations(technologie)planung, Informationsrichtlinien, Informations(verarbeitungs)controlling und methodische Unterstützung – sind in den technologieorientierten Informationsfunktionen deutlich stärker *ausgeprägt* als in den informationsorientierten. Eine Hauptursache dürfte in ihrer unterschiedlichen Größe liegen. Zum Beispiel beträgt das Budget der informationsorientierten Informationsfunktionen im Durchschnitt weniger als ein Zehntel der den EDV-/Organisationsabteilungen zur Verfügung stehenden finanziellen Mittel. Wenn man zusätzlich die schwache organisatorische Positionierung der informationsorientierten Informationsfunktionen berücksichtigt, zeigt das die starke Betonung der technologieorientierten Informationsfunktionen im Rahmen des Informationsmanagements auf.

Im Großen und Ganzen werden die an ein Informationsmanagement gestellten Anforderungen von den EDV-/Organisationsabteilungen erfüllt. Es wurden aber auch einige Punkte aufgezeigt, bei denen Defizite bestehen. Vor allem die Nutzenproblematik und die strategische Informationsplanung (sowie ihre methodische Unterstützung) dürften zu den Schwachstellen zählen.

Die *Endbenutzer* spielen im betrieblichen Informationsmanagement eine aktive Rolle. Dies trifft sowohl auf Benutzerbeteiligung als auch auf individuelle Datenverarbeitung zu. Darüber hinaus nehmen die Mitarbeiter in den Fachabteilungen eine Reihe von informationsspezifischen Tätigkeiten im Rahmen des betrieblichen Informationswesens wahr. Wie zum Teil schon aus den Abteilungsbezeichnungen hervorging, verschwimmen die Grenzen zwischen Mitarbeitern aus den Fachabteilungen und Informationsspezialisten zusehens.

Personelle Ausstattung und Höhe des EDV-Budgets sind von der Unternehmensgröße (Mitarbeiterzahl) stark abhängig. Geringer ist hingegen der Einfluss der Branche auf Budgethöhe und die Zahl der in den technologieorientierten Informationsfunktionen Beschäftigten.

In internationalen Konzernen ist der Großteil der informationsorientierten Informationsfunktionen oft in der Konzernzentrale angesiedelt.

Informations- und technologieorientierte Informationsfunktionen sehen sich bei der Ausübung ihrer Tätigkeiten mit folgenden *Hauptproblemen* konfrontiert:

- die sich rasch ändernde Informationstechnologie,
- fehlendes Bewusstsein, dass Information mit Kosten verbunden ist,
- mangelnde Bewertbarkeit des Nutzens von Information,
- großteils nicht erkannter Zusammenhang, dass Information ein wesentlicher Beitrag zum Unternehmenserfolg ist.

Kosten-/Nutzenaspekte bzw. das in diesem Zusammenhang oft fehlende Bewusstsein zählen also zu den primären Problembereichen des Informationsmanagements.

Die *zukünftige Entwicklung* des Informationsmanagements wurde unterschiedlich eingeschätzt. Aus der Sicht der EDV-/Organisationsabteilungen werden Internet und eBusiness in den nächsten Jahren eine zentrale Rolle spielen und zum Teil starke Auswirkungen auf ihre Unternehmen haben. Von den Leitern der informationsorientierten Informationsfunktionen wurde der weiter zunehmenden Datenflut am meisten Beachtung geschenkt. Dadurch kommt der Informationsselektion in Zukunft eine zentrale Bedeutung zu.

2 Grundbegriffe

In diesem Kapitel werden die beiden Grundbegriffe, aus denen sich die Bezeichnung „Informations-Management" zusammensetzt, einer grundlegenden Klärung zugeführt.

Information

Da mittlerweile in zahlreichen Arbeiten Abhandlungen zum Informationsbegriff erschienen sind[9], soll hier darauf verzichtet werden. Wie diese Publikationen zeigen, ist das Begriffsverständnis nicht nur in verschiedenen Disziplinen[10] unterschiedlich.[11] Selbst innerhalb einer Disziplin kann von keinem einheitlichen Begriffsverständnis ausgegangen werden.

Im Kontext der hier vorliegenden Arbeit (betriebliches Informationsmanagement) ist es ausreichend, die Informationsbegriffe von Informationswissenschaft und Betriebswirtschaftslehre einer Klärung zuzuführen.[12] Genauer wird dabei auf den Informationsbegriff Kuhlens eingegangen, da sich dieser als Grundlage für das Informationsmanagement als besonders brauchbar erweist. Vor allem lässt sich daraus die Grundproblematik des Informationsmanagements ableiten.

Kuhlen definiert Information als die Teilmenge von Wissen, die „... von einer bestimmten Person oder einer Gruppe in einer konkreten Situation zur Lösung von Problemen benötigt wird und häufig nicht explizit vorhanden ist."[13] Im Gegensatz zu Information ist Wissen der „... statische Bestand, die Summe der bisherigen individuellen und kollektiven Erfahrungen oder Erkenntnisse, die mit guten Gründen in gewissem Ausmaß verallgemeinerbar sind, also nicht nur auf Meinungen beruhen."[14] Da der Kontext der Handlungssituation die Informationseigenschaft maßgeblich bestimmt, hat Information keinen objektiven Charakter. Information muss vielmehr unter Berücksichtigung einer Reihe von pragmatischen Rahmen-

---

[9] Vgl. zum Beispiel Becker 1994b; Berthel 1992; Kornwachs/Jacoby 1996; Krcmar 1997, S. 19 ff.; Maier/Lehner 1994; Menou 1995a; Menou 1995b; Peterhans 1996, S. 27 ff.; Pfeiffer 1990, S. 6 ff.; Picot 1997; Rauch 1982, S. 162 ff.; Rüttler 1991, S. 27 ff.; Stonier 1989; Umstätter 1992.

[10] Zum Beispiel differieren die Informationsbegriffe von Kybernetik (vgl. Shannon/Weaver 1949), Biologie (vgl. Scarrott 1994) oder Publizistik (vgl. Herrschaft 1996).

[11] Vgl. Kaye 1995; Wenzlaff 1991.
Eine Einteilung von Beiträgen zum Informationsbegriff nach Forschungsdisziplinen findet sich bei Schucan (1999, S. 47 f.).

[12] Da diese Arbeit im Schnittbereich von Informationswissenschaft und Wirtschaftsinformatik angesiedelt ist, und davon ausgegangen wird, dass ein Leser aus der einen Disziplin mit dem Informationsbegriff der jeweils anderen Disziplin nicht notwendigerweise vertraut ist, wird das Begriffsverständnis beider Disziplinen vorgestellt.

[13] Kuhlen 1989, S. 12.

[14] Kuhlen 1989, S. 13.

bedingungen wie Zeit, Geld, individuelle Informationsverarbeitungskapazität oder Organisationsziele jeweils neu erarbeitet werden. Auf eine Kurzformel gebracht könnte man Information mit „Wissen in Aktion" beschreiben. Ein weiteres Kriterium für die Informationseigenschaft ist der Neuigkeitswert für ihren Nutzer.

Nach obigem Verständnis sind Informationen etwas Flüchtiges. Sie werden in speziellen Situationen benötigt und sind danach Teil des Wissensbestandes oder werden wieder vergessen. Informationen werden eher als außerhalb des Subjekts befindlich angesehen. Sie müssen daher in einem Interaktionsprozess mit einem anderen Subjekt oder einem Objekt erarbeitet werden.[15]

Auch bei Wersig[16] steht der Mensch, und hier speziell der Neuigkeitsaspekt von Information, im Vordergrund. Wersig geht bei seinem Erklärungsansatz von einem systemtheoretischen Modell des Organismus aus. Dieser baut in seinem Inneren ein Arbeitsmodell der Außenwelt auf. Die Struktur dieses internen Außenweltmodells bezeichnet Wersig als Wissen. Ungewissheit besteht dann, wenn der Organismus für eine problematische Situation über kein adäquates „Programm" zur Lösung verfügt. In diesem Kontext macht Wersig drei Definitionsvorschläge, von denen die engste wie folgt lautet: „Information ... ist die Reduktion von Ungewissheit aufgrund von Kommunikationsprozessen."[17]

Beim betriebswirtschaftlichen Informationsbegriff wird oft auf Wittmann Bezug genommen. Dieser definiert Information als zweckorientiertes Wissen, also solches Wissen, das zur Erreichung eines Zweckes eingesetzt wird.[18] Auch Wittmann betont somit den pragmatischen Aspekt von Information.[19] Dies erscheint insofern plausibel, da sowohl die Informationswissenschaft als auch die Betriebswirtschaftslehre sozialwissenschaftliche Disziplinen sind[20], bei denen letztendlich der Mensch im Mittelpunkt steht. Zu den Informationsbegriffen von Kuhlen und Wersig ergeben sich aber auch Unterschiede. So wird der Zweckbezug von Wittmann enger gefasst. - Information soll eine möglichst vollkommene Disposition (im betriebswirtschaftlichen Sinn) ermöglichen.[21] Hingegen hat die Informationswissenschaft einen weiteren inhaltlichen Fokus: „Gegenstand der Informationswissenschaft ist die Behandlung von Informationsprozessen und –problemen in Wissenschaft, Gesellschaft, Wirtschaft und Verwaltung. Im Vordergrund stehen Fragen der Erzeugung, Vermittlung und Aufnahme

---

[15] Vgl. Kuhlen 1989, S. 10 ff.
[16] Vgl. Wersig 1974, S. 55 ff.
[17] Wersig, 1974, S. 74.
[18] Vgl. Wittmann 1959, S. 14.
[19] Dass aber selbst in der Betriebswirtschaftslehre der Informationsbegriff nicht einheitlich verwendet wird, belegt ein Überblicksartikel zu dieser Thematik (vgl. Bode 1997).
[20] Besonders Rauch betont die Zugehörigkeit der Informationswissenschaft in den Sozial- und Wirtschaftswissenschaften (vgl. Rauch 1988, S. 16).
[21] Vgl. Wittmann 1959, S. 14.

vorwiegend fachlicher und systembezogener Information."[22] Bezüglich Neuigkeitsaspekt verfolgt Wittmann einen weiteren Ansatz. Information kann sowohl Wissen (das Gewissheitscharakter hat) als auch „wahrscheinliches Wissen" sein. Dem entsprechend unterscheidet Wittmann zwischen dem Fall der vollkommenen Information und jenem der vollkommenen Ungewissheit. In der Praxis sind beide Extrempole kaum zu finden. Tatsächlich liegen jeweils unterschiedliche Informationsgrade vor.[23]

Zur Verdeutlichung des Informationsbegriffs und speziell zur Abgrenzung von Information, Wissen und Daten, kann die Semiotik herangezogen werden. Diese befasst sich mit der Theorie von Zeichen.[24] In der Semiotik wird ein Zeichen auf folgenden Ebenen betrachtet: Syntaktik, Semantik und Pragmatik. Die „Syntaktik befasst sich mit den Zeichen als solchen und ihren mathematisch-statistischen Beziehungen ...". Die „Semantik untersucht den Bedeutungsgehalt der Zeichen, also das Verhältnis der Zeichen zum Bezeichneten und die Bedeutung der Zeichen untereinander." Die „Pragmatik bezieht den Zeichennutzer in die Betrachtung ein; sie befasst sich also mit der Information."[25] Aus der Sicht der Semiotik entsprechen Daten der syntaktischen, Wissen der semantischen und, wie schon aus obigem Zitat hervorgegangen ist, Information der pragmatischen Zeichenebene.

Aus obigen Ausführungen lässt sich die Hauptforderung an das Informationsmanagement ableiten, dass es einen Nutzen stiften muss (pragmatisches Primat). Damit verbunden ist aber eines der größten Probleme dieses Konzepts: Information und damit auch der empfundene Nutzen sind etwas Subjektives. Die größte Schwierigkeit stellt nun die Bewertung des Nutzens dar.[26] Neben grundlegenden Quantifizierungsproblemen besteht ein weiteres Problem darin, dass eine Bewertung nur im Nachhinein möglich ist.[27] Dies setzt aber voraus, dass die zu beschaffende Information bereits bekannt sein muss. In diesem Fall wäre aber ein wesentliches Kriterium der Informationseigenschaft – der Neuigkeitsaspekt - nicht mehr erfüllt. Diese paradoxe Situation wird in der Literatur als Informationsparadoxon bezeichnet.[28]

---

[22] Schneider 1991, S. 397.
[23] Vgl. Wittmann 1959, S. 17 ff.
[24] Vgl. Kuhlen 1980, S. 676.
[25] Heinrich/Roithmayr 1992, S. 464.
[26] Daran konnten auch die zahlreichen Arbeiten nichts ändern, die sich mit dem Problem der Bewertbarkeit und Bewertung des Nutzens von Information auseinander gesetzt haben.
Vgl. zum Beispiel Bamberg/Coenenberg/Kleine-Doepke 1976; Brinberg 1989; Cronin/Gudim 1986; Dué 1996; Glazer 1993; Griffiths 1982; McPherson 1994; Mowshowitz 1992; North/Probst/Romhardt 1998; Parker/Houghton 1994; Schindel 1979; Taylor 1982; Taylor 1985; Wild 1971.
[27] Vgl. zum Beispiel Burton 1988, S. 66.
[28] Vgl. Picot/Reichwald/Wigand 1998, S. 109.

Management[29]

Ähnlich wie der Informationsbegriff so soll auch der Managementbegriff nur so weit einer Klärung zugeführt werden, wie dies zum Verständnis dieser Arbeit erforderlich ist.

Allgemein üblich ist die Unterscheidung zwischen funktionalem und institutionalem Management.[30] Aus institutionaler Sicht umfasst das Management die Träger der Führungstätigkeiten. Diese können sich auf verschiedenen hierarchischen Stufen der Leitungsstruktur befinden. Allgemein üblich ist die Unterscheidung zwischen Top-, Middle- und Lower-Management. Die funktionale Dimension beschreibt die Funktionen, die vom Management wahrgenommen werden. Diese betreffen sowohl sachliche als auch humane Aspekte der Führung und knüpfen häufig an Funktionen wie Planung, Entscheidung, Organisation, Motivation, Kontrolle, Beurteilen, usw. an.[31]

Weiters kann eine Differenzierung zwischen allgemeinem und speziellem Management gemacht werden. Das allgemeine Management beschäftigt sich primär mit der Entwicklung einer allgemeinen Konzeption und eines systematischen Instrumentariums für die Gesamtleitung eines Unternehmens. Hingegen behandelt das spezielle Management (z. B. Personal-Management) darüber hinaus inhaltliche Fragestellungen des jeweiligen Fachbereichs.[32]

Aus obigen Ausführungen wird für die hier vorliegende Arbeit folgende Festlegung getroffen: Informationsmanagement wird primär mit der funktionalen Dimension des Managements gleichgesetzt und hauptsächlich als spezielle Managementfunktion betrachtet.

Nicht Gegenstand dieser Arbeit ist Informationsmanagement im Sinne von Wissen und Können im persönlichen Umgang mit Information[33].[34] In diesem Bereich gibt es eine Reihe von in der Regel sehr einfach gehaltenen Publikationen, die Inhalte wie Informationsaufnahme, Visualisierungstechniken, Präsentationstechniken, Umgang mit Medien oder persönliche Ablagesysteme behandeln.[35] Aber selbst auf wissenschaftlicher Ebene gibt es Beiträge zum „persönlichen Informationsmanagement". So beschreiben zum Beispiel Nastansky und Seidensticker in einigen Publikationen, wie man durch den Einsatz von

---

[29] In der deutschsprachigen Betriebswirtschaftslehre ist vielfach auch die Bezeichnung Führung üblich (vgl. zum Beispiel Dichtl/Issing 1993, S. 736).

[30] Vgl. Bleicher 1992, S. 1272 f.; Dichtl/Issing 1993, S. 736; Gabler Wirtschaftslexikon 1997, S. 2527 f.; Staehle 1994, S. 69; Woll/Vogt/Weigert 2000, S. 488 f.

[31] Vgl. Bleicher 1992, S. 1271 ff.

[32] Vgl. Ulrich 1992, S. 15.

[33] Vgl. Heinrich 1993, S. 1750; Seibt 1993.

[34] Horton unterscheidet folgende vier Ebenen der Behandlung von Informationsproblemen und –prozessen: Individuum, Organisation, nationaler sowie internationaler Kontext (vgl. Horton 1985, S. 30 ff.). Gegenstand der hier vorliegenden Arbeit ist das Informationsmanagement in Organisationen bzw. speziell das betriebliche Informationsmanagement.

[35] Vgl. zum Beispiel Heinold 1990; Kägi 1990; Krämer/Walter 1996; Wilson 1998.

Hypermediakonzepten[36] die persönliche Informationsverwaltung von Managern verbessern kann.[37]

Auf dem erarbeiteten Begriffsverständnis aufbauend wendet sich die Arbeit nun der genaueren Klärung des Begriffs Informationsmanagement zu. Dies erfolgt zunächst in Form einer szientometrischen Studie.

---

[36] Zwecks Einführung in das Hypertext-/Hypermedia-Konzept siehe zum Beispiel Bush 1945; Conklin 1987; Nelson 1962; Schlögl 1993; Schwarz/Schlögl 1992.
[37] Vgl. Nastansky/Seidensticker 1990; Seidensticker 1990.

Teil I: Theoretische Analyse des Informationsmanagements

3 Szientometrische Studie (quantitative Analyse)

Wie bereits erwähnt wurde, besteht ein Hauptziel der hier vorliegenden Arbeit darin, den Begriff Informationsmanagement einer umfassenden Klärung zuzuführen. Dazu sollen die wesentlichen Dimensionen dieses Begriffs herausgearbeitet werden. Dies soll nicht nur in Form eines Literaturstudiums erfolgen. Eine herkömmliche Literaturzusammenfassung muss immer subjektiv bleiben und kann daher grundlegenden Kriterien von Wissenschaftlichkeit wie intersubjektive Nachprüfbarkeit[38] nicht vollständig entsprechen. Aus diesem Grund wird zusätzlich ein objektive(re)s Verfahren eingesetzt: eine szientometrische Studie.[39]

Im Folgenden wird zunächst eine kurze Einführung in das Gebiet der Szientometrie gegeben. Danach wird die durchgeführte szientometrische Untersuchung vorgestellt.

3.1 Grundlagen

In einem Artikel zum State-of-the-art der Szientometrie[40] definiert Van Raan diese folgendermaßen: „Scientometric research is devoted to quantitative studies of science and technology"[41]. Die Szientometrie befasst sich also mit der Anwendung exakter Messmethoden bei der Untersuchung der Wissenschaft. Sie ist eine mögliche Art der Untersuchung der Wissenschaft.[42]

Eng damit hängen die beiden Termini Bibliometrie und Informetrie zusammen. Der Begriff Bibliometrie geht auf Pritchard zurück, der sie definiert hat als "... the application of mathematics and statistical methods to books and other media of communication."[43] Pritchard forderte eine Ablösung der bis dahin verwendeten Bezeichnung "statistical bibliography", weil sie kaum verwendet wurde und Assoziationen mit Bibliographien auf dem Gebiet der Statistik geweckt werden konnten.[44]

---

[38] Vgl. Wohlgenannt 1969, S. 59 ff.

[39] Wie später noch gezeigt wird, ist auch eine szientometrische Untersuchung nicht so objektiv wie dies zunächst scheint.

[40] Der Begriff wurde ursprünglich von den beiden sowjetischen Wissenschaftlern Nalimov und Mul'cenko geprägt.

[41] Van Raan 1997, S. 205.

[42] Vgl. Schmidmaier 1983, S. 17 f.

[43] Pritchard 1969, S. 349.

[44] Die Geschichte der Bibliometrie ist somit älter als der eigentliche Begriff und lässt sich auf den Beginn des 20. Jahrhunderts zurückführen (vgl. Schmidmaier 1984; Lawani 1981, S. 295).

Laut Nacke ist der Begriff Bibliometrie zu eng, um die Anwendung von mathematischen Methoden im Bereich des (gesamten) Informationswesens abdecken zu können. Nacke schlägt dafür die Benennung Informetrie vor und definiert sie als die "... Lehre von der Anwendung mathematischer Methoden auf die Sachverhalte des Informationswesens zur Beschreibung und Analyse ihrer Phänomene, zum Auffinden ihrer Gesetze und zur Unterstützung ihrer Entscheidungen."[45]

Wie aus den obigen Ausführungen hervorgeht, bestehen zwischen Szientometrie, Bibliometrie und Informetrie enge Beziehungen, die sich aus den entsprechenden Beziehungen zwischen den Systemen der Wissenschaft, des Bibliothekswesens und der wissenschaftlichen Kommunikation ergeben. Häufig lassen sie sich nicht voneinander abgrenzen.[46] Im anglo-amerikanischen Raum wird primär der Begriff Bibliometrie verwendet[47], international findet man häufig den Terminus Szientometrie. Nicht zuletzt trägt die international bedeutendste Zeitschrift in dieser Disziplin diesen Namen.[48] In der hier vorliegenden Arbeit wird ebenfalls letztere Bezeichnung verwendet.

Bei einer szientometrischen Analyse versucht man, mittels Indikatoren unterschiedliche Aussagen zu gewinnen. Beispielsweise schließt man von der Zitierhäufigkeit auf den wissenschaftlichen Einfluss eines Autors oder von der Halbwertszeit[49] auf die Veralterung des Wissens in einer Disziplin. In der hier vorliegenden Arbeit wird diesbezüglich eine vorsichtigere Position vertreten. Demnach kann Szientometrie keinen „Allgemeingültigkeitsanspruch" für wissenschaftliche Erklärungen erheben. Es wäre zum Beispiel unzulässig, alleine aufgrund der Anzahl von erhaltenen Zitaten auf die Wertschätzung eines Wissenschaftlers zu schließen. Bei einem unterstützenden Einsatz können szientometrische Analysen aber einen wertvollen Beitrag leisten.

In den Rechtswissenschaften lassen sich bibliometrische Untersuchungen, speziell Zitatenanalysen, noch weiter zurückverfolgen (vgl. Shapiro 1992).

[45] Nacke 1979, S. 220.

[46] Vgl. Bonitz 1982, S. 22.

[47] "Bibliometrics is the quantitative study of literatures as they are reflected in bibliographies. Its task, immodestly enough, is to provide evolutionary models of science, technology, and scholarship." (White/McCain 1989, S. 119)

Da der konkurrierende Begriff sowjetischen Ursprungs ist, waren für die Wahl der Bezeichnung möglicherweise auch ideologische Gründe ausschlaggebend.

[48] Scientometrics - An International Journal for all Quantitative Aspects of the Science of Science, Communication in Science and Science Policy.

[49] Die Halbwertszeit gibt an, wie alt genau die Hälfte der Referenzen (einer bestimmten Zeitschrift) ist. Sie wird dadurch ermittelt, dass man die den chronologisch sortierten Referenzen des jeweiligen Jahres solange in die Vergangenheit zurückgeht, bis 50 % der Referenzen abgedeckt sind. Sie wird also mit Hilfe des Medians des Erscheinungsdatums der Referenzen berechnet.

Als Quellen für szientometrische Studien dienen unter anderem Bibliographien[50], Zitate/Zitierindizes[51] und verschiedene Verzeichnisse[52].[53] In der Regel liegen diese Daten elektronisch in Datenbanken[54] vor, oft werden die Zitationsdatenbanken des Institute for Scientific Information® (ISI®) verwendet. Einige Hosts[55] stellen bei ihren Abfragesprachen spezielle Befehle zur Unterstützung von szientometrischen Auswertungen zur Verfügung.[56]
Die Anwendungsgebiete sind äußerst vielfältig. Sie lassen sich grob in folgende Bereiche einteilen:

- Auswahl und Beurteilung von Buch- und Zeitschriftenbeständen,

- Ermittlung unterschiedlicher Charakteristika der Literatur (zum Beispiel einer bestimmten wissenschaftlichen Disziplin): Wachstum, Halbwertszeit, länderweise Vergleiche, etc.

- wissenschaftshistorische, -soziologische und sonstige Anwendungen.[57]

Von Bedeutung ist die Szientometrie weiters für Forschungsförderung und Forschungsevaluation,[58] wenn auch bei der Interpretation der Ergebnisse Vorsicht geboten ist[59] und bei einer umfassenden Evaluation noch weitere Faktoren berücksichtigt werden müssen[60].
Die Szientometrie ist (mittlerweile) eine etablierte Wissenschaftsdisziplin. In einem Review-Artikel vertreten White und McCain die Meinung, dass Bibliometrie und Szientometrie in den siebziger und achtziger Jahren weiter an Bedeutung gewonnen haben.[61] Die

---

[50] Bibliographien verzeichnen die Titel von Veröffentlichungen und ermöglichen dadurch einen Überblick über das von ihnen erfasste Schrifttum. Inhalt und Detailiertheit der Beschreibung hängen wesentlich vom jeweiligen Zweck der Bibliographie ab (vgl. Ockenfeld 1997, S. 262).
[51] In einem Zitierindex werden Veröffentlichungen (wissenschaftliche Beiträge, Patente) mit den in ihnen zitierten Werken verzeichnet. Dadurch wird die Beziehung einer dem Leser bekannten Veröffentlichung und neueren Arbeiten, die diese Veröffentlichung zitiert haben, „nachschlagbar" (vgl. Ockenfeld 1997, S. 264 f.). Auf Zitierindizes, speziell SCI® und SSCI®, wird nachfolgend noch genauer eingegangen.
[52] Verlagsverzeichnisse, Verzeichnisse von Wissenschaftlern, usw.
[53] Vgl. Lawani 1981, S. 300 ff.
[54] Je nach Art der in ihnen gespeicherten Daten unterscheidet man zwischen Text- und Faktendatenbanken (enthalten nur nummerische Daten). Erstere lassen sich in Referenz- und Volltextdatenbanken einteilen (vgl. Kind 1997, S. 282 ff.).
[55] Ein Host ist ein sogenannter Wirtsrechner, der Online-Datenbanken unterschiedlichen Inhaltes anbietet. Er stellt Abfrageprogramme zum Zugriff auf die Datenbanken zur Verfügung und übernimmt die Abrechnung (vgl. Kind 1997, S. 281 f.).
[56] Ein Vergleich von Befehlen für szientometrische Auswertungen auf verschiedenen Hosts findet sich zum Beispiel bei Wissmann (1993).
[57] Vgl. Lawani 1981, S. 302 ff.
[58] Vgl. zum Beispiel Winterhager/Weingart/Sehringer 1988.
[59] Vgl. Daniel 1988a, S. 238. Am Beispiel des Faches Psychologie zeigt Daniel auf, warum fachbezogene Institutsranglisten eine geringe Reliabilität und Validität aufweisen.
[60] Vgl. zum Beispiel Daniel 1988b, S. 148; Fröhlich 1999, S. 31 ff. und S. 36.
[61] Vgl. White/McCain 1989, S. 119.

Behauptung, dass Bibliometrie/Szientometrie zirka die Hälfte der informationswissen-schaftlichen Forschung abdeckt, dürfte aber zu weit gehen.[62]

3.2 Untersuchung

Im Folgenden wird die durchgeführte szientometrische Untersuchung vorgestellt.

3.2.1 Forschungsdesign

Das Forschungsdesign basierte auf folgenden *Grundanforderungen*:

1. Aus auswertungstechnischen Gründen und dem Stand der Technik entsprechend soll-ten elektronische Medien (Datenbanken) als Basis für die Durchführung der sziento-metrischen Untersuchung dienen.

2. Die Untersuchung sollte möglichst breit angelegt werden. Dadurch sollte keine Dis-ziplin ausgeschlossen werden, die sich (auch) mit dem Gebiet des Informations-managements auseinandersetzt.[63]

3. Die zugrunde liegende(n) Datenbank(en) sollte(n) auch „erweiterte" szientometrische Analysen, speziell die Untersuchung der (formalen) Wissenschaftskommunikation auf der Basis von Zitatenanalysen ermöglichen.

Die *Zitationsdatenbanken* des Institute for Scientific Information® (ISI®) werden allen diesen Anforderungen gerecht.[64] Science Citation Index® (SCI®), Social Science Citation Index® (SSCI®) und Arts & Humanities Citation Index® (A&HCI®) decken mit Natur-, Sozial-sowie Geisteswissenschaften und Kunst das gesamte Spektrum wissenschaftlicher Forschung ab. Es handelt sich also um multidisziplinäre Datenbanken.[65] Diese Datenbanken können online über die meisten Hosts abgefragt werden, sind aber auch auf CDROM verfügbar. Seit kurzem wird vom ISI® ein weiteres Produkt vertrieben: der Web of Science®. Durch ihn werden obige drei Datenbanken „gebündelt". Im derzeitigen Entwicklungsstand geht er bis in die siebziger Jahre zurück und enthält ca. 20 Millionen Quellenartikel mit rund 300 Millionen

---

[62] Bei dieser Aussage muss berücksichtigt werden, dass White und McCain Vertreter der szientometrischen Forschungsrichtung innerhalb der Informationswissenschaft sind.

[63] Wäre zum Beispiel die Datenbank BLISS szientometrisch ausgewertet worden, so wäre die Studie von Beginn an primär auf betriebswirtschaftliche Informationsmanagement-Ansätze fokussiert gewesen.

[64] Eine umfassende Einführung findet sich bei Garfield (1983).

[65] Vgl. Garfield 1995.

Zitaten. Die Quellenartikel stammen aus 5300 naturwissenschaftlich/technischen, 1700 sozial-wissenschaftlichen und rund 1100 geisteswissenschaftlichen Periodika.[66]

Exkurs: Zitationsdatenbanken

Das Besondere an einem Zitierindex besteht darin, dass hier nicht formale und inhaltliche Merkmale der Dokumente im Vordergrund stehen. Vielmehr gibt er primär darüber Auskunft, wer wen in welchem Aufsatz zitiert hat. Damit ist der Grundgedanke schon angedeutet: Ein Dokument, das ein anderes zitiert, steht in einem inhaltlichen Zusammenhang mit diesem. Die Stellung einer wissenschaftlichen Arbeit ergibt sich unter anderem dadurch, dass sie zitiert wird.[67] Diese Zusammenhänge können nicht nur bei der Literatursuche verwendet werden, sondern auf aggregierter Ebene dazu, um verschiedene Cluster „zusammengehöriger" Autoren zu bilden.

```
         File    7:Social SciSearch(R)  1972-1997/Jul W2
                      (c) 1997 Inst for Sci Info

     GA=, NR=  02195456   Genuine Article#: ER335   Number of References: 68
         /TI  Title: SHOWING OFF - TESTS OF AN HYPOTHESIS ABOUT MENS FORAGING
                      GOALS
         AU=  Author(s): HAWKES K
         CS=  Corporate Source: UNIV UTAH,DEPT ANTHROPOL,101 STEWART HALL/SALT
         ZP=  LAKE CITY//UT/84112
SO=, JN=, PY=  Journal: ETHOLOGY AND SOCIOBIOLOGY, 1991, V12, N1, P29-54
     LA=, DT=  Language: ENGLISH   Document Type: ARTICLE
         SF=  Subfile: SocSearch; SciSearch; CC AGRI--Current Contents,
                      Agriculture, Biology & Environmental Sciences; CC SOCS--Current
                      Contents, Social & Behavioral Sciences
         SC=  Journal Subject Category: SOCIOLOGY
         /DE  Descriptors--Author Keywords: SHARING; HUNTING; FORAGING STRATEGIES;
                      SEX ROLES; RISK; ACHE
         /ID  Identifiers--KeyWords Plus: ACHE HUNTER-GATHERERS; EASTERN PARAGUAY;
                      STOCHASTIC ENVIRONMENT; EVOLUTION; DIVISION; FORAGERS; LABOR;
                      RISK; SEX
         CR=  Cited References:
CA=, CY=, CW=      AXELROD R, 1981, V211, P1390, SCIENCE
                      BATEMAN AJ, 1948, V2, P349, HEREDITY
                      BLURTON J, 1984, V4, P145, ETHOL SOCIOBIOL
                      BLURTON J, 1987, V26, P31, SOC SCI INFORM
                      BRADBURY JW, 1987, SEXUAL SELECTION TES
                      BROWN JK, 1970, V72, P1073, AM ANTHROPOL
CARACO T, 1980, V61, P119, ECOLOGY
                      CASHDAN EA, 1985, V20, P454, MAN
                      CHAYANOV AV, 1966, THEORY PEASANT EC
                      DARWIN C, 1871, DESCENT MAN SELECTIO
                      ...
```

Abb. 3.1: Beispiel für einen Datensatz in der SSCI®-Datenbank von Dialog[68]

---

[66] Vgl. Stock 1999, S. 21.
[67] Vgl. Ratzek 1990, S. 240.
[68] http://library.dialog.com/bluesheets/html/bl0007.html#RC (Stand: 24. August 1999).

Nicht verschwiegen werden sollen die Problembereiche der Zitierindizes des ISI. Folgende Kritikpunkte werden in der Literatur angeführt:[69]

- Bei den Referenzen wird bei Mehrautorenwerken nur der erste Autor nachgewiesen.[70]

- Da die Ansetzung der Autoren mit dem Familiennamen und den Initialen der (des) Vornamen(s) erfolgt, ist diese bei derart großen Datenmengen, wie sie in SCI®, SSCI® und A&HCI® vorliegen, oft nicht eindeutig (Homonymproblematik).[71]

- Berücksichtigt werden müssen Tippfehler, die sowohl bei der Dateneingabe als auch beim Autor des jeweiligen Aufsatzes aufgetreten sein können.

- Bei den Quellenpublikationen werden nur Periodika erfasst.[72] Von den derzeit weltweit über 100.000 vertriebenen wissenschaftlichen Zeitschriften wertet das ISI® zirka 8.000 aus. Die Auswahl der Zeitschriften[73] erfolgt nach Konzentrationskennzahlen, wodurch aus quantitativer Sicht kleine wissenschaftliche Disziplinen und theoretische Ansätze oder weniger häufig gesprochene Sprachen kaum eine Chance auf Aufnahme in die ISI-Datenbanken haben[74].

- Bei den Zitationsdatenbanken handelt es sich um US-amerikanische Produkte. Prinzipiell unterrepräsentiert ist daher die Forschung aus anderen Ländern, wobei es zwischen einzelnen Wissenschaftsdisziplinen große Unterschiede gibt.

Ziele und Methodik der Untersuchung

Folgende Fragen sollten durch die szientometrische Untersuchung beantwortet werden:

---

[69] Vgl. Stock 1999, S. 22 f.

[70] Die Hauptgründe dürften im geringeren Erfassungsaufwand – wie bereits erwähnt wurde, enthalten die ISI-Datenbanken rund 300 Millionen Zitate – und in der einfacheren Datenbankstruktur liegen. Im Web of Science werden allerdings Mehrfachautorenschaften bei jenen Referenzen berücksichtigt, die auch als Quellenartikel enthalten sind (vgl. Stock 1999, S. 24).

[71] Da zusätzlich noch die Organisation der Autoren (CS in Abbildung 3.1) festgehalten wird, sollte eine Unterscheidung von identisch angesetzten Autorennamen in den meisten Fällen möglich sein. Darüber hinaus kann man unter Umständen über den Titel des Aufsatzes (/TI), die Zeitschrift in der publiziert wurde (JN) und die Zeitschriftenkategorie (SC) aufgrund der fachlichen Zuordnung auf die Identität des Autors schließen.

[72] Vorrangig buchdominierte Disziplinen (z. B. Kulturwissenschaften) und Disziplinen, in denen Patente und Graue Literatur die primäre Forschungsgrundlage bilden (z. B. Ingenieurwissenschaften) sind daher in den ISI-Zitationsdatenbanken stark unterrepräsentiert (vgl. Fröhlich 1999, S. 34).

[73] Die Zeitschriften für die einzelnen Fachgebiete des SSCI® können unter folgender Internet-Adresse eingesehen werden: http://www.isinet.com/cgi-bin/jrnlst/jlresults.cgi?PC=J (Stand: August 1999).

[74] Wie später noch gezeigt wird, bevorzugt die derzeitige Zusammenstellung sehr stark das anglo-amerikanische Wissenschaftssystem. Auch die Verwendung von objektiven Konzentrationskennzahlen führt daher bei Neuaufnahmen von Zeitschriften nur zu einer Fortschreibung der bestehenden Unausgewogenheiten (vgl. Fröhlich 1999, S. 35).

- Wird die Bezeichnung Informationsmanagement in verschiedenen wissenschaftlichen Disziplinen verwendet? Wenn ja, in welchen?
- In welchen Zeitschriften erscheinen die meisten IM-Aufsätze?
- Wer sind die Kernautoren bzw. welche Autoren haben die meisten Aufsätze über Informationsmanagement geschrieben?
- Aus welchen Ländern kommen die publizierenden Autoren? In welchen Sprachen wird hauptsächlich publiziert?
- Ist/war Informationsmanagement nur ein Modebegriff?
- Welche Autoren haben den höchsten „Impact" („Citation Classics")?
- Wie sieht die formale Wissenschaftskommunikation im Bereich des Informationsmanagements aus?

Zur Beantwortung obiger Fragen wird folgende Vorgehensweise gewählt: Nach der Festlegung des Untersuchungszeitraums werden zunächst die IM-Kernpublikationen ermittelt, die einfachen Auswertungen (zeitliche Verteilung, Kernautoren und deren Herkunft, Publikationssprachen, usw.) unterzogen werden. Dem Grundgedanken von Zitierindizes entsprechend wird dann eine Zitatenanalyse durchgeführt. Bei dieser werden die (von den IM-Kernpublikationen) am öftesten zitierten Autoren einer Autoren-Kozitationsanalyse unterzogen. Aus den aggregierten Kozitaten von jeweils zwei Autoren werden letztendlich unterschiedliche „Strömungen" innerhalb des Informationsmanagements herausgearbeitet.

In der Literatur wird vielfach die Meinung vertreten, dass der 1980 von der US-Bundesregierung erlassene Paperwork Reduction Act[75] bzw. die ihm vorangegangenen Arbeiten der „Federal Paperwork Commission" die Anfänge des Informationsmanagements markieren.[76] Da die ISI-Zitationsdatenbanken auf den meisten Hosts erst ab den siebziger Jahren verfügbar sind,[77] war bei der Suche keine zeitliche Einschränkung erforderlich.

Ein Hauptziel der Studie bestand darin, die Verwendung des Begriffs Informationsmanagement in der Literatur zu untersuchen und in weiterer Folge verschiedene IM-Ansätze herauszuarbeiten. Aus diesem Grund sollte zunächst keine Zitationssuche durchgeführt werden. Bei einer solchen hätte man von einigen Standardpublikationen bzw. –autoren ausgehen müssen. Wenn nun die Auswahl der Standardwerke nicht repräsentativ gewesen

---

[75] Der Gesetzestext ist zum Beispiel im Anhang von Horton/Marchand (1987) abgedruckt.

[76] Vgl. zum Beispiel Bergeron 1996, S. 264; Broadbent/Koenig 1988, S. 250; Herget 1997, S. 785; Levitan 1982, S. 228; Lewis/Snyder/Rainer 1995, S. 201; Savic 1992, S. 132.

[77] In DIALOG®: SCI® ab 1974 (siehe http://library.dialog.com/bluesheets/html/bl0034.html), SSCI® ab 1972 (siehe http://library.dialog.com/bluesheets/html/bl00007), A&HCI® ab 1980 (siehe http://library. dialog.com/ bluesheets/html/bl0439.html – Stand jeweils 2. September 1999).
Die Entstehung geht beim SCI® auf das Jahr 1961 zurück. Ergänzend dazu erscheinen seit 1969 der SSCI® und seit 1977 der A&HCI® (vgl. Ockenfeld 1997, S. 264 f.).

wäre, dann hätte die Gefahr bestanden, dass letzten Endes nicht alle Dimensionen (Anwendungsgebiete, Ansätze, etc.) des Informationsmanagements ermittelt worden wären.[78] Dies vor allem dann, wenn einzelne Bereiche des Informationsmanagements nicht oder kaum aufeinander Bezug nehmen. Tatsächlich wird auf diesen Sachverhalt in der Literatur hingewiesen.[79]

Da sich die zu untersuchende Dokumentenmenge *primär* mit IM-Inhalten auseinander setzen sollte, wurde eine Titelwortsuche verwendet.[80] Eine Suche nach Schlagworten kam aufgrund der schlechten Qualität der Beschlagwortung[81] und ihrer Verwendung erst ab 1991 nicht in Frage. Da die Untersuchungsperiode die achtziger Jahre einschließt, hätte Letzteres zu verzerrten Ergebnissen geführt. Auch Abstracts werden in SCI® und SSCI® erst ab 1991 bzw. 1992 erfasst.[82] Die Suche nach Stichworten im Abstract wurde auch deshalb nicht durchgeführt, weil dadurch weniger relevante IM-Publikationen bei der szientometrischen Untersuchung berücksichtigt worden wären.

Nachdem davon ausgegangen wurde, dass sich verschiedene Disziplinen mit Informationsmanagement auseinandersetzen bzw. dass es unterschiedliche IM-Ansätze gibt, sollten bei der Titelwortsuche möglichst "neutrale" Bezeichnungen verwendet werden. Dadurch sollten alle IM-Disziplinen/IM-Ansätze die gleiche Chance haben, als solche identifiziert zu werden. "Informatik-Management" hätte beispielsweise eher technikzentrierte Ansätze bevorzugt. Aus diesem Grund wurde nach allen Publikationen gesucht, die im Titel entweder die Bezeichnung "INFORMATION MANAGEMENT" oder "INFORMATION RESOURCE?[83] MANAGEMENT"[84] enthielten.[85] Ausgeschlossen werden sollten Artikel mit "INFORMA-

---

[78] Vergleiche dazu McCain, die speziell in Hinblick auf Autoren-Kozitationsanalysen meint: „If the authors are not chosen to capture the full range of variability in subject specializations, methodologies, political orientations, etc., these aspects of structure cannot be demonstrated." (McCain 1990, S. 433)

[79] Vgl. zum Beispiel Trauth 1989, S. 257 oder Menkus 1987.

[80] Wie bereits erwähnt wurde, ist die „herkömmliche" inhaltliche Erschließung von SCI®, SSCI® und A&HCI® aufgrund der diesen Datenbanken zugrunde liegenden Indexierungsphilosophie schlecht.

[81] Zur Beschlagwortung werden „Author Keywords" und „Keywords Plus" verwendet. Die „Author Keywords" werden von den Autoren der einzelnen Artikel selbst vergeben und sind dementsprechend inkonsistent. „KeyWords Plus" enthalten Worte oder Phrasen, die häufig im Titel der Referenzen vorkommen. Sie werden dann angegeben, wenn sie weder im Titel noch in den „Author Keywords" enthalten sind.

[82] Ein Kurzreferat ist allerdings nicht bei allen Artikeln vorhanden. In A&HCI® werden Kurzreferate nach wie vor nicht angeboten.

[83] Beim Fragezeichen handelt es sich bei DIALOG® um ein sogenanntes Trunkierungssymbol. Es ist eine Art „Platzhalter" für null, ein oder mehrere beliebige Zeichen.

[84] Bei den Abfragen handelt es sich um eine sogenannte Phrasensuche. Es werden also nur solche Dokumente gefunden, bei denen die Wörter INFORMATION MANAGEMENT bzw. INFORMATION RESOURCE? MANAGEMENT unmittelbar hintereinander stehen.

[85] Eine alternative Vorgehensweise hätte darin bestanden zu versuchen, alle möglichen Bezeichnungen bei der Suche zu berücksichtigen, die im Bereich des Informationsmanagements üblich sind. Abgesehen davon, dass ein derartiges Unterfangen mit einem sehr großen Aufwand verbunden sein kann (vergleiche dazu eine Arbeit zur Geschwisterforschung (vgl. Fröhlich 1981)), wäre dadurch das Ergebnis (unterschiedliche IM-

TION MANAGEMENT SYSTEM?", da die Vorabrecherche ergab, dass es bei diesem Titel primär um Software und weniger um konzeptionelle Aspekte des Informationsmanagements geht.

Bei den Quellenartikeln[86] unterscheidet das ISI® zwischen verschiedenen Dokumenttypen: Artikel, Review-Artikel, Buchbesprechung, Editorial, usw. Da nur (wissenschaftliche) Aufsätze berücksichtigt werden sollten, und auch in Hinblick auf die später geplante Zitatenanalyse, wurde die Abfrage auf Artikel eingeschränkt.

Die enge Auswahl der IM-Kernpublikationen erfolgte im Bewusstsein, dass dadurch viele Veröffentlichungen über Informationsmanagement nicht unmittelbar Eingang in die szientometrische Untersuchung finden würden. Bei einer weiteren Suchformulierung hätte aber die Gefahr bestanden, dass viele weniger und nicht relevante Publikationen in die Analysen einbezogen worden wären. Der Anteil weniger relevanter Dokumente wäre bei der nachfolgenden Zitatenanalyse potenziert worden.

Die Online-Recherchen wurden mit DIALOG® durchgeführt. Die Hauptrecherche fand am 30. Juni 1999 statt. Ergänzende Daten wurden am 27. Juli 1999 recherchiert. Die Rohdaten für die Kozitationsanalyse wurden am 1. September 1999 ermittelt.[87]

3.2.2 Ergebnisse

Etwas überraschend war das Ergebnis der Online-Recherche bezüglich der relativ kleinen Ergebnismenge. Insgesamt wurden 506 IM-ARTIKEL (nach Entfernung der Dubletten) mit „INFORMATION MANAGEMENT"[88] und „INFORMATION RESOURCE? MANAGE-MENT" (IRM) im Titel gefunden (Stand: Juli 1999). Im weiteren Verlauf der Arbeit wird dafür aus Gründen der besseren Lesbarkeit die Bezeichnung *„IM-ARTIKEL"* verwendet. Nach der Recherche wurden die *IM-ARTIKEL* einer Reihe von Auswertungen unterworfen. Bei der Präsentation der Ergebnisse erfolgt dabei eine Trennung zwischen Auswertungen, die auf Häufigkeitsverteilungen beruhen, und Zitatenanalyse.

Ansätze) maßgeblich mitbeeinflusst worden. Bei einer unvollständigen Auswahl der Suchbegriffe hätte dies zu falschen Ergebnissen führen können.

[86] Es handelt sich dabei ausschließlich um Publikationen in Periodika.

[87] Für die Durchführung der Online-Recherche bedanke ich mich sehr herzlich bei Frau Dr. Mayerl von der Informationsvermittlungsstelle der Universitätsbibliothek Graz. Wertvolle Anregungen bei der Konzeption der Studie und Diskussion der Ergebnisse lieferten Herr Dr. Fröhlich und Herr Dr. Gorraiz, bei denen ich mich ebenfalls vielmals bedanke.

[88] Wie bereits erwähnt, wurden Artikel mit „INFORMATION MANAGEMENT SYSTEM?" im Titel von der Ergebnismenge ausgeschlossen.

3.2.2.1 Häufigkeitsverteilungen

Im Folgenden werden die wichtigsten Charakteristika der IM-Literatur aufgezeigt. Konkret sind dies

- Disziplinen/Fachbereiche, die sich mit Informationsmanagement auseinander setzen,
- Publikationssprachen,
- Autoren und deren Herkunft,
- zeitliche Verteilung der IM-Artikel.

Dies erfolgt anhand von Häufigkeitsverteilungen. In DIALOG® steht dafür mit dem RANK-Kommando ein eigener Befehl zur Verfügung. Durch diesen können die Abfrage-ergebnisse nach jedem Feld der Datenbank (z. B. nach dem Autor) nach der Häufigkeit des Auftretens der Feldinhalte gereiht werden. Dass mit derart einfachen Auswertungen interessante Aussagen gemacht werden können, wird zum Beispiel durch eine Arbeit von Haiqi et al. dokumentiert.[89]

1) IM-ARTIKEL in Geistes-, Sozial- und Naturwissenschaften

Wie bereits erwähnt wurde, sollte die Recherche zunächst möglichst viele wissenschaftliche Disziplinen einschließen. Aus diesem Grund wurden alle drei Zitationsdatenbanken des ISI® (SCI®, SSCI® und A&HCI®) in die Abfrage einbezogen. Dies ermöglichte eine erste grobe Abschätzung, wie sich die IM-ARTIKEL auf Geistes-, Sozial- und Naturwissenschaften verteilen.

	IM	IRM	IM+IRM
A&HCI®	9	2	11
SSCI®	250	26	276
SCI®	234	28	262
Σ[90]	493	56	549

Tab. 3.1: Anzahl IM-ARTIKEL (IM+IRM) in SCI®, SSCI® und A&HCI®

Aus Tabelle 3.1 kann entnommen werden, dass die Bezeichnung „Information Management" wesentlich häufiger als „Information Resource Management" bzw. „Information Resources Management" verwendet wird. Weiters ist ersichtlich, dass in den Geisteswissen-

---

[89] Vgl. Haiqi/Deguang/Lei/Jingg 1997.
[90] Diese Werte enthalten noch Dubletten (zum Beispiel, wenn derselbe IM-ARTIKEL sowohl im SCI® als auch im SSCI® enthalten ist).

schaften nur wenige IM-ARTIKEL publiziert wurden. Aus diesem Grund wird der A&HCI® in den folgenden Auswertungen nicht mehr berücksichtigt. In SCI® und SSCI® sind in etwa gleich viele IM-ARTIKEL enthalten. Demnach könnte man die Vermutung anstellen, dass IM-Aufsätze entweder technisch/naturwissenschaftlich oder eher sozialwissenschaftlich orientiert sind.

Bei den Ergebnissen muss beachtet werden, dass 43 IM-ARTIKEL sowohl im SCI® als auch im SSCI® enthalten sind, also doppelt gezählt wurden. Diese Redundanzen ergeben sich dadurch, dass eine scharfe Abgrenzung zwischen Geistes-, Natur- und Sozialwissenschaften oft nicht möglich ist. Dem wird bei den ISI-Zitationsdatenbanken durch die Zeitschriften-zuordnung Rechnung getragen. Die Differenz zwischen 549 und 506 IM-ARTIKEL lässt sich dadurch erklären, dass einige Zeitschriften (in denen IM-ARTIKEL erschienen sind) sowohl dem SCI® als auch dem SSCI® zugeordnet sind. Für alle folgenden Auswertungen wurden die Dubletten entfernt. Da auch der A&HCI® nicht mehr berücksichtigt wurde, basieren diese auf (den verbleibenden) 495 IM-ARTIKELN.[91]

2) IM-ARTIKEL in unterschiedlichen (Zeitschriften)Fachgruppen und wissenschaftlichen Disziplinen

Die grobe Zuordnung der IM-ARTIKEL zu den Natur- bzw. Sozialwissenschaften soll nun etwas genauer untersucht werden. Dazu können die sogenannten (Zeitschriften) Fachgruppen des ISI® herangezogen werden. Bei diesen handelt es sich um eine Zusammenfassung von fachlich verwandten Zeitschriften.[92]

Rang	IM-ARTIKEL	(Zeitschriften)Fachgruppe
1	183	INFORMATION SCIENCE & LIBRARY SCIENCE
2	44	COMPUTER APPLICATIONS & CYBERNETICS
3	22	MANAGEMENT
4	19	EDUCATION & EDUCATIONAL RESEARCH
5	16	INSTRUMENTS & INSTRUMENTATION
6	14	COMPUTER SCIENCE, INFORMATION SYSTEMS
7	10	CHEMISTRY, ANALYTICAL

[91] Die Dokumentenstruktur sieht in SCI® und SSCI® wie folgt aus: Neben diesen 495 wissenschaftlichen Artikeln gibt es 164 Buchbesprechungen, 61 „Editorial", 51 Tagungsbesprechungen und 66 sonstige Dokumenttypen mit INFORMATION MANAGEMENT oder INFORMATION RESOURCE? MANAGE-MENT im Titel. IM-ARTIKEL machen also ca. 60 % aus.

[92] Alle in SCI®, SSCI® und A&HCI® erfassten Quellenzeitschriften werden vom ISI jährlich unter dem Namen „Journal Citation Reports®" (JCR®) veröffentlicht und mittlerweile auch schon auf CDROM vertrieben. Bei der CDROM-Version können die Zeitschriften zum Beispiel nach der Zeitschriftenfachgruppe gefiltert werden. Neben den Angaben zum Herausgeber der Zeitschrift werden u. a. die auf Zeitschriftenebene ausge-werteten Zitate publiziert. Von besonderem Interesse ist dabei der sogenannte „Impact-Faktor" (siehe später).

8	9	HEALTH POLICY & SERVICES
9	8	COMPUTER SCIENCE, INTERDISCIPLINARY APPLICATIONS
9	8	ENGINEERING
9	8	ENGINEERING, ELECTRICAL & ELECTRONIC
9	8	MEDICINE, MISCELLANEOUS
9	8	PUBLIC ADMINISTRATION
14	7	CHEMISTRY
14	7	ENGINEERING, INDUSTRIAL
14	7	OPERATIONS RESEARCH & MANAGEMENT SCIENCE
17	6	BUSINESS
17	6	MEDICINE, GENERAL & INTERNAL
19	5	COMMUNICATION
19	5	ENERGY & FUELS
21-101	4-1	Verschiedene

Tab. 3.2: Anzahl IM-ARTIKEL in Zeitschriftenfachgruppen (mit mehr als vier IM-ARTIKEL)

Wie aus Tabelle 3.2 hervorgeht, werden IM-ARTIKEL in zahlreichen unterschiedlichen Fachgruppen publiziert. Mit Abstand am meisten IM-ARTIKEL finden sich allerdings in der Informations-/Bibliothekswissenschaft.[93]

Bei der Interpretation der Ergebnisse muss beachtet werden, dass die Zuordnung zu den Fachgruppen ausschließlich aufgrund der Zeitschrift erfolgt. Von der Zeitschrift kann allerdings nicht immer auf den Inhalt des jeweiligen Aufsatzes geschlossen werden. Es wäre zum Beispiel denkbar, dass in einer Chemie-Zeitschrift ein informationswissenschaftlicher IM-Aufsatz erscheint, der keinen direkten inhaltlichen Bezug zur Chemie hat.[94] Weiters ist zu beachten, dass eine Zeitschrift mehreren Fachgruppen zugeordnet sein kann. Im konkreten Fall wurden die 495 IM-ARTIKEL 562 Fachgruppen zugewiesen. Aus diesen Gründen können die Zeitschriftenfachgruppen nur der groben fachlichen Orientierung dienen.

Eine weitere Einschränkung betrifft den Umstand, dass die Zeitschriftenfachgruppen im System der Wissenschaft unterschiedlichen hierarchischen Ebenen entsprechen. Teilweise decken sie eine wissenschaftliche Disziplin (z. B. INFORMATION SCIENCE & LIBRARY SCIENCE), meistens aber nur Spezialgebiete davon (z. B. COMPUTER SCIENCE, INFORMATION SYSTEMS) ab.[95] Zwecks besserer Vergleichbarkeit wurden die Fachgruppen auf

---

[93] Aufgrund der kürzeren Schreibweise wird im weiteren Verlauf der Arbeit die Bezeichnung Informationswissenschaft verwendet.

[94] Vgl. zum Beispiel Macher/Cadish/Clerc/Pretsch 1995.

[95] Dies äußert sich auch an der teilweise stark unterschiedlichen Größe der einzelnen (Zeitschriften) Fachgruppen, z. B. CHEMISTRY: 1.680.538 Artikel, INFORMATION SCIENCE & LIBRARY SCIENCE: 156.907 Artikel, COMPUTER APPLICATIONS & CYBERNETICS: 158.069 Artikel, COMPUTER SCIENCE, INFORMATION SYSTEMS: 24.528 Artikel (Stand: 27. Juli 1999).

derselben Ebene verdichtet. Dies erfolgte entweder durch Trunkierung[96] oder durch bewusste Zusammenfassung von mehreren Fachgruppen[97].

Rang	IM-ARTIKEL	(Zeitschriften)Fachgruppe - verdichtet
1	189	INFORMATION SCIENCE & LIBRARY SCIENCE
2	70	COMPUTER?
3	47	ENGINEERING?
4	46	MANAGEMENT (inkl. OR & MANAGEMENT SCIENCE) + BUSINESS + ECONOMICS + PUBLIC ADMINISTRATION
5	38	MEDIC? + HEALTH POLICY & SERVICES + PUBLIC HEALTH + REHABILITATION + ANESTHESIOLOGY
6	25	EDUCATION?
7	19	CHEMISTRY?
8-	< 19	Verschiedene

Tab. 3.3: Anzahl IM-ARTIKEL in verdichteten Zeitschriftenfachgruppen

Auch nach Verdichtung der Zeitschriftenfachgruppen zeigt sich, dass die meisten IM-ARTIKEL in der Informationswissenschaft (189) publiziert werden. Nach einem größeren Abstand folgen Veröffentlichungen in Informatik-Zeitschriften (70 IM-ARTIKEL).

Wenn man nun von der szientometrischen Auswertung zur inhaltlichen Interpretation übergeht, dann ließen sich aufgrund obiger Ergebnisse folgende Vermutungen anstellen: Information (Hauptinhalt von informationswissenschaftlichen Veröffentlichungen) und Informationstechnologie (Gegenstandsbereich der Informatik) sind die beiden (Haupt)Komponenten des Informationsmanagements. Je nachdem, welche davon im Vordergrund steht, unterscheidet man zwischen

- informationsorientierten,

- (informations)technologieorientierten oder

- umfassenden IM-Konzepten.

Bei den restlichen verdichteten Zeitschriftenfachgruppen wird primär die Anwendung obiger IM-Konzepte in

- Technik und Chemie,

- Wirtschaft und

- Gesundheitswesen beschrieben, bzw. geht es um

- Ausbildungsfragen im Informationsmanagement.

---

[96] Durch die Abfrage „SC = COMPUTER?" werden alle Dokumente der Fachgruppen „COMPUTER APPLICATIONS & CYBERNETICS", „COMPUTER SCIENCE, INFORMATION SYSTEMS", „COMPUTER SCIENCE, INTERDISCIPLINARY APPLICATIONS", usw. ermittelt.

[97] Das kann durch eine ODER-Verknüpfung sehr einfach bewerkstelligt werden. Um den Arbeitsaufwand in Grenzen zu halten, wurden nur Fachgruppen mit mehr als vier IM-ARTIKEL zusammengeführt.

In Abhängigkeit davon, welches IM-Konzept im jeweiligen Anwendungsbereich im Vordergrund steht, werden eher informationsorientierte, technologieorientierte oder beide Aspekte abgehandelt. Beispielsweise kann es bei einer IM-Publikation im Gesundheitswesen um eine medizinische Dokumentation, bessere Diagnosemöglichkeiten durch den Einsatz eines neuartigen Informationssystems oder den verstärkten Einsatz von Informationstechnologie nach vorheriger Optimierung der Informationsflüsse in einem Krankenhaus gehen.

Um die Ergebnisse der Zeitschriftenfachgruppen genauer hinterfragen zu können, wurde ein Ranking nach den Zeitschriften durchgeführt.

Rang	IM-ARTIKEL	Zeitschrift	Land	Zeitschriftenfachgruppe[98]
1	34	INTERNATIONAL JOURNAL OF INFORMATION MANAGEMENT	GB	INFORMATION SCIENCE & LIBRARY SCIENCE (LIS)
2	23	ASLIB PROCEEDINGS	GB	LIS COMPUTER SCIENCE, INFO SYSTEMS
3	17	NACHRICHTEN FUR DOKUMENTATION	D	LIS
4	15	INFORMATION & MANAGEMENT	NL	COMPUTER SCIENCE, INFO SYSTEMS MANAGEMENT
5	12	INFORMATION MANAGEMENT	USA[99]	LIS -[100]
6	11	JOURNAL OF INFORMATION SCIENCE	GB	LIS COMPUTER SCIENCE, INFO SYSTEMS
7	9	BULLETIN OF THE AMERICAN SOCIETY FOR INFORMATION SCIENCE	USA	LIS
7	9	EDUCATION FOR INFORMATION	NL	EDUCATION & EDUC. RESEARCH LIS
9	8	JOURNAL OF SYSTEMS MANAGEMENT	USA	MANAGEMENT
9	8	PROCEEDINGS OF THE AMERICAN SOCIETY FOR INFORMATION SCIENCE	USA	LIS
11	7	GOVERNMENT INFORMATION QUARTERLY	USA	LIS
	7	WIRTSCHAFTSINFORMATIK	D	COMPUTER SCIENCE, INFO SYSTEMS
13	6	BULLETIN OF THE MEDICAL LIBRARY ASSOCIATION	USA	LIS
13	6	COMPUTERS ENVIRONMENT AND URBAN SYSTEMS	GB	COMPUTER APPLICATIONS & CYBERN OR & MANAGEMENT SCIENCE
15	5	AMERICAN LABORATORY	USA	INSTRUMENTS & INSTRUMENTATION CHEMISTY, ANALYTICAL
15	5	INFOSYSTEMS	GB	COMPUTER SCIENCE, INFO SYSTEMS
15	5	JOURNAL OF LIBRARIANSHIP AND INFORMATION SCIENCE	GB	LIS
15	5	SPECIAL LIBRARIES	USA	LIS
19-246	4-1	Verschiedene	Div.	Verschiedene

Tab 3.4: Anzahl IM-ARTIKEL in Zeitschriften (in denen mehr als vier IM-ARTIKEL erschienen sind)

---

[98] Die Zuordnung zur Zeitschriftenfachgruppe erfolgte aufgrund der Journal Citation Reports® (CDROM-Version für das Jahr 1997) bzw. der Ergebnisse der Datenbankrecherche.

[99] Der Erscheinungsort wurde der Zeitschriftendatenbank „ULRICH'S" (CDROM, Version 1.14, 1998) entnommen.

[100] Die Zeitschrift INFORMATION MANAGEMENT war (unter dieser Bezeichnung) nur im Zeitraum von 1983 bis 1985 im SCI® enthalten. Da die Journal Citation Reports® für diesen Zeitraum nicht verfügbar waren, wurde keine Zuteilung zu einer Zeitschriftenfachgruppe vorgenommen.

Aus Tabelle 3.4 geht hervor, dass die meisten IM-ARTIKEL im INTERNATIONAL JOURNAL OF INFORMATION MANAGEMENT und in den ASLIB PROCEEDINGS erschienen sind. Bereits an dritter Stelle scheint die deutschsprachige NACHRICHTEN FUR DOKUMENTATION[101] (nfd) auf.[102]

Der Spalte Zeitschriftenfachgruppe kann entnommen werden, dass einige Zeitschriften zwei, INFORMATION&MANAGEMENT sogar drei Zeitschriftenkategorien zugeordnet sind. Die Zeitschriftenzuordnung spiegelt im Wesentlichen die Reihung nach der Zeitschriftenfachgruppe (siehe vorne) wider. Die meisten Zeitschriften aus Tabelle 3.4 sind informationswissenschaftlichen Ursprungs, öfters handelt es sich (auch) um Informatikzeitschriften, mehr als eine Zuordnung haben noch Management-Zeitschriften erhalten.

Die Analyse des Erscheinungsortes bringt interessante Ergebnisse zutage. Die nfd und die WIRTSCHAFTSINFORMATIK sind die beiden einzigen deutschsprachigen Zeitschriften (unter jenen mit den meisten IM-ARTIKELN). Neben zwei internationalen Zeitschriften, die in den Niederlanden herausgegeben werden, kommen alle anderen entweder aus Großbritannien oder den USA. Das findet seinen Niederschlag auch in der Publikationssprache. Der Großteil der IM-ARTIKEL (449) ist englischsprachig. Damit liegt der Anteil der in englisch publizierten IM-ARTIKEL aber unter dem Durchschnittswert des SCI® (95 % für das Jahr 1997).[103] Speziell aufgrund der Berücksichtigung von nfd und Wirtschaftsinformatik im SSCI® bzw. SCI® sind knapp unter 10 % der Artikel in deutscher Sprache abgefasst.

Rang	IM-ARTIKEL	Sprache
1	449	englisch
2	41	deutsch
3	5	Sonstige

Tab. 3.5: Anzahl IM-ARTIKEL in verschiedenen Publikationssprachen

3) Autoren mit den meisten IM-ARTIKELN und deren Herkunft

Als nächstes soll der Frage nachgegangen werden, welche Autoren am meisten IM-ARTIKEL publiziert haben. Dabei soll auch untersucht werden, ob die anglo-amerikanische Dominanz,

---

[101] Bei der NACHRICHTEN FUR DOKUMENTATION handelt es sich um die bedeutendste deutschsprachige Zeitschrift im Dokumentationswesen. Sie ist aber keine "klassische" wissenschaftliche Zeitschrift mit Artikelauswahl durch "Peer Review" oder einer wissenschaftlichen Organisation als Herausgeber.

[102] Zumindest was die Bezeichnung der Zeitschriften betrifft, erscheint diese Auswertung plausibel. Von den fünf Zeitschriften, in denen am meisten IM-ARTIKEL erschienen sind, ist der Wortlaut „Information Management" in drei enthalten. Bei vielen der restlichen Zeitschriften kommt zumindest „Information" im Titel vor.

[103] http://165.123.33.33/eugene_garfield/papers/mapsciworld.html (Stand: 29. 1. 1999)

die sich bei den IM-Zeitschriften offenbart hat, auf die Herkunft der Autoren (genauer genommen der Organisation, in der sie tätig waren) ebenfalls zutrifft.

Rang	IM-ARTIKEL	Autor
1	5	WILSON T(D)
2	4	CRONIN B
2	4	HORTON FW
2	4	SILK DJ
5	3	BLANNING RW
5	3	BROADBENT M
5	3	DADAM P
5	3	MARTIN WJ
5	3	MCCLURE CR
5	3	SCHMIDTREINDL KM
5	3	VOGEL E

Tab. 3.6: Autoren mit mehr als zwei veröffentlichten IM-ARTIKELN

Tabelle 3.6 kann entnommen werden, dass die Konzentration der „Autorenproduktivität" relativ gering ist. Von den insgesamt 732 Autoren[104] wurden von WILSON T bzw. WILSON TD[105] am meisten IM-ARTIKEL (fünf) veröffentlicht, gefolgt von CRONIN, HORTON und SILK mit je vier. Aufgrund der geringen Konzentration lässt sich die Häufigkeitsverteilung der Autorenproduktivität auch nicht annäherungsweise durch das Gesetz von Lotka beschreiben.[106]

Die relativ geringe Konzentration ist (auch) auf die Konzeption der szientometrischen Untersuchung zurückzuführen. Wie bereits erwähnt, wurden zunächst nur solche IM-Publikationen in die Untersuchung einbezogen, die die Phrase "INFORMATION MANAGEMENT"[107] oder "INFORMATION RESOURCE? MANAGEMENT" im Titel enthielten und

---

[104] Bei diesen Autoren wurden Mehrfachautorenschaften berücksichtigt. Wenn beispielsweise zwei Autoren einen Aufsatz gemeinsam geschrieben haben, so scheinen sie in der Auswertung mit je einem IM-ARTIKEL auf.

[105] Wie anhand einer Kontrollrecherche durch den Vergleich der Organisation (CS) verifiziert werden konnte, handelt es sich bei WILSON T und WILSON TD um denselben Autor. Bei allen anderen Autoren mit mehr als zwei IM-ARTIKELN wurde der Vorname einheitlich angesetzt.

[106] Das Gesetz von Lotka lautet in seiner vereinfachten Form: $y_x = c/x^2$, wobei y_x = Anzahl der Autoren, die x (1, 2, 3, ...) Aufsätze geschrieben haben und c = Anzahl der Autoren, die einen Aufsatz publiziert haben (Konstante) (vgl. White/McCain 1989, S. 133).
Demnach müssten bei 680 Autoren mit einem publizierten Aufsatz, von 170 Autoren zwei, von 76 Autoren drei, von 43 Autoren vier und von 27 Autoren fünf Aufsätze verfasst worden sein. Ein Autor hätte schließlich 26 Aufsätze veröffentlicht. Dieser Vergleich ist aber nur bedingt zulässig, da die Autorenkonzentration in einer vorselektierten Dokumentenmenge im Normalfall geringer ist.

[107] nicht aber „INFORMATION MANAGEMENT SYSTEM?"

es sich dabei um den Dokumenttyp "ARTICLE" handelte (= IM-ARTIKEL). Tatsächlich ist aber davon auszugehen, dass die Autoren weitere IM-Publikationen geschrieben haben.[108]

Eine weitere Begründung für die geringe Autorenkonzentration besteht darin, dass es sich bei Informationsmanagement um keine eigene wissenschaftliche Disziplin oder ein Spezialgebiet von nur einer wissenschaftlichen Disziplin handeln dürfte (siehe zum Beispiel die Auswertung der Zeitschriftenfachgruppen). Dadurch, dass verschiedene Autoren nur in „Teilbereichen" des Informationsmanagements publizieren (siehe Abbildung 3.2), ist die Konzentration im gesamten Informationsmanagement gering. Dies trifft vor allem dann zu, wenn die Publikationsbeziehungen zwischen den einzelnen Disziplinen schwach sind.

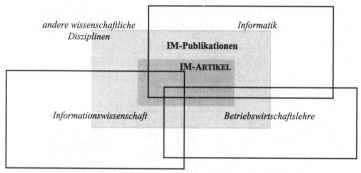

Abb. 3.2: IM-ARTIKEL und IM-Publikationen in unterschiedlichen Disziplinen

Eine Analyse der Herkunft der Autoren bestätigt im Großen und Ganzen die bisherigen Ergebnisse. Der Großteil der Autoren ist dem Informationswesen zuzuordnen, ein Autor (DADAM) ist Informatiker, bei zwei handelt es sich um Wirtschaftswissenschaftler (SILK, BLANNING).

Rang	IM-ARTIKEL	Land[109]
1	223	USA
2	87	Großbritannien
3	42	Deutschland
4	14	Kanada
4	14	Niederlande
6	12	Australien
7-39	39	Diverse

Tab. 3.7: Anzahl IM-ARTIKEL, länderweise Verteilung (Organisation des Autors)

---

[108] Beispielsweise enthält der SSCI® noch viele weitere IM-Publikationen von HORTON, in denen sich der Autor mit Fragen des Informationsmanagements auseinandersetzt.

[109] Es muss berücksichtigt werden, dass nur 431 Autoren eine Landesbezeichnung (GL) zugewiesen wurde.

Die örtliche Herkunft bringt ebenfalls keine überraschenden Ergebnisse: 50 % der Autoren arbeiteten in Organisationen (in der Regel Universitätsinstitute) mit Sitz in den USA, ein Fünftel kommt aus Großbritannien. Diese Anteile sind selbst für die Zitationsdatenbanken des ISI® recht hoch. Beispielsweise kam 1997 die Hälfte der Artikel des SCI® aus Ländern mit der Muttersprache englisch.[110]

Aus diesen Ergebnissen kann geschlossen werden, dass die anglo-amerikanische Dominanz, zumindest was die Herkunft der Autoren betrifft, im Bereich des Informationsmanagements noch größer ist. Ein Grund dürfte darin liegen, dass die "Informationskultur" in anglo-amerikanischen Ländern wesentlich höher entwickelt ist. Dies trifft sowohl auf das Informationswesen zu, das in Großbritannien und in den USA einen hohen Stellenwert genießt, als auch auf die Informations- und Kommunikationstechnologien, wo ein Großteil bedeutender Innovationen von Nordamerika ausgeht. Mit ein Grund für diese starke Ungleichverteilung dürfte aber auch die Zeitschriftenauswahl durch das ISI® sein.

4) Zeitliche Verteilung der IM-ARTIKEL

Periode	IM-ARTIKEL
<75	2
75-79	22
80-84	96
85-89	136
90-94	122
95-99(Juni)	117

Tab. 3.8: Zeitliche Verteilung der IM-ARTIKEL (tabellarisch)

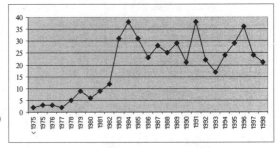

Abb. 3.3: Zeitliche Verteilung der IM-ARTIKEL (grafisch)

Durch Abbildung 3.3 kommt zum Ausdruck, dass die Anzahl der IM-ARTIKEL am Beginn der achtziger Jahre sprunghaft ansteigt. Der „Paperwork Reduction Act" dürfte zumindest für IM-ARTIKEL eine gewisse Initialzündung gehabt haben. Seit 1983 bewegt sich das Publikationsaufkommen (mit Ausnahme von 1993) im Bereich zwischen 20 und 40 IM-ARTIKEL. Aufgrund des generell geringen Publikationsaufkommens – im Durchschnitt ungefähr 20 Artikel pro Jahr – und der starken Einschränkung bei der Auswahl der Kernpublikationen (IM-ARTIKEL) ist der Schluss, dass es sich bei Informationsmanagement um keine Modewelle

---

[110] http://165.123.33.33/eugene_garfield/papers/mapsciworld.html (Stand: 29. 1. 1999).

handelt, wissenschaftstheoretisch allerdings nicht zulässig. Tatsächlich dürften aber Fragen des Informationsmanagements zur Zeit dieselbe Bedeutung haben wie zum Beispiel vor 15 Jahren. Es stellt sich sogar die Frage, ob diese infolge des nach wie vor rasanten Fortschritts bei den Informations- und Kommunikationstechnologien und des weiter zunehmenden (elektronischen) Informationsangebots nicht sogar noch gestiegen ist.

3.2.2.2 Zitatenanalyse

Bis jetzt wurden die wichtigsten Charakteristika der IM-Literatur mittels Häufigkeitsverteilungen herausgearbeitet. Bei der Zitatenanalyse soll nun anhand der Referenzen der IM-ARTIKEL die formale Wissenschaftskommunikation im Bereich des Informationsmanagements genauer durchleuchtet werden.

Eine Zitatenanalyse baut auf der Grundannahme auf, dass ein Zitat eine inhaltliche Beziehung zwischen zitiertem und zitierendem Dokument darstellt. Demnach werden Dokumente zitiert, „... that support, provide precedent for, illustrate, or elaborate on what the author has to say".[111] Von einer Homogenität der Zitate darf allerdings nicht ausgegangen werden. Selbst Garfield räumt in einer jüngeren Publikation ein, dass die Beziehung zwischen zitiertem und zitierendem Dokument recht „variabel" sein kann.[112] Tatsächlich gibt es eine Reihe von unterschiedlichen Motiven für die Verwendung von Zitaten. Weinstock unterscheidet zum Beispiel 15 Gründe. Das Spektrum reicht von Anerkennung bis zu Kritik einer früheren Arbeit.[113] Brooks zieht nach der Durchführung einer empirischen Studie über das Zitierverhalten von 20 Autoren die Schlussfolgerung, dass ein großer Teil der Zitate mehreren Motiven entsprang.[114] Von Murugesan und Moravcsik wurde unter anderem eine Klassifikation für Zitiergründe entwickelt.[115] Trotz dieser Einwände stimmen laut Peritz die meisten Autoren überein, „... that, in general, a paper is being cited in order to make a point that is relevant to the subject at hand."[116] Diese "Minimalanforderung" ist für die im Rahmen dieser Arbeit durchgeführte Kozitationsanalyse ausreichend. Zitate sind somit als ein allgemeines Maß für den Beitrag eines Forschers im Rahmen der „Wissenschaftspraxis" zu sehen.[117] Unabhängig davon, wie viele Zitate eine negative oder positive Semantik haben, entscheidend

---

[111] Garfield 1983, S. 1.
[112] Vgl. Garfield 1994c.
[113] Vgl. Weinstock 1971, entnommen aus Cronin 1984, S. 30.
[114] Vgl. Brooks 1985.
[115] Vgl. Murugesan/Moravcsik 1978.
[116] Peritz 1992, S. 448.
[117] Vgl. Garfield 1979, S. 362.

ist letztendlich, wie viele Wissenschaftler sich mit einem Autor (gemeinsam mit anderen) in Summe auseinander gesetzt haben.[118]

Gegen Zitatenanalysen werden darüber hinaus noch folgende Kritikpunkte[119] vorgebracht: Weglassen von Zitaten; Verzerrungen aufgrund von Einverleibung, Gefälligkeitszitaten oder der Zitierung von bekannten (Review)Artikeln anstatt der Originalarbeit[120]; Selbstzitierungen[121] sowie Abbildung der informellen Wissenschaftskommunikation nicht möglich. Ein weiteres Problem stellen Zitate dar, die ohne Konsultation der Originalquellen anderen Veröffentlichungen entnommen wurden.[122]

Diese Problembereiche lassen sich teilweise kaum umgehen und wirken sich auf Zitatenanalysen unterschiedlich stark aus. Sie müssen bei der Konzeption und Interpretation der Ergebnisse unbedingt berücksichtigt werden. Trotzdem darf laut Smith der Wert derartiger Studien nicht übersehen werden, sofern diese mit der entsprechenden Sorgfalt durchgeführt werden.[123] Dieser Einschätzung schließt sich auch der Autor der hier vorliegenden Arbeit an.

Im weiteren Verlauf der Zitatenanalyse wird nun folgendermaßen vorgegangen:

- Zunächst werden jene Autoren ermittelt, die von den IM-ARTIKELN am öftesten zitiert wurden.
- Danach wird mit diesen eine Autoren-Kozitationsanalyse[124] durchgeführt.

---

[118] Vgl. Stock 1985, S. 312; White 1990, S. 89 f.

[119] Eine umfassende Darstellung der Problembereiche von Zitatenanalysen findet sich u. a. bei Gorraiz (1992, S. 197 ff.) und MacRoberts/MacRoberts (1989, S. 343 f.). Kritikpunkte, die speziell die ISI-Zitationsdatenbanken betreffen, wurden bereits im Kapitel 3.2.1 erwähnt.

[120] Dieses Phänomen ist laut Garfield in der Literatur unter der Bezeichnung Matthäuseffekt bekannt (vgl. Garfield 1989, S. 30). Ursprünglich wurde der Begriff von Merton geprägt, der damit die ungleiche Würdigung von Wissenschaftlern bei Kooperationen oder gleichzeitig gemachten Entdeckungen verstand (vgl. Merton 1968; Merton 1973, S. 443 ff). - Merton nimmt auf eine entsprechende Stelle im Matthäus-Evangelium Bezug: „Denn wer hat, dem wird gegeben werden, und er wird im Überfluss haben; wer aber nichts hat, dem wird auch noch das, was er hat, weggenommen." (Mt 25,29)

[121] Selbstzitate machen einen relativ hohen Anteil an den Gesamtzitaten aus. Beispielsweise errechnete Vinkler bei einer Analyse von 20 Chemie-Aufsätzen den Anteil von Selbstzitierungen mit 22,3 % (vgl. Vinkler 1987, S. 52).

[122] Vgl. Broadus 1983.

[123] Vgl. Smith 1981, S. 93.

[124] Die Abbildung der formalen Wissenschaftskommunikation ist nur ein Anwendungsgebiet der Zitatenanalyse. Weitere Anwendungen werden bei Smith (1981, S. 94 ff.) beschrieben.

1) Autoren[125] mit dem größten „Impact"[126]

Von den 495 IM-ARTIKELN enthielten 145 keine Referenzen. Die restlichen 350 Artikel zitierten insgesamt 5872 verschiedene Publikationen. Die durchschnittliche Zitationsrate liegt damit bei rund zwölf Referenzen je IM-ARTIKEL. Eine Reihung der am öftesten zitierten Autoren zeigt Tabelle 3.9.

Rang	erhaltene Zitate	Autor
1	31	HORTON F(W)[127]
2	17	CRONIN B
3	15	PORTER ME
3	15	MARCHAND D(A)
5	14	MCFARLAN FW
6	13	DRUCKER PF
6	13	ROCKART J(F)
8	12	SIMON HA
9	11	EARL M(J)
9	11	WILSON T(D)
11	10	LUCAS HC
11	10	MARTIN J
11	10	MINTZBERG H
14	9	NOLAN RL
14	9	SYNNOTT WR
14	9	CASH J(I)
17	8	DICKSON GW
17	8	ROBERTS N
17	8	TRAUTH E(M)
20	7	HAMMER M
20	7	IVES B
20	7	KUHLEN R
20	7	VICKERS P
20	7	WISEMAN C

Tab. 3.9: Von IM-ARTIKELN erhaltene Zitate, Verteilung nach Autoren
(Autoren, die öfter als sechs Mal zitiert wurden)

Aus Tabelle 3.9 geht hervor, dass die Konzentration auch bei den zitierten Autoren relativ gering ist. Auffällig ist, dass sich die Liste der am öftesten zitierten Autoren von jener mit den Autoren mit den meisten IM-ARTIKELN auch dann noch relativ stark unterscheidet, wenn man

---

[125] Wie bereits erwähnt wurde, wird in den ISI-Datenbanken bei den Zitaten nur der erste Autor erfasst.

[126] Impact wird in dem Sinn verwendet, in wie weit sich andere Wissenschaftler (durch Zitate) mit einem Autor auseinander gesetzt haben (siehe dazu die vorigen Ausführungen).

[127] Die Klammer soll zum Ausdruck bringen, dass bei einem Autor mit mehreren Vornamen in den Zitaten oft nur die Initiale des ersten angesetzt wurde (Synonymproblematik).

von gleich vielen Autoren ausgeht. Auf beiden Listen sind nur HORTON, CRONIN und WILSON enthalten.

Das Ranking nach den zitierten Autoren brachte auch die Synonymproblematik zutage. Bei Autoren mit zwei oder mehreren Vornamen wurde in einigen Fällen nur der Anfangsbuchstabe des ersten festgehalten. Die Untersuchung einer Stichprobe (alle Autoren mit mehr als drei erhaltenen Zitaten) ergab, dass von den 184 Autoren acht doppelt (mit einer bzw. zwei Initialen) angesetzt wurden. Bei einer größeren Stichprobe oder gar in der gesamten Datenbank dürfte der Anteil der uneinheitlich angesetzten zitierten Autoren wesentlich höher sein. Die Ursache dürfte primär bei den (publizierenden) Autoren liegen, die sich dieser Problematik nicht bewusst sind.

Ein weiteres Problem, das sich bei der Ansetzung der zitierten Autoren ergibt, ist deren Eindeutigkeit. Selbst bei der in der vorliegenden Untersuchung relativ kleinen Zahl an Zitaten, konnten Ansetzungen gefunden werden, die sich auf verschiedene Autoren beziehen, zum Beispiel im Falle von MARTIN J. Bei größeren und inhaltlich nicht so stark vorselektierten Dokumentenmengen dürfte die Homonymproblematik wesentlich gravierender sein.

2) Autoren-Kozitationsanalyse

Nachfolgend wird die Wissenschaftsstruktur im Bereich Informationsmanagement genauer untersucht. Es soll also eine Art „Soziogramm von Druckerzeugnissen"[128] erstellt werden, das die Struktur der Informationsbeziehungen innerhalb des Informationsmanagements darstellt.[129]

Als Vorläufer für derartige szientometrische Untersuchungen können Price und Merton angesehen werden. Ergebnisse ihrer Arbeiten legten den Schluss nahe, dass die Wissenschaft kein "einheitliches Ganzes" ist, sondern vielmehr ein Mosaik von Spezialgebieten.[130] Versuche, die formalen Wissenschaftsstrukturen zu untersuchen und darzustellen, ließen nicht lange auf sich warten. Zu diesem Zweck können Zitate verwendet werden, wobei es grundsätzlich drei Möglichkeiten (siehe auch Abbildung 3.4) gibt:[131]

-    direkte Zitate: zwischen zwei Dokumenten besteht eine Beziehung, wenn ein Dokument das andere zitiert;

---

[128] Vgl. Stock 1985, S. 308.
[129] Mit einer Autoren-Kozitationsanalyse kann lediglich die formale Wissenschaftskommunikation dargestellt werden. Die „soziale Konstitution der wissenschaftlichen Welt" wird freilich ignoriert (Fröhlich 1999, S. 29).
[130] Vgl. Bayer/Smart/McLaughlin 1990, S. 444.
[131] Vgl. Small 1973, S. 265.

- bibliografische Kopplung: eine Beziehung zwischen zwei Dokumenten liegt dann vor, wenn sie das gleiche Dokument *zitieren*;
- Kozitation: zwei Dokumente stehen dann in einem Zusammenhang, wenn sie von demselben Dokument *zitiert werden*, also gemeinsam auf der Referenzliste eines (anderen) Dokuments stehen.

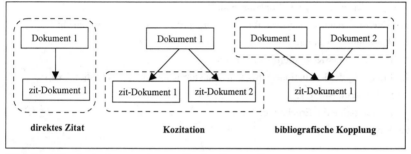

Abb. 3.4: Drei Formen des Zusammenhangs auf der Grundlage von Zitaten

Während das Ausmaß der bibliografischen Kopplung zum Zeitpunkt der Publikation / des Zitierens festgelegt ist, sind Kozitate dynamisch. Kozitationsmuster spiegeln also die Änderungen der Wissenschaft bzw. der untersuchten Disziplin wider.[132]

Bezüglich Analyseeinheit können Kozitationsanalysen auf Dokumenten- oder Autorenebene durchgeführt werden. Bei Kozitationsanalysen auf Dokumentenebene erfolgt in der Regel keine Vorselektion der Dokumente. Es wird der gesamte Datenbankinhalt eines oder mehrerer Jahre der Untersuchung zugrunde gelegt.[133] Sie sind dementsprechend aufwendig und großteils dem Institute for Scientific Information® vorbehalten.

Bei einer Autoren-Kozitationsanalyse sind die Autoren die Analyseeinheit. Autor darf allerdings nicht im buchstäblichen Sinn verstanden werden, sondern als eine Menge von Publikationen, die allgemein mit einem bestimmten Autor in Zusammenhang gebracht wird. White verwendet dafür die Begriffe „body of writings" bzw. „oeuvre". Aus der Anzahl der Kozitate von Autorpaaren können die Beziehungen zwischen den einzelnen Autoren (je mehr Kozitate desto größer der Zusammenhang (aus der Sicht der zitierenden Autoren)) und letztendlich gemeinsame Forschungsbereiche ermittelt werden.[134]

---

[132] Vgl. Small 1973, S. 265.
[133] Vgl. McCain 1990, S. 433.
[134] Vgl. White/Griffith 1981, S. 163.

Seit der Vorstellung der Methode durch White[135] wurden viele Autoren-Kozitationsanalysen in den unterschiedlichsten Teilbereichen der Wissenschaft durchgeführt, unter anderem in
der Informationswissenschaft[136] und hier speziell im Bereich des Information Retrieval[137], in
der Kommunikationswissenschaft[138], in der Wissenschafts-, Technologie- und Gesell-
schaftsforschung[139], in der Wissenschaftssoziologie/-kommunikation[140], in der Heirats- und
Familienforschung[141], in der Humangenetik[142], im Innovationsmanagement[143], im Bereich
von MIS[144] oder in der Organisationsforschung[145].
Eine Autoren-Kozitationsanalyse läuft im Wesentlichen in folgenden Schritten ab:

1. Auswahl der Autoren,
2. Ermittlung der Kozitationshäufigkeiten,
3. Erstellung der Kozitationsmatrix und Transformation in die Korrelationsmatrix,
4. multivariate Analyse,
5. Interpretation der Ergebnisse,
6. Validierung.[146]

1. Auswahl der Autoren

Im Gegensatz zur Dokumenten-Kozitationsanalyse müssen zunächst jene Autoren bestimmt
werden, für die die Autoren-Kozitationsanalyse durchgeführt werden soll. Diese können einer
Reihe von Quellen entnommen werden. Unter anderem kommen Übersichtsarbeiten, Lehrbü-
cher, Review-Artikel oder Mitgliederverzeichnisse dafür in Frage.[147] Die hier vorliegende
szientometrische Untersuchung folgt aus den bereits dargelegten Gründen (siehe Kapitel 3.2.1
- Forschungsdesign) der Vorgehensweise von Ding et al. Bei der von diesen Autoren durchgeführten Untersuchung wurden die Kernpublikationen über eine Stichwortsuche ermittelt und
die von diesen Artikeln am meisten zitierten Autoren einer Kozitationsanalyse unterworfen.[148]

---

[135] Vgl. White/Griffith 1981.
[136] Vgl. White/McCain 1989; White/McCain 1998.
[137] Vgl. Ding/Chowdhury/Foo 1999.
[138] Vgl. Paisley 1990.
[139] Vgl. White/Griffith 1982.
[140] Vgl. Kärki 1996.
[141] Vgl. Bayer/Smart/McLaughlin 1990.
[142] Vgl. McCain 1989.
[143] Vgl. Cottrill/Rogers/Mills 1989.
[144] Vgl. Culnan 1986 und Culnan 1987.
[145] Vgl. Culnan/O'Reilly/Chatman 1990.
[146] Eine detaillierte Darstellung der einzelnen Schritte findet sich bei McCain (1990, S. 433 ff.).
[147] Vgl. McCain 1990, S. 434.
[148] Vgl. Ding/Chowdhury/Foo 1999, S. 68.

Um Recherchekosten und –aufwand in Grenzen zu halten, sollte die Autoren-Kozitations-analyse auf zirka 25 Autoren[149] begrenzt werden. Dem entsprechend wurden für die Kozitati-onsanalyse alle jene Autoren ausgewählt, die von IM-ARTIKELN öfter als sechs Mal zitiert wurden (siehe Tabelle 3.9).

2. Ermittlung der Kozitate

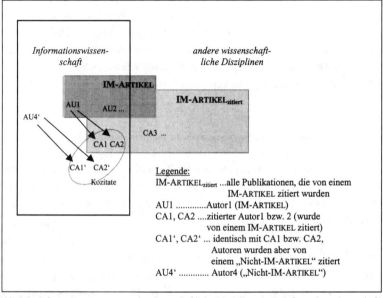

Abb. 3.5: Informationsmanagement, in wissenschaftliche Disziplinen (z. B. Informationswissenschaft) eingebettet

Bei der Autoren-Kozitationsanalyse wurden die von den ausgewählten Autoren erhaltenen Kozitate nicht auf IM-ARTIKEL eingeschränkt (siehe Abbildung 3.5), und zwar aus folgenden zwei Gründen: Wie bereits erwähnt wurde davon ausgegangen, dass es sich bei Informations-management um keine eigene Wissenschaftsdisziplin handelt, sondern dass es in verschiedene Disziplinen eingebettet ist. Ziel war es nun, diese Disziplinen herauszuarbeiten, wodurch die Zitationsquellen nicht nur auf IM-ARTIKEL eingeschränkt sein müssen, sondern (auf die IM-

---

[149] Bei einer Autoren-Kozitationsanalyse mit 25 Personen sind alleine zur Erhebung der Kozitationshäufigkeiten 300 Recherchen erforderlich.

Disziplinen) ausgeweitet werden können. Ein weiterer Grund lag darin, dass die Anzahl der von den IM-ARTIKELN erhaltenen Zitate nicht ausreicht, um eine sinnvolle Kozitationsanalyse durchführen zu können.

Die Kozitationshäufigkeiten der ausgewählten 24 Autoren wurden in DIALOG® recherchiert.[150] Für diesen Zweck stellt DIALOG® den CA-Befehl[151] zur Verfügung. Beispielsweise werden durch den Befehl „SELECT CA = CRONIN B" alle Artikel recherchiert, die CRONIN B zitiert haben. Bei Autoren mit mehr als einem Vornamen wurde die Synonymproblematik berücksichtigt, zum Beispiel „SELECT CA = HORTON F OR CA = HORTON FW". Die Kozitationshäufigkeiten der einzelnen Autorenpaare erhält man durch eine UND-Verknüpfung, zum Beispiel „CA = CRONIN B AND CA = KUHLEN R". Dadurch sollten (fast) alle Homonyme ausgeschieden werden, da die Wahrscheinlichkeit sehr gering ist, dass ein gleichlautender Autor (der in der Regel nicht in derselben Wissenschaftsdisziplin tätig ist) ebenfalls mit demselben Drittautor gemeinsam zitiert wird.

3. Erstellung der Kozitationsmatrix und Transformation in die Korrelationsmatrix

Tabelle 3.10 zeigt die Kozitationsmatrix, die aus der Recherche der Kozitationshäufigkeiten resultierte. Im nächsten Schritt werden die Rohdaten[152] in Ähnlichkeitsmaße transformiert. Dazu wird der Korrelationskoeffizient von Pearson verwendet. Das Ergebnis ist die Korrelationsmatrix (siehe Tabelle 3.11). Diese drückt die Ähnlichkeit von Kozitationsprofilen aus. Beispielsweise haben Autoren, die mit bestimmten Drittautoren oft kozitiert werden, mit anderen aber seltener, eine stark positive Korrelation und dadurch aus der Sicht der zitierenden Autoren eine große Ähnlichkeit. Der Korrelationskoeffizient beseitigt auch große Unterschiede zwischen Autoren mit einer sehr hohen Zahl an erhaltenen Zitaten und solchen, die zwar weniger Zitate bekommen haben, dafür aber ein ähnliches Kozitationsprofil aufweisen.[153]

---

[150] Die Recherche fand am 1. 9. 1999 statt.
[151] CA = Cited Author.
[152] Um mögliche „Instabilitäten" aufgrund von geringen Kozitationshäufigkeiten zu vermeiden, können bestimmte Grenzwerte definiert werden, die Autoren überschreiten müssen, um für die weiteren Analysen berücksichtigt zu werden. Bei der vorliegenden Kozitationsmatrix wären auf jeden Fall Kuhlen und Vickers von einem derartigen Schwellenwert betroffen gewesen. Da das Weglassen dieser beiden Autoren auf die restlichen Ergebnisse keine Auswirkungen hatte (es wurden zwei Verarbeitungsläufe durchgeführt), wurden sie in den nachfolgenden Auswertungen weiterhin berücksichtigt. Die geringe Kozitationshäufigkeit von Kuhlen dürfte primär an der bereits diskutierten Bevorzugung des anglo-amerikanischen Wissenschaftssystems liegen.
[153] Vgl. McCain 1990, S. 436.

	Cash	Cronin	Dickson	Drucker	Earl	Hammer	Horton	Ives	Kuhlen	Lucas	Marchand	Martin	McFarlan	Mintzberg	Nolan	Porter	Roberts	Rockart	Simon	Synnott	Trauth	Vickers	Wilson
Cronin	1																						
Dickson	38	1																					
Drucker	31	14	19																				
Earl	65	5	30	40																			
Hammer	42	1	15	126	86																		
Horton	3	20		11	6	0																	
Ives	110	6	159	29	58	35	3																
Kuhlen	0	2	0	3	0	1	3	0															
Lucas	47	5	176	18	33	21	14	296	0														
Marchand	5	8	4	9	8	3	21	4	2	16													
Martin	33	2	42	63	42	85	10	71	3	63	7												
McFarlan	132	4	64	37	100	44	9	182	0	122	14	64											
Mintzberg	47	2	63	392	92	114	8	100	0	98	6	136	67										
Nolan	50	2	54	27	45	34	7	108	0	122	14	66	127	52									
Porter	176	19	37	343	120	151	8	181	1	64	17	99	224	820	80								
Roberts	0	18	1	9	2	0	7	0	2	4	3	4	1	13	1	7							
Rockart	92	6	83	74	87	75	11	177	0	115	15	114	154	135	127	170	3						
Simon	16	12	90	322	22	53	9	76	2	108	3	136	38	798	44	384	13	80					
Synnott	10	7	8	10	12	3	14	15	0	19	14	14	16	7	17	21	3	20	2				
Trauth	5	4	7	2	6	5	9	8	0	9	8	8	5	6	5	7	2	12	4	7			
Vickers	1	8	0	0	2	1	10	1	0	3	3	2	4	1	1	3	3	1	1	3	2		
Wilson	5	24	5	9	16	7	7	4	2	7	3	10	11	31	5	20	35	11	48	0	2	5	
Wiseman	64	3	25	18	31	14	3	71	0	19	5	27	96	28	33	114	1	56	16	11	2	2	6

Tab. 3.10: Kozitationsmatrix

Legende:

* .... signifikant für $p \geq 0{,}95$
** .... signifikant für $p \geq 0{,}99$

	Cash	Cronin	Dickson	Drucker	Earl	Hammer	Horton	Ives	Kuhlen	Lucas	Marchand	Martin	McFarlan	Mintzberg	Nolan	Porter	Roberts	Rockart	Simon	Synnott	Trauth	Vickers	Wilson
Cronin	-,2519																						
Dickson	,2804	-,3482																					
Drucker	,1594	,1048	,0236																				
Earl	,6785**	-,2781	,1945	,3311																			
Hammer	,3917	-,1764	,0237	,6839**	,7149**																		
Horton	-,3677	,5265**	-,2434	-,0678	-,3536	-,3347																	
Ives	,6160**	-,3019	,8321**	,0566	,4427*	,1812	-,2472																
Kuhlen	-,4392*	,4078*	-,4136*	,1634	-,4168*	-,0406	,2876	-,4933*															
Lucas	,3395	-,3133	,9175**	-,0014	,2304	,0311	-,1626	,9324**	-,4255*														
Marchand	,0837	,1200	-,0513	-,0400	,0707	-,0597	,7182**	,1101	-,0226	,0684													
Martin	,2990	-,3003	,3641	,5272**	,4858*	,6500**	-,1986	,4218*	-,0380	,3862	-,0470												
McFarlan	,8477**	-,2699	,4504*	,1114	,7072**	,3388	-,2764	,7889**	-,4882*	,5688**	,2246	,4019											
Mintzberg	,2316	,0522	,1547	,8566**	,3977	,5821**	-,0955	,1967	-,0034	,1433	-,0423	,6317**	,2120										
Nolan	,5286**	-,3821	,0413	,4881*	,2386	,2386	-,1887	,1967	,0412	,1604	,0221	,5997**	,4323*	,1289									
Porter	,4707*	-,0104	,8230**	,5787**	,4881*	,6703**	-,1724	,3092	-,1309	,1604	,0221	-,1554	,7883**	,9398**	,2386								
Roberts	-,3584	-,7189**	,1082	-,2892	,2920	-,1712	,1344	-,3438	,3515	-,2795	-,2402	,1340	-,3791	-,3781	-,3430	,0221							
Rockart	,6853**	-,3356	,5650**	,3088	,7092**	,5218**	-,2653	,7953**	-,4312*	,6431**	,1625	,7076**	,8299**	,8294**	,3979	,5343**	,1799						
Simon	,0760	,0189	,2156	,8263**	,2490	,4656*	-,0689	,1534	,0412	,1839	-,1286	,6413**	,0823	,0941	,9600**	,8336**	,1089	,3188					
Synnott	,3742	-,1408	,2174	-,0430	,2920	,0576	,3159	,4465*	-,3843	,3412	,6845**	,1808	,5059*	,5231**	-,0231	,1089	-,4306*	,4771*	-,1287				
Trauth	,1297	-,2028	,2969	-,1440	,1566	,0314	,3017	,3345	-,3676	,3302	,4864*	,2226	,1983	,2861	-,0224	-,0015	-,3645	,3655	-,0572	,5006*			
Vickers	-,2910	-,5579**	-,3742	-,3196	-,3316	-,3903	-,3212	-,1614	,2085	-,1199	,1978	-,4183*	-,2566	-,3441	-,2680	-,2852	,2326	-,4337*	-,2824	-,0638	-,0771		
Wilson	-,1571	,5583**	-,0926	,3010	,0103	,0599	-,0323	-,1614	,2085	-,1199	-,3129	,1748	-,1495	-,1837	,4485**	,3026	-,0728	,8493**	,5048*	-,4531*	-,3273	,0774	
Wiseman	,7636**	-,2121	,2192	,1219	,5281**	,2569	-,3543	,5329**	-,4178*	,2593	,0684	,2608	,7940**	,4628*	,2029	,4206*	-,3288	,5892**	,0656	,3781	-,0026	-,2312	-,1370

Tab. 3.11: Korrelationsmatrix[154]

[154] Bei der Berechnung der Korrelationsmatrix wurden in Anlehnung an White für die Einträge in der Hauptdiagonale folgende Werte verwendet: die höchsten drei Kozitations-häufigkeiten des jeweiligen Autors dividiert durch zwei (vgl. White 1981, S. 165).

4. Multivariate Analyse und Interpretation der Ergebnisse

Zur Datenauswertung wurden – wie bei Autoren-Kozitationsanalysen üblich – Faktorenanalyse, Clusteranalyse und multidimensionale Skalierung eingesetzt.[155]

Faktorenanalyse

Techniken der Faktorenanalyse[156] versuchen, die zwischen den „Originalvariablen" beobachteten Beziehungen durch eine kleinere Zahl von abgeleiteten Variablen, die sogenannten Faktoren, zu erklären. Ein Faktor wird von einer Menge von Autoren gebildet, die auf ihn laden, die also wesentlich zu seiner Bildung beitragen. Er stellt somit Gemeinsamkeiten, in der Regel gemeinsame Fachbereiche, von Autoren dar (wie diese durch die zitierenden Autoren wahrgenommen werden). Im Gegensatz zur Clusteranalyse, bei der ein Autor nur einem Cluster zugeordnet sein kann, kann ein Autor bei der Hauptkomponentenanalyse auf mehrere Faktoren laden. Dadurch ist es möglich, die volle Breite eines Autors zum Ausdruck zu bringen.[157]

Faktor 1 Management/div.		Faktor 2 MIS/Strategie		Faktor 3 MIS/allg.		Faktor 4 Informationswiss.		Faktor 5 IM-Klassiker	
Eigenwert: 8,6		4,7		2,6		2,0		1,2	
Varianz: 35,7		19,6		10,9		8,3		5,2	
Mintzberg	0,93	Cash	0,87	Lucas	0,95	Cronin	0,86	Marchand	0,92
Drucker	0,91	McFarlan	0,86	Dickson	0,92	Roberts	0,83	Horton	0,84
Simon	0,91	Wiseman	0,86	*Ives*	0,82	Wilson	0,78	Synnott	0,71
Porter	0,87	Earl	0,72	*Nolan*	0,64	Vickers	0,50	Trauth	0,61
Hammer	0,75	*Rockart*[158]	0,61	*Rockart*	0,54				
Martin	0,74	*Nolan*	0,51						
		(Ives	0,49)						

Tab 3.12: Ergebnis der Hauptkomponentenanalyse (Faktoren mit Eigenwert >= 1)

Tabelle 3.12 zeigt das Ergebnis der Hauptkomponentenanalyse mit orthogonaler (Varimax) Rotation. In Anlehnung an McCain werden nur Faktoren mit einem Eigenwert von größer oder gleich eins zur Interpretation der Ergebnisse verwendet. Die Autoren wurden einem

---

[155] Eine umfassende Darstellung von Faktoren- und Clusteranalyse sowie multidimensionaler Skalierung findet sich bei Backhaus et al. (1996).
[156] Bei der Autoren-Kozitationsanalyse wird im Allgemeinen die Hauptkomponentenanalyse mit orthogonaler Varimax-Rotation verwendet.
[157] Vgl. McCain 1990, S. 440.
[158] Autoren, die auf mehr als einen Faktor laden, sind kursiv dargestellt.

Faktor nur dann zugeordnet, wenn sie auf diesen mit einem Wert von größer +/- 0,5[159] laden.[160]

Die Hauptkomponentenanalyse ergab insgesamt fünf Faktoren mit einem Eigenwert von größer als eins. Faktor 1 erklärt mit 35,7 % einen großen Teil der Varianz. Er stellt unterschiedliche Einflüsse von Seiten der *Management*literatur auf die *MIS*-Disziplin dar, zum Beispiel von der Organisationslehre (Mintzberg und Hammer), verhaltensorientierten / kognitiven / psychologischen Ansätzen (Simon) oder der strategischer Unternehmensführung (Porter). Drucker deckt, verglichen mit den anderen Autoren, ein breiteres Spektrum (gesamte Managementliteratur) ab. Dieser Faktor wird wesentlich von Mintzberg, Drucker, Simon und Porter bestimmt, den am meisten zitierten und kozitierten Autoren.

Faktor 2 enthält fast ausschließlich „*MIS-Autoren*", die sich intensiver mit dem *strategischen Einsatz von Informationstechnologie* auseinander gesetzt haben. Lediglich Nolan, der auf einen anderen Faktor höher lädt, ist für diese Gruppe nicht charakteristisch.

Faktor 3 umfasst „*MIS-Autoren allgemein*". Der Umstand, dass drei Autoren dieses Faktors auch auf Faktor 2 laden, zeigt die enge Beziehung zwischen den beiden Gruppen auf. Diese liegt darin begründet, dass der strategische Einsatz von Informationstechnologie ein wichtiger Teilbereich von MIS ist.

Faktor 4 beschreibt *informationelle* (informationswissenschaftliche) *Aspekte* des Informationsmanagements. Es handelt sich bei diesen Autoren um Briten, wodurch zusätzlich eine nationale Bindung gegeben ist. Möglicherweise war Letzteres ein Grund dafür, dass Kuhlen als Vertreter der deutschsprachigen Informationswissenschaft nicht stark genug auf diesen Faktor laden konnte. Der universellste und bekannteste Autor dieser Gruppe ist Cronin. Im Vergleich dazu beschäftigten sich Vickers, Roberts und Wilson stärker mit Fragen der Informationsorganisation und -verwendung in Unternehmen.

Faktor 5 könnte am besten mit „*IM-Klassiker*" überschrieben werden. Er enthält mit Ausnahme von Trauth jene Autoren, die als erste bedeutende Monographien[161] zum Thema verfasst haben. Der Zusammenhang zwischen Horton und Marchand ergibt sich auch dadurch, dass die Autoren zwei Monographien gemeinsam verfasst haben. Weniger plausibel erscheint die Zugehörigkeit von Trauth in diesem Faktor. Eine mögliche Erklärung könnte darin liegen, dass Trauth einen bekannten Review-Artikel[162] zum Informationsmanagement verfasste.

---

[159] Zur Interpretation/Definition der Faktoren empfiehlt McCain nur Autoren mit einer Ladung von größer +/- 0,7.
[160] Vgl. McCain 1990, S. 440.
[161] Vgl. Horton 1979; Horton/Marchand 1987; Horton 1985; Marchand/Horton 1986; Synnott/Gruber 1981; Synnott 1987a.
[162] Vgl. Trauth 1989.

Bei der Interpretation der Ergebnisse muss beachtet werden, dass auf die Bedeutung der jeweiligen Disziplin im Rahmen des Informationsmanagements nicht aufgrund der Höhe der erklärten Varianz geschlossen werden kann. Da die Ermittlung der Kozitate nicht auf die IM-ARTIKEL eingeschränkt wurde, kommt durch die erklärte Varianz zumindest zu einem Teil auch die Stärke der jeweiligen Disziplin zum Ausdruck.

Clusteranalyse

Die Clusteranalyse ist eine weitere Methode, die bei der Autoren-Kozitationsanalyse zur Gruppierung der Autoren verwendet wird. Im Gegensatz zur Faktorenanalyse werden hier die Autoren genau einem Cluster zugeordnet. Dabei werden in der Regel agglomerative Cluster-verfahren eingesetzt. Bei diesen werden die Cluster „bottom-up" gebildet. Ausgehend von den einzelnen Autoren werden schrittweise die zwei Cluster (am Beginn Autoren) mit der größten Ähnlichkeit zu einem neuen Cluster zusammengefasst. Für die Bestimmung der Ähn-lichkeiten stehen unterschiedliche Verfahren zur Verfügung. Bei der durchgeführten Cluster-analyse wurde in Anlehnung an McCain das „Complete-Linkage-Verfahren" verwendet.[163]

Autor	Clusteranzahl			
	5	4	3	2
Cash	1	1	1	1
Earl	1	1	1	1
McFarlan	1	1	1	1
Wiseman	1	1	1	1
Hammer	1	1	1	1
Dickson	3	3	1	1
Ives	3	3	1	1
Lucas	3	3	1	1
Nolan	3	3	1	1
Rockart	3	3	1	1
Drucker	4	1	1	1
Martin	4	1	1	1
Mintzberg	4	1	1	1
Porter	4	1	1	1
Simon	4	1	1	1
Marchand	5	4	3	1
Horton	5	4	3	1
Synnott	5	4	3	1
Trauth	5	4	3	1
Cronin	2	2	2	2
Kuhlen	2	2	2	2
Roberts	2	2	2	2

---

[163] Vgl. McCain 1990, S. 437.

| Vickers | 2 | 2 | 2 | 2 |
| Wilson | 2 | 2 | 2 | 2 |

Tab. 3.13: Ergebnis der Clusteranalyse

Wie aus Tabelle 3.13 zu erkennen ist, sind sich die Ergebnisse von Faktoren- und Cluster-analyse[164] recht ähnlich. Faktor 3 (MIS/allgemein) ist mit Cluster 3, Faktor 5 (IM-Klassiker) mit Cluster 5 identisch. Faktor 1 (Management) und Cluster 4 sowie Faktor 2 (MIS/Strategie) und Cluster 1 unterscheiden sich nur durch eine geänderte Zuordnung von Hammer. Für diesen Fall dürften die Ergebnisse der Faktorenanalyse valider sein. Hingegen wurde Kuhlen bei der Clusteranalyse richtigerweise der Gruppe der Informationswissenschaftler (Cluster 2) zugerechnet.

Bei der Zwei-Cluster-Lösung ist gut zu erkennen, dass man letztendlich zwischen zwei groben IM-Ansätzen unterscheiden kann: einen informationsorientierten, der primär durch die Informationswissenschaft wahrgenommen wird, und einen technologieorientierten, der im Zentrum von MIS/Management steht.[165] Bei Letzterem geht es um Fragen des optimalen Einsatzes von Informationstechnologie in Organisationen (Unternehmen). Ein Teil dieser Autoren setzt sich damit auseinander, wie Informationstechnologie zu strategischen Zwecken eingesetzt werden kann, um damit Wettbewerbsvorteile zu erzielen.

Multidimensionale Skalierung

Bei der multidimensionalen Skalierung werden die Autoren auf der Basis von Ähnlichkeits-maßen in einem mehrdimensionalen Raum dargestellt. Bei der Autoren-Kozitationsanalyse begnügt man sich in der Regel mit einem zweidimensionalen "Wissenschaftsraum".
Die Anordnung der Autoren erfolgt dabei nach folgenden Grundsätzen:
-   Autoren mit hohen Kozitationshäufigkeiten werden in geringen Abständen zueinander positioniert. Autoren, die große Unterschiede aufweisen, werden im Wissen-schaftsraum in großer Entfernung voneinander gezeichnet.
-   Autoren, die Beziehungen[166] zu vielen anderen Autoren haben, werden im Zentrum lokalisiert. Hingegen werden Autoren, die zu den meisten anderen Autoren keine Verbindung haben, peripher dargestellt. Dem entsprechend kann man zwischen

---

[164] Bei der Clusteranalyse dürfen in der Hauptdiagonale keine fehlenden Werte vorkommen. Aus diesem Grund wurden die Mittelwerte der Kozitate des jeweiligen Autors verwendet.
[165] Eine Zuweisung zum informationsorientierten Cluster hätte dem Werk Hortons besser entsprochen. Ein Indiz dafür ist auch sein langjähriges Wirken in der FID (Fédération Internationale d'Information et Documen-tation). Auch bei Marchand ist das Naheverhältnis zu den informationsorientierten IM-Ansätzen stärker.
[166] im Sinne der Kozitationsanalyse.

zentralen und peripheren Fachbereichen oder zum Beispiel Fachgruppen unterscheiden.[167]

Neben der grafischen Darstellung der Kozitationsbeziehungen wird die multidimensionale Skalierung dazu verwendet, um die hervorspringenden Dimensionen zu identifizieren, die für die Positionierung der Autoren ausschlaggebend sind.

Abbildung 3.6 zeigt die Wissenschaftslandkarte zum Informationsmanagement.[168] Die Gruppenziehung erfolgte aufgrund der Einschätzung des Autors der hier vorliegenden Arbeit. Dabei ergaben sich zu den Ausführungen auf den vorigen Seiten nur geringe Abweichungen. Hammer wurde, der Faktorenanalyse entsprechend, den Management-Autoren zugeordnet. Martin und Trauth wurden (entgegen den Ergebnissen von Faktoren- und Clusteranalyse) der Gruppe der MIS-Autoren zugerechnet.

Im Gegensatz zu früheren Gepflogenheiten wurde eine hierarchische (zweistufige) Darstellung der Gruppenzugehörigkeiten vorgenommen. Wenn man die Wissenschaftslandkarte auf dem höchsten Verdichtungsgrad interpretiert, erkennt man drei Hauptdisziplinen, die sich mit Informationsmanagement auseinander setzen: Management, MIS/Wirtschaftsinformatik und Informationswissenschaft.[169] Der technologieorientierte IM-Ansatz ("MIS/GESAMT") setzt sich aus den Cluster "MIS/Strategie", "MIS/Kernautoren" und Synnott zusammen. Die Vertreter des informationsorientierten IM-Ansatzes kommen aus dem Bereich der Informationswissenschaft. Diesem Kreis können auch noch Horton und Marchand zugerechnet werden. Da der Beitrag der Management-Literatur zum Informationsmanagement primär in der Erarbeitung von Grundlagen für MIS/Wirtschaftsinformatik zu sehen ist, kann man letztlich zwischen einem informations- und einem technologieorientierten[170] IM-Ansatz unterscheiden.

Die Wissenschaftslandkarte zeigt also sehr klar die beiden Abstufungen auf der horizontalen Achse, die die Ingredienzen des Informationsmanagements ausmachen. Auf der linken Seite handelt es sich um informationsorientierte Aspekte des Informationsmanagements.

---

[167] Vgl. McCain 1990, S. 437 f.

[168] Für die Berechnungen wurde das ALSCAL-Modul von SPSS verwendet. Das Ergebnis genügt den Anforderungen von McCain: Stress 1 = 0,2; R Square = 0,85 (vgl. McCain 1990, S. 438). (Stress 1 ist ein Maß dafür, wie viel an Information durch die Verdichtung der Originaldaten verloren geht. R Square gibt an, wie viel Prozent der Varianz der Abstandsmatrix durch die zweidimensionale Darstellung erklärt werden kann.)

[169] Zum selben Ergebnis kommt Bergeron in ihrem Überblicksartikel zum Informationsmanagement (vgl. Bergeron 1996, S. 264).

[170] Wie später noch ausführlich erläutert wird, bedeutet technologieorientiertes Informationsmanagement nicht, dass es sich hierbei um rein technikzentrierte Ansätze handelt. Das Schwergewicht dieser Ansätze liegt vielmehr darin, Informationstechnologie so im Unternehmen einzusetzen, dass diese die Unternehmensziele bestmöglich unterstützt. Gestaltungsobjekt ist also der aus betriebswirtschaftlicher Sicht optimale Einsatz von Informationstechnologie.

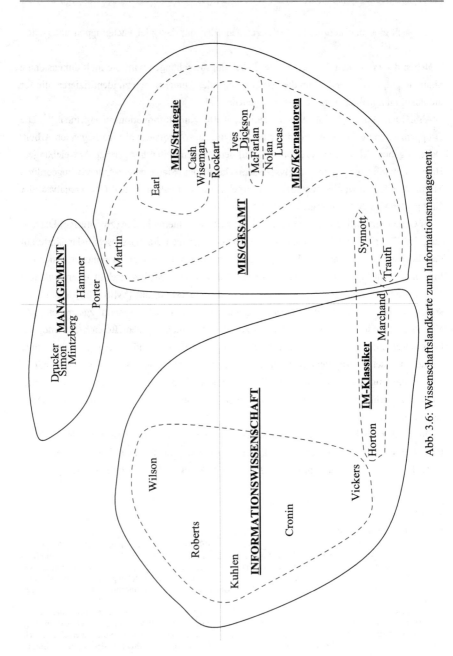

Abb. 3.6: Wissenschaftslandkarte zum Informationsmanagement

Diese werden primär von der Informationswissenschaft wahrgenommen. Auf der rechten Seite geht es um Informationstechnologie, speziell dessen (effektiven und effizienten) Einsatz in Organisationen und die sich daraus ergebenden Möglichkeiten. Etwas schwieriger ist die Interpretation der Ausprägungen auf der vertikalen Achse. Am oberen Pol befinden sich Autoren, die allgemeine (betriebswirtschaftliche) Grundlagen, primär für die MIS-Autoren, erarbeitet haben. Am unteren Ende wurden durch Horton, Marchand und Synnott hingegen umfassende und konkrete Informationsmanagement-Konzepte erarbeitet. Besonders interessant ist, dass alle Cluster um das Zentrum herum angeordnet sind, der Ursprung des Koordinatensystems hingegen völlig unbesetzt ist. Der Grund dürfte darin liegen, dass es zwischen den unterschiedlichen IM-Ansätzen nur geringe Berührungspunkte gibt. Am ehesten nehmen Horton, Marchand und Synnott diese Brückenfunktion wahr.

5. Validität der Ergebnisse

Im Folgenden werden einige kritische Punkte der durchgeführten Autoren-Kozitationsanalyse angesprochen.

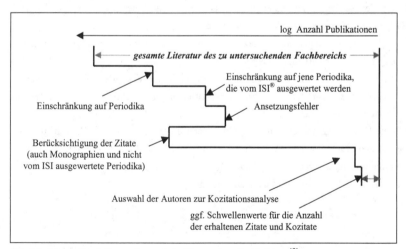

Abb. 3.7: Autoren-Kozitationsanalyse – ein hoch aggregierendes Verfahren[171]

---

[171] Die Veränderung der „Trichterbreite" entspricht nicht den wirklichen Relationen.

Wie bereits erwähnt wurde, war die Anzahl der IM-ARTIKEL (und der Referenzen davon) wesentlich geringer, als ursprünglich erwartet wurde.[172] Da es sich bei der Autoren-Kozitationsanalyse zudem um ein „hoch-aggregierendes" Verfahren handelt (siehe Abbildung 3.7), war es nicht möglich, detailliertere Erkenntnisse über die (formale) Wissenschaftskommunikation im Bereich des Informationsmanagements, zum Beispiel verschiedene informationsorientierte IM-Ansätze zu gewinnen.

Auffallend war die geringe Konzentration auch bei den zitierten Autoren. Dies könnte negative Auswirkungen auf die Autoren-Kozitationsanalyse insofern gehabt haben, weil die Grenze zur Auswahl der Autoren nicht scharf genug gezogen werden konnte. Es wäre also möglich, dass weitere wichtige Autoren bei der Autoren-Kozitationsanalyse nicht berücksichtigt wurden. Der Hauptgrund für das relativ homogene Zitierverhalten dürfte in der interdisziplinären Natur des Informationsmanagements liegen. Dadurch "dominieren" (bei der Anzahl der verfassten Publikationen oder der Anzahl der erhaltenen Zitate) wenige Autoren nicht das gesamte Informationsmanagement, sondern jeweils nur einen Teilbereich (zum Beispiel den informationsorientierten IM-Ansatz) davon. Für das gesamte Informationsmanagement fällt die Konzentration dann geringer aus.

Die relativ geringe Zahl an erhaltenen Zitaten (je Autor) war auch Ursache dafür, dass die Ermittlung der Kozitationshäufigkeiten nicht auf IM-ARTIKEL beschränkt wurde. Folgende zwei Gründe rechtfertigten diese Vorgehensweise:

1. Informationsmanagement-Publikationen müssen nicht nur von IM-ARTIKELN (die sehr eng gefasst wurden) zitiert werden.

2. Es sollten jene Disziplinen ermitteln werden, in die das Informationsmanagement eingebettet ist. Um die Disziplinen herauszufinden, erschien es legitim, die erhaltenen Zitate (auf diese) auszuweiten.

Auch die Diskrepanz zwischen dem Ranking der IM-ARTIKEL nach der Zeitschriftenfachgruppe und den Ergebnissen der Autoren-Kozitationsanalyse dürfte mit der Interdisziplinarität des Informationsmanagements zu tun haben. Um dies zu verifizieren, wurden die Referenzen der IM-ARTIKEL einer weiteren Analyse unterzogen.

---

[172] Beispielsweise wurden bei der Untersuchung von Ding die am öftesten zitierten Autoren aus rund 45.000 Zitaten ermittelt (vgl. Ding/Chowdhury/Foo 1999, S. 68).

Rang	Zitate	Zeitschrift/Monographie[173]	Zeitschriftenfachgruppe	Klasse[174]	Impact-Faktor[175]
1	56	HARVARD BUS REV	BUSINESS MANAGEMENT	MIS	2,5
2	46	INFORM MANAGE	COMPUTER SCIENCE, INFO SYSTEMS MANAGEMENT INFORMATION SCIENCE & LIBRARY SCIENCE (**LIS**)	MIS	0,7
3	39	MIS Q	MANAGEMENT LIS	MIS	1,6
4	29	COMMUN ACM	COMPUTER SCIENCE	Comp	1,3
5	26	INT J INFORM MANAGE	LIS	LIS	0,4
5	26	SLOAN MANAGE REV	MANAGEMENT BUSINESS	MIS	1,8
7	23	INFORMATION RESOURCE	- (Monographie)	-	-
7	23	INFORMATION SYSTEMS	- (Monographie)	-	-
9	19	MANAGEMENT INFORMATI	- (Monographie)	-	-
9	19	J AM SOC INFORM SCI	LIS	LIS	1,3
9	19	ACM T DATABASE SYST	COMPUTER SCIENCE, INFO SYSTEMS	Comp	0,4
12	16	INFORMATION TECHNOLO	- (Monographie)	-	-
12	16	ASLIB P	LIS COMPUTER SCIENCE, INFO SYSTEMS	LIS	0,2
12	16	J INFORM SCI	LIS COMPUTER SCIENCE, INFO SYSTEMS	LIS	0,4

Tab. 3.14: Zeitschriften, die von IM-ARTIKELN mehr als 15 Mal zitiert wurden

Ein Vergleich von Tabelle 3.4 und 3.14 ergibt, dass bei der Zusammensetzung der Zeitschriften, in denen IM-ARTIKEL erscheinen und solchen, die von IM-ARTIKELN zitiert werden, deutliche Unterschiede bestehen. Besonders sticht hervor, dass MIS-Zeitschriften wesentlich öfter zitiert werden als LIS-Zeitschriften. Folgende Gründe wären dafür denkbar:

1. LIS-Autoren zitieren MIS-Autoren wesentlich häufiger als dies umgekehrt der Fall ist.
2. Im Bereich von MIS werden IM-Publikationen oft nicht als solche tituliert. MIS-Publikationen im Bereich des Informationsmanagements sind daher in den IM-ARTIKELN unterrepräsentiert.
3. Das Zitierverhalten ist im Bereich von MIS stärker ausgeprägt als in der Informationswissenschaft.

Während das erste Argument, wie schon erwähnt, nicht zutrifft, dürfte einiges dafür sprechen, dass im Bereich von MIS eine Reihe von Publikationen erscheint, die zwar Teilaspekte des Informationsmanagements behandeln, aber nicht als solche tituliert sind. Einen Beleg dafür liefert Lytle, wenn er meint, dass Publikationen aus dem Bereich des strategischen

---

[173] Es werden die in der Datenbank ausgewiesenen Kurzbezeichnungen verwendet.
[174] Die Klassifikation (MIS, LIS, Comp(uter Science)) wurde aufgrund der Literaturkenntnis des Autors vorgenommen.
[175] Der Impact-Faktor wurde den Journal Citation Reports® aus dem Jahre 1997 (CDROM-Version) entnommen.

Einsatzes von Informationstechnologie selten mit Informationsmanagement „überschrieben" werden.[176]

Das letzte Argument kann in den ISI®-Zitationsdatenbanken mit Hilfe des sogenannten "Impact Factor" untersucht werden.[177] Dieser gibt an, wie oft ein Artikel einer bestimmten Zeitschrift im jeweils betrachteten Jahr durchschnittlich zitiert wurde.[178] Wie Tabelle 3.14 zu entnehmen ist, ist der Impact-Faktor bei den MIS-Zeitschriften[179] deutlich höher als bei den LIS-Zeitschriften[180]. Das Zitierverhalten ist in den beiden Disziplinen also sehr unterschiedlich.[181] Dadurch wurden die LIS-Autoren bei der Auswahl für die Autoren-Kozitationsanalyse benachteiligt.

Bei der Zitatenanalyse trat auch die schlechte Ansetzung der Referenzen zutage. Die Synonymproblematik betrifft sowohl die zitierten Autoren als auch die zitierten Werke. Besonders große Variationen gibt es vor allem bei der Ansetzung des Namens der Zeitschrift bzw. Monographie, ob die Bandnummer festgehalten wird (bei Zeitschriften) und ob eine Seitennummer angegeben wird. Synonym- wie auch Homonymproblematik lassen sich bei einer Autoren-Kozitationsanalyse aber relativ leicht abfangen.

Für eine abschließende Beurteilung der Validität, sofern diese überhaupt möglich ist,[182] ist allerdings eine qualitative Literaturanalyse erforderlich.

---

[176] Vgl. Lytle 1986, S. 317.

[177] Für weitere Anwendungsgebiete des Impact-Faktors sei auf Garfield (1994b) verwiesen.

[178] Vgl. Garfield 1994a.
Der Impact-Faktor (IF) berechnet sich für eine bestimmte Zeitschrift (ZS) in einem bestimmten Jahr (i) nach folgender Formel: $_{ZS}IF_i$ = Anzahl der im Jahr i für Artikel in ZS (von Publikationen in ISI-Periodika) erhaltene Zitate, die in den Jahren i-1 und i-2 publiziert wurden DIVIDIERT DURCH die Gesamtzahl der in ZS in den Jahren i-1 und i-2 veröffentlichten Artikel.
Bei der Berechnung ist Folgendes zu beachten: Bei der Gesamtanzahl der veröffentlichten Artikel werden nur die Dokumenttypen „article" und „review" berücksichtigt. Hingegen werden Zitate auf alle Dokumenttypen gezählt. Zeitschriften mit einem zum Beispiel höheren Anteil an „letters" werden dadurch bei der Berechnung des Impact-Faktor bevorzugt.

[179] MIS-Zeitschriften mit dem höchsten Impact-Faktor: Harvard Business Review: 2,5; Sloan Management Review: 1,8; MIS Quarterly: 1,6.

[180] LIS-Zeitschriften mit dem höchsten Impact-Faktor: Journal of the American Society for Information Science: 1,3; International Journal of Information Management: 0,4; Journal of Information Science: 0,4.

[181] Ein direkter Vergleich des Impact-Faktors zwischen informationswissenschaftlichen und MIS-Zeitschriften ist daher nicht zulässig (vgl. Garfield 1974, S. 560, Garfield 1985, S. 405 f.). Selbst innerhalb einer Disziplin lassen sich zwischen einzelnen Fachgebieten teilweise erhebliche Differenzen feststellen (vgl. zum Beispiel Korwitz 1995, S. 271).

[182] Da bibliometrische Untersuchungen im Vergleich zu anderen Methoden der Sozialwissenschaft auf wesentlich größeren Datenmengen basieren, ist laut Borgman eine vollständige Validierung praktisch unmöglich (vgl. Borgman 1990, S. 26 f.).

3.3 Resümee

Die szientometrische Studie zeigte, dass bereits Häufigkeitsverteilungen zu nützlichen Ergebnissen führen. So ergab die zeitliche Analyse ein sprunghaftes Ansteigen des Publikationsvolumens am Beginn der achtziger Jahre, das sich seither in einem bestimmten Rahmen bewegt. Weiters wurde belegt, dass Informationsmanagement in verschiedenen Anwendungsbereichen, hauptsächlich in Technik, Wirtschaft und öffentlicher Verwaltung, Medizin sowie im Erziehungswesen ein Thema ist. Aufgrund der Ergebnisse der Autoren-Kozitationsanalyse sind MIS/Wirtschaftsinformatik und Informationswissenschaft jene beiden Disziplinen, die sich mit Fragen des Informationsmanagements am ausführlichsten auseinander setzen. Die Informationswissenschaft konzentriert sich dabei auf die Informationsinhalte, während der Fokus von MIS/Wirtschaftsinformatik im optimalen Einsatz von computergestützten Informationssystemen in Organisationen, speziell in Unternehmen liegt. Dabei geht es nicht nur um Effizienzsteigerungen. Durch den strategischen Einsatz von Informationstechnologie sollen (zusätzlich) Wettbewerbsvorteile erzielt werden.

Im Rahmen der durchgeführten szientometrischen Untersuchung trat aber auch eine Reihe von „Unzulänglichkeiten" zutage: Zumindest für den Bereich des Informationsmanagements konnte die starke Bevorzugung des anglo-amerikanischen Wissenschaftssystems aufgezeigt werden. Dies lässt sich sowohl aus der Herkunft der publizierenden Autoren (über 70 % aus den USA oder Großbritannien) als auch dem Erscheinungsort der meisten IM-Zeitschriften schließen. Alle hier vorliegenden Ergebnisse gelten daher primär nur für den anglo-amerikanischen Raum.[183]

Als ein Vorteil von szientometrischen Untersuchungen wurde ihre Objektivität ins Treffen geführt. Dies ist auf der Ebene des einzelnen Wissenschaftlers zutreffend, obwohl auch hier eine subjektive Einflussnahme nicht ausgeschlossen werden kann.[184] Eine objektive Darstellung des gesamten Systems der Wissenschaft, bzw. eines Teilbereichs davon, ist aber aus obigen Gründen ebenfalls nicht gegeben. Wahrscheinlich würde eine Analyse des Informationsmanagements im deutschsprachigen Raum zu anderen Ergebnissen führen. Bei der Autoren-Kozitationsanalyse zeigte sich, dass ihre Durchführbarkeit wesentlich von den zugrunde liegenden Daten abhängt. Da es sich um ein hoch-aggregierendes Verfahren handelt, müssen gewisse „Datenmengen" (Anzahl der erhaltenen (Ko)Zitate) vorliegen, um zu sinnvollen Ergebnissen zu kommen. Weiters muss bei einer „interdisziplinären" Autoren-

---

[183] Interessanterweise spiegeln auch andere dem Autor bekannte Untersuchungen zur (formalen) Wissenschaftskommunikation primär US-amerikanische Verhältnisse wider.

[184] Bei der Autoren-Kozitationsanalyse hat zum Beispiel die Vorselektion der Autoren große Auswirkungen auf das Ergebnis.

Kozitationsanalyse berücksichtigt werden, dass unterschiedliche Disziplinen ein unterschiedliches Zitierverhalten aufweisen und die Ergebnisse dementsprechend verfälscht werden können.

Trotz aller Unzulänglichkeiten kann der Nutzen von szientometrischen Analysen nicht von der Hand gewiesen werden. Da sich aber nicht alle Problembereiche umgehen lassen, sollten szientometrische Studien nur ergänzend eingesetzt werden. Eine Literaturanalyse kann dadurch nicht ersetzt werden.

4 Literaturanalyse (qualitative Analyse)

Wie die szientometrische Untersuchung zeigte, beschäftigen sich sowohl Wirtschaftsinformatik bzw. MIS als auch die Informationswissenschaften mit Fragen des Informationsmanagements. Dem entsprechend wird bei der Literaturanalyse zunächst von der Zweiteilung in technologieorientierte (Wirtschaftsinformatik, MIS) und informationsorientierte IM-Konzepte (Informationswissenschaften) ausgegangen. Diese soll nun im Rahmen der qualitativen Analyse weiter verfeinert werden.

4.1 Technologieorientierte IM-Ansätze

Bei den technologieorientierten[185] IM-Ansätzen soll zwar letztendlich auch die richtige Information zur richtigen Zeit am richtigen Ort bereitgestellt werden. Mittel zu diesem Zweck sind aber ausschließlich computerbasierte Informationssysteme bzw. Informationstechnologie, wodurch ein Informationsmanagement aus dieser Sichtweise hauptsächlich technologisch geprägt ist.[186] Aufgrund des mittlerweile hohen Durchdringungsgrades, der Komplexität des IT-Einsatzes, des großen Gestaltungspotentials und der oft starken organisatorischen Auswirkungen bei der Einführung von computerbasierten Informationssystemen kommt dem technologieorientierten Informationsmanagement eine große Bedeutung zu.

Im Folgenden wird zwischen drei technologieorientierten IM-Ansätzen unterschieden:

1. Datenmanagement
2. IT-Management
3. strategisches IT-Management.

4.1.1 Datenmanagement

In einer engen Sichtweise wird Informationsmanagement mit Datenmanagement gleichgesetzt.[187] Das liegt vor allem in der zentralen Bedeutung der Daten begründet. Fast alle

---

[185] Es wurde bewusst der im Vergleich zu „Technik" umfassendere Begriff verwendet. Er beinhaltet neben der Technik die „... Gesamtheit anwendbarer und tatsächlich angewendeter Arbeits- und Entwicklungs-, Produktions- und Implementierungsverfahren in der Technik." (Heinrich/Roithmayr 1992, S. 515).

[186] Einige Autoren erheben sogar Vorwürfe, wonach ein Informationsmanagement mit diesem Selbstverständnis zu technisch orientiert sei (vgl. zum Beispiel Davenport 1997; Pemberton 1992).

[187] Vgl. zum Beispiel Durell 1985; Hoven 1995; Trauth 1989, S. 258.

Aktivitäten in einem Unternehmen benötigen und/oder produzieren Daten. Daten stellen auf allen Ebenen eines Unternehmens einen wichtigen Input für fast alle Entscheidungen dar.[188]

Der Bedeutung der Daten[189] wird in der Literatur dadurch Rechnung getragen, dass diese als eine Unternehmensressource[190] oder als ein Produktionsfaktor[191] betrachtet werden.[192] Diese beiden Betrachtungsweisen unterscheiden sich laut Lockemann[193] folgendermaßen: Bei der ersten spielen Daten eine gleichrangige Rolle wie die anderen Unternehmensressourcen. Daten werden als Rohstoff gesehen, aus dem Information gewonnen wird. So gesehen stellen Daten ein Rohmaterial dar, das wie andere Materalien auf Vorrat gehalten werden muss. Bei den Daten sind daher ähnliche Managementüberlegungen wie bei den anderen Unternehmens-ressourcen anzustellen, wobei allerdings die Besonderheiten der Datenressourcen im Vergleich zu den traditionellen Ressourcen zu berücksichtigen sind.[194] Bei der zweiten Sichtweise steht der Aspekt der Weiterverarbeitung der Daten im Vordergrund. Noch einen Schritt weiter geht Modell, indem er die Berücksichtigung des Datenwertes in der Bilanz fordert.[195] Diese Forderung dürfte allerdings weit von ihrer Realisierung entfernt sein, obwohl laut Zehnder[196] Daten die wertvollste Komponente eines Informationssystems sind.

Der Begriff Datenmanagement wird in der Literatur nicht einheitlich verwendet. Es handelt sich dabei aber mehr um sich ergänzende Sichtweisen als um kontroversielle Standpunkte. Für Mathy steht die Vermeidung von Redundanz[197] im Vordergrund, „... so dass durch Reduktion von Kopiervorgängen Zeit und Geld gespart wird und durch Widerspruchsfreiheit der Daten die Glaubwürdigkeit der zentralen EDV nicht sinkt ..."[198] Rieke und Ortner betonen zusätzlich den Integrationsaspekt des Datenmanagements. Nach Rieke wird ein Daten-management durch die "... Forderung nach einem unternehmensweit integrierten, konsistenten

---

[188] Vgl. Levitin/Redman 1998, S. 89.
[189] Schwarze fordert in diesem Zusammenhang sogar eine Daten- bzw. Datenbankorientierung in der Betriebs-wirtschaftslehre (vgl. Schwarze 1987).
[190] Vgl. zum Beispiel Everest 1986, S. 7; Gillenson 1985; Niedereichholz/Wentzel 1985, S. 286; Ortner/Söllner 1988, S. 82.
[191] Vgl. zum Beispiel Brombacher/Hars/Scheer 1993, S. 187; Greschner/Zahn 1992, S. 9; Keller 1993b, S. 605; Krcmar 1996; Martin 1987, S. 299; Martiny 1991, S. 52; Schwarze 1990, S. 108.
[192] Es soll aber nicht unerwähnt bleiben, dass es auch Autoren gibt, die sich gegen eine derartige Betrach-tungsweise aussprechen (vgl. zum Beispiel Eaton/Bawden 1991).
[193] Vgl. Lockemann 1993, S. 715 f.
[194] Ein detaillierter Vergleich zwischen Daten- und herkömmlichen Unternehmensressourcen (Kapital, Mitar-beiter, Anlagen, Rohstoff und Energie) wurde von Levitin et al. angestellt (vgl. Levitin/Redman 1998, S. 91 ff.).
[195] Vgl. Modell 1988, S. 9.
[196] Vgl. Zehnder 1987.
[197] Laut Ischebeck liegt der Anteil der redundanten Daten in vielen Unternehmen bei über 50 % (vgl. Ischebeck 1993, S. 602).
[198] Mathy 1987, S. 12.

und redundanzarmen Datenbestand sowie nach optimalen Strukturen ..."[199] notwendig. Für Ortner ist der „... schrittweise, systematisch organisierte und kontrollierte Übergang von einer an Einzelanwendungen ausgerichteten Datenorganisation mit viel unkontrollierter Redundanz zu einer anwendungsübergreifenden, an den Aufgaben des Gesamtunternehmens ausgerichteten Organisation und Verwaltung der Datenressourcen"[200] Ziel des Datenmanagements. Viel stärker am Benutzer ausgerichtet ist das Datenmanagement nach Gemünden und Schmitt: "Das Hauptziel des Datenmanagements ist es letztendlich, die Bereitstellung der Ressource "Information" hinsichtlich Ort, Zeitpunkt und Form in geeigneter Weise zu gewährleisten."[201]

Eine „ganzheitliche" Definition, die obige Sichtweisen großteils vereint, ist jene von Schulte: Demnach umfasst Datenmanagement "... alle organisatorischen und technischen Aufgaben, die in Zusammenhang stehen mit dem Entwurf, der Haltung und der Bereitstellung von Daten, sowohl für Nutzer aus den Fachbereichen als auch der Datenverarbeitung."[202] Dazu erscheint noch folgender Zusatz sinnvoll, der die Datenqualität betont: Ziel des Datenmanagements ist es, Qualität, Verwendbarkeit und Wert der Informationsressourcen eines Unternehmens zu maximieren.[203]

Zur Wahrnehmung der Aufgaben des Datenmanagements werden in der Literatur folgende zwei Funktionsbereiche vorgeschlagen: Datenbankadministration und Datenadministration.[204] Während die Datenbankadministration hauptsächlich für technische Aufgaben zuständig ist, übernimmt die Datenadministration primär Planungs- und Analyseaufgaben.[205] Die Datenbankadministration nimmt also primär das Tagesgeschäft in Bezug auf die Datenverwaltung wahr. Unter anderem fallen folgende Tätigkeiten in ihren Verantwortungsbereich: Leistungsüberwachung, Fehlerbehebung, Sicherheitsüberwachung, physischer Datenbankentwurf oder Unterstützung der Anwendungsprogrammierung. Der Tätigkeitsbereich des Datenadministrators umfasst hingegen u. a. Datenplanung, Schulung, Entwicklung von Richtlinien für den Umgang mit den Unternehmensdaten, Festlegen von Standards oder logischen Datenbankentwurf.[206]

Eine Hauptaufgabe des Datenmanagements besteht in der Erstellung der Datenarchitektur. Es handelt sich dabei um ein unternehmensweites logisches Datenmodell, gegebenenfalls mit

---

[199] Rieke 1986, S. 32.
[200] Ortner 1991, S. 319.
[201] Gemünden/Schmitt 1991, S. 24.
[202] Schulte 1987, S. 27.
[203] Vgl. Hoven 1995, S. 69.
[204] Vgl. zum Beispiel Gilllenson 1985, S. 131; Henderson 1987, S. 42; Ischebeck 1993, S. 599; Kahn 1983, S. 794; Lytle 1986, S. 314 oder Niedereichholz/Wentzel 1985, S. 285 f.
[205] Es ist natürlich nicht ausgeschlossen, dass beide Funktionsbereiche von einer Person wahrgenommen werden.

verschiedenen Verdichtungsebenen. Sie ist eine Abbildung der Daten eines Unternehmens (oder von Teilbereichen davon) und deren Zusammenhängen aus fachlicher Sicht. Das unternehmensweite Datenmodell ist daher frei von hardware- und softwarespezifischen Details.[207] Die Bedeutung einer Datenarchitektur liegt vor allem darin, dass sie ein „Disziplinierungsinstrument" für Planung und Management der Datenressourcen darstellt.[208] Sie ist also ein wichtiges Mittel, um ein Datenchaos[209] zu vermeiden bzw. in den Griff zu bekommen.

Eines der wichtigsten Werkzeuge des Datenmanagements sind Data-Dictionary-Systeme.[210] Es handelt sich dabei um Softwaresysteme zur Speicherung und Verwaltung von Metadaten.[211] Laut Ortner et al. lässt sich damit eine Art „Datenbuchhaltung" realisieren.[212]

Data-Warehousing und Data-Mining stellen jüngere Entwicklungen im Datenmanagement dar. Das Grundprinzip eines Data-Warehouse besteht darin, dass die operativen Daten von den „informationellen", in der Regel aggregierten Daten (= Data-Warehouse) getrennt werden. Letztere werden aus den operativen Daten abgeleitet und dienen als Basis für verschiedene Berichte und Analysen.[213] Beim Data-Mining wird über die Erstellung mathematischer Modelle versucht, Informationen aus den zugrunde liegenden Daten abzuleiten. Typische Anwendungen sind zum Beispiel die Erstellung von Prognosemodellen, die Einteilung von Kunden in Bonitätsklassen, die Durchführung von Sensitivitätsanalysen oder die Verkaufskorrelation von verschiedenen Produkten.[214]

4.1.2 IT-Management

Bei der Gleichsetzung von Datenmanagement mit Informationsmanagement handelt es sich um eine sehr enge Sichtweise. Tatsächlich vertreten die meisten Autoren eine weitere Auffassung von Informationsmanagement. Demnach wird Datenmanagement als ein Teilbereich/eine Aufgabe[215] oder eine Voraussetzung/Basis[216] für das Informationsmanagement gesehen. Eine Synthese dieser beiden Standpunkte bietet Ortner an. Er sieht die Entwicklung

---

[206] Vgl. Gillenson 1985, S. 317.
[207] Vgl. Gemünden/Schmitt 1991, S. 26 f.
[208] Vgl. Lytle 1986, S. 315.
[209] Vgl. Vetter 1987, S. 25.
[210] Vgl. Navathe/Kerschberg 1988, S. 21.
[211] Man findet daher oft auch die Bezeichnung Meta-Informationssystem.
[212] Vgl. Ortner/Söllner 1988, S. 26.
[213] Für eine Einführung in das Data-Warehouse-Konzept siehe zum Beispiel Gallegos (1999), Inmon (1997) und Hoven (1997).
[214] Vgl. Schwinn/Dippold/Ringgenberg/Schnider 1999, S. 226.
[215] Vgl. zum Beispiel English 1996; Heinrich 1999; Henderson 1987; Seibt 1990; Schwarze 1988; Schwyrz 1993.

der Informationsverarbeitung in Organisationen als einen mehrstufigen Prozess, der im Informationsmanagement (Stufe 4) gipfelt. Die davor liegenden Stufen sind Datenbank-administration (Stufe 1), Datenadministration (Stufe 2) und Datenmanagement (Stufe 3). Laut Ortner können einzelne Stufen zwar übersprungen werden. Da jede nachfolgende Stufe die vorangegangenen nicht ablöst, sondern erweitert, müssen die entsprechenden Entwicklungsschritte in einem solchen Fall aber schneller vollzogen werden.[217]

Die Ansätze zum IT-Management werden als Erweiterung von MIS[218] oder als Teilgebiet der Wirtschaftsinformatik[219] gesehen.[220] Sie betonen (informations)technische Aspekte der Informationsverarbeitung. Als Synonym findet man daher mitunter auch Bezeichnungen wie Informatik-Management[221] oder Informationssystem-Management[222]. Der Fokus liegt bei diesen Ansätzen auf der Verwaltung von elektronischen, in der Regel internen Unternehmens-daten.[223]

Diese Sichtweise des Informationsmanagements wird zum Beispiel von Hussain et al. vertreten. Schon der Untertitel des Buches[224] lässt vermuten, dass sich die Ausführungen der Autoren primär auf ein Datenverarbeitungs-Management beschränken. Tatsächlich liegt der Schwerpunkt des Buches bei Planung (Räume, Zentralisierungsgrad, Einbeziehung der Endbenutzer, usw.) und Steuerung der Datenverarbeitung (Leistungsüberwachung, Quali-tätskontrolle, Datenschutz und –sicherheit, usw.) sowie dem Management des Systembetriebs (Sicherstellung des Systembetriebs, Budgetierung, Leistungsverrechnung, usw.).[225]

Hars fordert, dass sich das Informationsmanagement von der einseitigen Ausrichtung auf Automation und Computertechnologie[226] lösen muss. Es soll sich vielmehr stärker auf das Management von Information als Produktionsfaktor konzentrieren. Bei diesem stehen die fachlichen Anwendungen, also die Geschäftsprozesse einer Organisation im Vordergrund. Laut Hars schließen sich beide Perspektiven auf das Informationsmanagement nicht aus, sondern beeinflussen sich gegenseitig. Einerseits können neue Technologien neue Geschäftsprozesse und betriebswirtschaftliche Konzepte ermöglichen. Andererseits ist es möglich, dass neue betriebswirtschaftliche Konzepte neue Anforderungen an den IT-Einsatz

---

[216] Vgl. beispielsweise Ischebeck 1993; Meier 1991; Niedereichholz/Wentzel 1985.
[217] Vgl. Ortner 1990, S. 489 ff.; Ortner 1991, S. 316 ff.
[218] Vgl. zum Beispiel Davis/Olson 1985, S. 10.
[219] Vgl. zum Beispiel Biethahn/Mucksch/Ruf 1996, S. 2; Heinrich 1999, S. 13.
[220] Es gibt aber auch Autoren, die Informationsmanagement mit MIS bzw. Wirtschaftsinformatik gleichsetzen (vgl. zum Beispiel Peterhans 1996, S. 2 und S. 8 ff.).
[221] Vgl. beispielsweise Küting 1993; Moll 1994.
[222] Vgl. zum Beispiel Österle/Brenner/Hilbers 1992. Auch laut Finke umfasst das Informationsmanagement die Führungsverantwortung für das computerbasierte Informationssystem einer Organisation (vgl. Finke 1988).
[223] Vgl. Bergeron 1996, S. 266.
[224] Information Management: Organization, management and control of computer processing.
[225] Vgl. Hussain/Hussain 1992.

stellen. Im Rahmen des Informationsmanagements müssen also beide Perspektiven ausreichend berücksichtigt werden.[227] Durch eine einseitige Ausrichtung würden die Potentiale des Informationsmanagements weitgehend ungenutzt bleiben.[228]

Die Entwicklung eines Informationsmodells stellt bei diesen IM-Ansätzen einen Schwerpunkt dar.[229] Diese Ansätze gehen vom Postulat aus, dass es in einer Organisation folgende zwei Arten von Aufgaben gibt:

- Realisierungsaufgaben: sind unmittelbar auf die Erzeugung betrieblicher Leistungen ausgerichtet;
- Entscheidungs-, Planungs-, Steuerungs- und Kontrollaufgaben.

Laut Grochla bildet die Gesamtheit der Realisierungsaufgaben das sogenannte Realisierungssystem. Nachdem die Entscheidungs-, Planungs-, Steuerungs- und Kontrollprozesse stets zur Beschaffung, Transformation, Speicherung und Übermittlung von Informationen führen, kann dafür analog die Bezeichnung „betriebliches Informationssystem" verwendet werden.[230] Das Informationsmodell einer Organisation (Unternehmensmodell) ist nun das realitätsgetreue Abbild, der idealisierte Entwurf oder eine Mischung von beidem des betrieblichen Informationssystems.[231] Wesentlich dabei ist, dass das Informationsmodell frei von informationstechnischen Details ist.[232] Bezüglich der Komponenten eines Unternehmensmodell besteht keine Einigkeit. Beispielsweise besteht dieses laut Klein aus semantischem Daten-, Funktions-, Datenfluss- und Prozessmodell.[233] Ortner et al. unterscheiden hingegen zwischen Daten-, Funktions- und Organisationsmodell.[234]

Wollnik sieht Informationsmanagement als „Ebenenmodell" (siehe Abbildung 4.1).[235] Im Vergleich zu Hars hat er allerdings ein weiteres IM-Verständnis, indem er in sein Modell explizit die Ebene des Informationseinsatzes einbezieht. Das IM-Modell von Wollnik umfasst

---

[226] Hars spricht von einem Datenverarbeitungs-Management.

[227] Von einer engen gegenseitigen Wirkung zwischen elektronischer Datenverarbeitung und Betriebswirtschaftslehre geht auch Scheer aus. Diese ergibt sich durch die
„- Unterstützung rechen- oder datenintensiver betriebswirtschaftlicher Verfahren durch die EDV,
- Notwendigkeit EDV-geeigneter betriebswirtschaftlicher Konzepte zur Erhöhung der Wirtschaftlichkeit der EDV,
- hohe Gestaltungs- und Multiplikatorwirkung von EDV-Systemen für betriebswirtschaftliche Aufgaben."
(Scheer 1990, S. 5).
Scheer leitet daraus die Forderung nach einer EDV-orientierten Betriebswirtschaftslehre ab (S. 5), die zu den bestehenden Ansätzen zur Betriebswirtschaftslehre eine ergänzende Betrachtungsweise darstellt (S. 1).

[228] Vgl. Hars/Scheer 1994, S. 6 ff.

[229] Vgl. zum Beispiel Hildebrand 1995; Keller 1993a; Keller 1993b.

[230] Vgl. Grochla 1975, S. 4, entnommen aus Klein 1991, S. 46 f.

[231] Vgl. Klein, 1991, S. 46 ff.

[232] Siehe dazu auch die entsprechenden Ausführungen zur Datenarchitektur im vorigen Unterkapitel.

[233] Vgl. Klein 1991, S. 48 ff.

[234] Vgl. Ortner/Söllner 1988, S. 27 f.

[235] Vgl. dazu auch die Ausführungen bei Picot/Franck (1992, S. 890 ff; 1993a, S. 434 f.).

somit das Management des Informationseinsatzes (oberste Ebene), das Management der Informationssysteme (mittlere Ebene) und das Management der Infrastrukturen (unterste Ebene). Zwischen den einzelnen Ebenen bestehen Beziehungen derart, dass die jeweils übergeordnete Ebene Anforderungen definiert, die die untergeordnete Ebene in Form von Unterstützungsleistungen bzw. Diensten[236] bereitstellt. Nach diesem Verständnis umfasst Informationsmanagement die „... Planung, Organisation und Kontrolle des Informations-Einsatzes, der einzelnen Informations-Ssysteme [sic!] und der Infrastrukturen für Informationsverarbeitung und Kommunikation in einer Institution."[237]

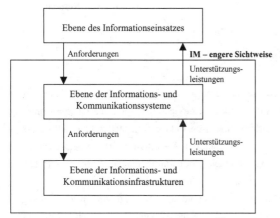

Abb. 4.1: Ebenenmodell des Informationsmanagements[238]

Das Management der Infrastrukturen umfasst im Wesentlichen das Management von Bereitstellung und Betrieb der „Potentiale" der Informationsverarbeitung. In den Bereich des Informationssystem-Managements fallen Grobkonzeption und Betrieb von Informationssystemen sowie das Management der Implementierungsprozesse. Das Management des Informationseinsatzes erstreckt sich auf die Informationsverwendung in allen Aufgabenerfüllungsprozessen. Dieser Teil des Informationsmanagements wird laut Wollnik wesentlich von den Fachabteilungen oder der Geschäftsleitung wahrgenommen.[239]

---

[236] Im Vergleich dazu misst Hars dem Einsatz von Informationstechnologie („unterste" Ebene(n)) eine größere Bedeutung bei: Schaffung von neuen Möglichkeiten für Geschäftsprozesse und betriebswirtschaftliche Konzepte (vgl. Hars 1994, S. 10).
[237] Wollnik 1988, S. 39.
[238] In Anlehnung an Wollnik 1988, S. 38.
[239] Vgl. Wollnik 1988, S. 40 ff.

Auch wenn viele Autoren die Ebene des Informationseinsatzes explizit nicht als Teil des Informationsmanagements sehen,[240] so geht aus dem Modell von Wollnik klar hervor, dass das Informationsmanagement bestrebt sein muss, den Informationsbedarf der Fachabteilungen und der Geschäftsführung möglichst gut zu erfüllen.[241] Diese Sichtweise wird auch von Biethahn et al. vertreten. Demnach besteht die Hauptaufgabe eines ganzheitlichen Informationsmanagements darin, für das Unternehmen ein Informationssystem zu konzipieren und realisieren, das den Informationsbedürfnissen der Benutzer gerecht wird.[242] Im Optimalfall kann durch den gezielten Einsatz von Informationstechnologie und computerbasierten Informationssystemen die Wettbewerbsposition des Unternehmens verbessert werden.

4.1.3 Strategisches IT-Management

Dem Strategie-Begriff werden teilweise sehr unterschiedliche Bedeutungen beigemessen.[243] Laut Heinrich und Lehner soll die Informatikstrategie dazu beitragen, die Übereinstimmung zwischen Unternehmenszielen und Informationsinfrastruktur herzustellen bzw. aufrechtzuerhalten.[244] Sie bestimmt die Richtung, wie bei der Verfolgung der strategischen Ziele vorgegangen werden soll. Die Informatikstrategie gibt damit den Handlungsspielraum für die langfristige unternehmensweite Planung der Informationsinfrastruktur vor.[245]

Dem strategischen Einsatz von Informationstechnologie wurde und wird speziell im anglo-amerikanischen Raum große Aufmerksamkeit beigemessen. Dies äußerte sich bei der szientometrischen Untersuchung daran, dass der strategische Einsatz von Informationstechnologie als eigenes Cluster identifiziert wurde (siehe Kapitel „Szientometrische Studie"). Interessanterweise erschienen diese Publikationen in der Regel nicht unter dem Titel Informationsmanagement.[246]

---

[240] Das wurde in Abbildung 4.1 dadurch zum Ausdruck gebracht, dass Informationsmanagement in einer engeren Sichtweise nur die Ebene der Informations- und Kommunikationssysteme sowie der Informations- und Kommunikationsinfrastrukturen umfasst.

[241] Aus diesem Grund sind die im Kapitel „Literaturanalyse" gewählten Überschriften („technologieorientierte IM-Ansätze" bzw. „IT-Management") nicht völlig korrekt. Da bei diesen Ansätzen aber ausschließlich computerbasierte Informationssysteme betrachtet werden und die Gestaltung dieser Informationssysteme bzw. der zugrunde liegenden Informationstechnologie den Schwerpunkt bildet, wurden diese Bezeichnungen gewählt.

[242] Vgl. Biethahn/Mucksch/Ruf 1996, S. 15; Biethahn 1998, S. 412.

[243] Vgl. Lehner 1993, S. 13. Siehe dazu auch den öffentlich ausgetragenen wissenschaftlichen Disput zwischen Peschanel (1991) und Martiny (1991).

[244] Vgl. Heinrich/Lehner 1990, S. 3; Lehner 1993, S. 21.

[245] Vgl. Heinrich 1999, S. 116.

[246] Vgl. Lytle 1986, S. 317.

Ein Teil dieser Veröffentlichungen beschäftigt sich mit der Bestimmung der strategischen Bedeutung der Informationsverarbeitung, in wie weit diese also einen Beitrag zur Erreichung der Unternehmensziele zu leisten vermag. Ein einfaches Modell dazu wurde von McFarlan entwickelt. Dieses unterscheidet zwischen den beiden Dimensionen aktuelle und zukünftige Bedeutung der IT-Anwendungen (Ausprägung jeweils hoch bzw. niedrig). Je nach Einordnung ergibt sich die zukünftige Bedeutung der Informationsverarbeitung in Form folgender vier Strategien: Unterstützung (Support), Fabrik (Factory), Durchbruch (Turn around) und Waffe (Strategy).[247] Ebenfalls einer Matrixdarstellung bedienen sich Porter et al. bei der Bestimmung der Informationsintensität. Diese ergibt sich aus der Informationsintensität der Wertschöpfungskette und jener des Produkts bzw. der Dienstleistung. Die strategische Wirkung des Informationsmanagements ist dann am größten, wenn beide Dimensionen der Informationsintensität hoch sind.[248] Dieses einfache Verfahren wurde von Krüger und Pfeiffer dahingehend erweitert, dass zusätzlich eine Portfolioanalyse in Form einer „Branchenattraktivitäts-Geschäftsfeldstärken-Matrix" durchgeführt wird. Nach dem Zusammenführen von Informationsintensitäts- und „Branchenattraktivitäts-Geschäftsfeldstärken-Matrix" kann zwischen Defensiv-, Momentum-, moderater Entwicklungs- und aggressiver Entwicklungsstrategie unterschieden werden.[249]

Eine Reihe von Publikationen setzt sich mit Verfahren zur Suche nach strategischen Anwendungen[250] auseinander. So wurde von Wiseman ein Vorgehensmodell zur Identifizierung von strategischen Informationssystemen, der sogenannte Strategiegenerator, entwickelt. Dieser soll den Anwender vor allem durch ein systematisches Vorgehen bei der Strategiensuche unterstützen.[251]

Ebenfalls zur Strategiegenerierung kann die Methode der kritischen Erfolgsfaktoren eingesetzt werden, die in ihrer ursprünglichen Form zur Bestimmung des Informationsbedarfs von Führungskräften vorgesehen war.[252] Bei dieser Methode werden die für den Unternehmenserfolg kritischen Erfolgsfaktoren ermittelt. Es handelt sich dabei um Eigenschaften der Informationsinfrastruktur (zum Beispiel Hardware-Verfügbarkeit, Kundenorientierung, benutzergesteuerte Datenverarbeitung, Benutzerbeteiligung, etc.), die positive Auswirkungen auf den Unternehmenserfolg haben. Die Analyse der Erfolgsfaktoren dient dabei folgenden Zwecken:

---

[247] Vgl. McFarlan 1984, S. 101 f.

[248] Vgl. Porter/Millar 1985, S. 153 f.

[249] Vgl. Krüger/Pfeiffer 1988, S. 7 f.; Pfeiffer 1990, S. 138 ff.

[250] Eine umfassende Zusammenstellung von Beispielen für den strategischen Einsatz von Informationstechnologie findet sich bei Mertens et al. (vgl. Mertens/Plattfaut 1986).

[251] Vgl. Wiseman 1985.

[252] Vgl. Rockart 1979; Rockart/Crescenzi 1984.

- Messung des Erfolgs der Informationsinfrastruktur,
- Feststellen der Stärken und Schwächen der Informationsinfrastruktur sowie
- Ableitung von Maßnahmen zur Verbesserung, basierend auf den bestehenden Schwächen.[253]

Einen hohen Bekanntheitsgrad hat auch Porters Modell der fünf Wettbewerbskräfte. Demnach wird die Struktur einer Branche durch folgende fünf Wettbewerbskräfte bestimmt: Marktmacht der Nachfrager, Marktmacht der Anbieter, Höhe der Markteintrittsschranken, Möglichkeit der Substituierbarkeit von Produkten und Wettbewerbsintensität zwischen den bestehenden Konkurrenten. Durch den Einsatz von Informationstechnologie kann nun jeder dieser fünf Faktoren und damit auch die Attraktivität einer Branche beeinflusst werden.[254] Ein konkretes Beispiel dazu (Einsatz zwischenbetrieblicher Informationssysteme) findet sich bei Cash et al.[255] Speziell auf die Betrachtung der Kundenbeziehung zielt das Modell von Ives et al. ab. Durch dieses Modell („Customer Resource Life Cycle") sollen strategische Informationssysteme identifiziert werden, die speziell auf einen besseren Kundendienst fokussieren.[256]

Während anfangs eine gewisse Euphorie vorherrschte, vertreten neuere Publikationen eine differenzierte Meinung zum wettbewerbsorientierten Einsatz von Informationstechnologie. Eine Reihe von Autoren befasst sich nun damit, wie IT-basierte Wettbewerbsvorteile auf Dauer gehalten werden können, manche bezweifeln, ob dies überhaupt möglich ist.[257]

Dazu, wie dauerhafte Vorteile aus dem wettbewerbsorientierten Einsatz von Informationstechnologie erzielt werden können, gibt es unterschiedliche Vorschläge. Laut Miron et al. gestaltet sich ein solcher deshalb schwierig, weil Informationssysteme leicht kopierbar sind. Informationssysteme, die auf Standardsoftware basieren, führen daher kaum zu Wettbewerbsvorteilen. Aber auch bei der Entwicklung von Individualsoftware ist keine Garantie gegeben, dass die Entwicklungskosten nicht den späteren Nutzen übersteigen und auch diese nicht kopiert werden kann.[258] Besonders wichtig ist es daher, den IT-Einsatz mit bestehenden nichttechnologischen Stärken des Unternehmens zu koppeln[259] und Unternehmensspezifika damit stärker zu betonen[260].

An dieser Stelle sei darauf hingewiesen, dass Rockart diesen Ansatz ursprünglich nicht zur Bestimmung des Informationsbedarfs im Rahmen der strategischen Planung als geeignet empfunden hat (vgl. Rockart 1979, S. 88).

[253] Vgl. Heinrich 1999, S. 371.
[254] Vgl. Porter/Millar 1985, S. 155.
[255] Vgl. Cash/Konsynski 1985.
[256] Vgl. Ives/Learmonth 1984.
[257] Vgl. zum Beispiel Sutherland 1991, S. 99.
[258] Vgl. Miron/Cecil/Bradicich/Hall 1988, S. 71 f.
[259] Vgl. Miron/Cecil/Dradicich/Hall 1988, S. 76.
[260] Vgl. Kettinger/Grover/Guha/Segars 1994.

Ross et al. sehen hochwertige Informationsressourcen (EDV-Personal, Informationstechnologie und die Beziehung zwischen EDV-Leitung und dem Management der Fachabteilungen) als Hauptvoraussetzung, um dauerhafte Wettbewerbsvorteile zu generieren.[261] Für Mata et al. sind Managementwissen und –fertigkeiten von EDV-Leitern die wichtigste Komponente beim strategischen Einsatz von Informationstechnologie.[262] Dieser Standpunkt wird auch von Hatten et al. vertreten.[263]

Obige Ausführungen verdeutlichen, dass die strategische Orientierung mit einer Aufwertung der Informationsverarbeitung verbunden sein sollte. In der Literatur wird/wurde vielfach die Schaffung einer neuen Position, jener des „Chief Information Officer" (CIO) bzw. Informationsmanagers gefordert.[264] Der Begriff „CIO" geht auf Synnott zurück.[265] Hauptaufgabe des Informationsmanagers ist es, Informationstechnologie als Waffe im Wettbewerb einzusetzen. Dem sollte organisatorisch dadurch entsprochen werden, dass der CIO auf Vorstandsebene positioniert wird. Ein Informationsmanager muss sowohl betriebswirtschaftliche als auch technische Kenntnisse besitzen, wobei Synnott Ersteren eine größere Bedeutung beimisst.[266] Unter anderem sollte der CIO folgende Rollen einnehmen: „planner, change agent, information manager, proactivist, businessman, politician, integrator, information controller, strategist, staff professional, manager, futurist."[267] Es ist allerdings fraglich, ob ein Informationsmanager alle diese Anforderungen erfüllen kann.

Ein zentraler Aspekt des strategischen IT-Managements besteht darin, dass die Informationsverarbeitung an den Unternehmenszielen ausgerichtet werden muss. Diese Forderung liegt zahlreichen IM-Ansätzen zugrunde. Dies bestätigt das Stufenmodell von Marchand und Horton, wonach das strategische Informationsmanagement die vorläufig[268] letzte Stufe in der Entwicklung des Informationsmanagements darstellt.[269] Bei einigen IM-Ansätzen besteht aber insofern ein Gegensatz zwischen Anspruch und Wirklichkeit, dass zwar auf strategische Aspekte des Informationsmanagements hingewiesen wird, diesen jedoch bei den weiteren Ausführungen nur wenig Platz eingeräumt wird.[270]

---

[261] Vgl. Ross/Beath/Goodhue 1996.
[262] Vgl. Mata/Fuerst/Barney 1995.
[263] Vgl Hatten/Hatten 1997.
[264] Vgl. zum Beispiel Trauth 1989, S. 263.
[265] Vgl. Synnott/Gruber 1981, S. 45 ff.; Synnott 1987b.
[266] Vgl. Synnott 1987a, S. 24 ff.
[267] Synnott/Gruber 1981, S. 47; aus Platzgründen wurden die Seitenumbrüche des Originals im Zitat nicht berücksichtigt.
[268] Das Modell wurde Mitte der 80-iger Jahre publiziert. In einem neueren Phasenmodell sieht Chen Wissensmanagement als jüngste Erweiterung des Informationsmanagements (vgl. Chen 1998).
[269] Vgl. Marchand/Horton 1986, S. 115 ff.
[270] Beispielsweise schreibt Rauh im Vorwort zu seinem Buch, dass das Hauptziel des Informationsmanagements neben der Integration von Informationsinseln darin besteht, „... Informationstechnik mehr als bisher für die Marktstrategien des Unternehmens zu nutzen." (Rauh 1990, S. 5). Die nachfolgenden Ausführungen gleichen

Es gibt aber auch eine Reihe von IM-Konzeptionen, bei denen strategischen Aspekten eine große Bedeutung beigemessen wird. So bezeichnen zum Beispiel Pietsch et al. ihren Ansatz „strategisches Informationsmanagement"[271].[272] Auch bei Synnott geht aus dem Titel[273] hervor, dass es sich um eine umfassende Konzeption zum strategischen Informations-management handelt.[274] Bei Rüttler bildet die Informationsstrategie neben Informations-fähigkeit (Informationstechnologie), Informationspotential (Information bzw. Informations-quellen) und Informationsbereitschaft (infrastrukturelle und personelle Voraussetzungen) eine der vier Dimensionen des Informationsmanagements.[275] Auch bei den Ansätzen von O'Brien/Morgan und Lewis et al. stellt die strategische Komponente eine eigene Dimension bzw. eine grundlegende Charakteristik des Informationsmanagements dar.[276]

Bei Heinrich sind strategische Aspekte in Form einer Aufgabenhierarchie[277] berücksichtigt. Die Formulierung strategischer Aufgaben ergibt sich laut Heinrich aus der „... Notwendigkeit, Information und Kommunikation als strategischen Erfolgsfaktor zur Beeinflussung kritischer Wettbewerbsfaktoren einzusetzen."[278] Daraus leitet Heinrich folgende „Aktionsfelder" des strategischen Informationsmanagements ab:

- Bestimmung der strategischen Rolle des Informationsmanagements,
- Festlegen der strategischen Ziele,
- Entwickeln der Informatik-Strategien,

---

aber einem Lehrbuch der Wirtschaftsinformatik. Dies dürfte aufgrund des Untertitels („Lehrbuch der Wirtschaftsinformatik auf der Grundlage der integrierten Datenverarbeitung") auch beabsichtigt gewesen sein.
Ähnlich zu beurteilen ist zum Beispiel auch das IM-Konzept von Brenner. So betont Brenner, dass Informationsmanagement eine betriebswirtschaftliche Aufgabe ist, die betriebliche Zielsetzungen der Unternehmensführung erkennen und mit den Möglichkeiten der Informationstechnik kombinieren soll (vgl. Brenner 1994, S. 6). Dem entsprechend unterscheidet Brenner (S. 15 ff.) zwischen Geschäft und Informationsverarbeitung als die beiden Objekte des Informationsmanagements. Ein Großteil der Ausführungen umfasst aber Inhalte, die auch in herkömmlichen EDV-Büchern zu finden sind: IT-Infrastruktur, Informationssysteme in unterschiedlichen Unternehmensbereichen, Planung und Betrieb von Informationssystemen bzw. IT-Infrastruktur.

[271] Der Titel würde allerdings eine noch umfassendere Darstellung der Thematik erwarten lassen als dies tatsächlich der Fall ist.
[272] Vgl. Pietsch/Martiny/Klotz 1998.
[273] The Information Weapon: Winning Customers and Markets with Technology.
[274] Vgl. Synnott 1987a.
[275] Vgl. Rüttler 1991, S. 114 ff.
In anderen Publikationen aus dem Umfeld des Autors wird Informationsstrategie nicht als eigene Dimension ausgewiesen. Ihr wird aber dennoch ein hoher Stellenwert eingeräumt.
[276] Vgl. Lewis/Martin 1989, S. 229 f.; O'Brien/Morgan 1991, S. 4 ff.
[277] Kremar spricht in diesem Zusammenhang von sogenannten aufgabenorientierten Ansätzen des Informations-managements (vgl. Kremar 1997, S. 34 ff.). Vor allem im deutschsprachigen Raum gibt es eine Reihe von derartigen Ansätzen, die sich bei der jeweiligen Aufgabensystematik mehr oder weniger stark an Heinrich anlehnen (vgl. zum Beispiel Biethahn/Ruf/Muksch 1996; Griese 1995; Hildebrand 1995; Rauh 1990; Schwarze 1998).
[278] Vgl. Heinrich 1999, S. 34.

- strategische Infrastruktur-Planung (Erarbeitung des strategischen Projektportfolios),
- Informationsbeschaffung, um eine wirksame und wirtschaftliche Schaffung und Nutzung der Informationsinfrastruktur zu ermöglichen.[279]

Zusammenfassend lässt sich zu den technologieorientierten IM-Ansätzen Folgendes sagen: Nur bei einer sehr engen Sichtweise wird Informationsmanagement mit Datenmanagement gleichgesetzt. Auch wenn Informationsmanagement von den meisten Autoren weiter ausgelegt wird, so ist das Datenmanagement doch eine wesentliche Komponente eines (strategischen) IT-Managements. Beispielsweise ist das Datenmanagement beim IM-Ansatz von Heinrich in den administrativen[280] und strategischen Aufgaben[281] berücksichtigt.

Die Grenzen zwischen IT-Management und strategischem IT-Management sind fließend. Zum Beispiel wird von einigen Autoren die Erstellung bzw. Wartung eines unternehmensweiten Datenmodells bzw. einer Informationsarchitektur als wichtiger Aspekt eines strategischen Informationsmanagements betrachtet.[282] Der Autor möchte sich hier aber auf keine Abgrenzungsdiskussion einlassen. Wesentlich am (technologieorientierten) Informationsmanagement ist, dass durch den Einsatz von Informationstechnologie die erforderliche Information bereitstellt und die Unternehmensziele unterstützt werden. Im Optimalfall können Wettbewerbsvorteile erzielt, zumindest aber eine Verschlechterung der aktuellen Wettbewerbsposition verhindert werden. Die Informationstechnologie stellt zwar nur ein Mittel zur Erreichung dieser Ziele dar. Da aber die Gestaltung und Einführung von (computerbasierten) Informationssystemen eine komplexe Aufgabe ist und ein Ende der stürmischen Entwicklung im Bereich der Informationstechnologie zumindest vorläufig nicht absehbar ist, stellt die Informationstechnologie neben Information eine wesentliche Komponente des Informationsmanagements dar. Aus diesem Grund wurde auch die Bezeichnung technologieorientierte IM-Ansätze gewählt.

In diesem Sinne kann technologieorientiertes Informationsmanagement wie folgt definiert werden: Es umfasst Planung, Organisation und Kontrolle jener Tätigkeiten, die die Bereitstellung und Nutzung der Informationsinfrastruktur sowie von (computerbasierten) Informationssystemen zum Gegenstand haben. Dadurch sollen die richtigen Informationen zur richtigen Zeit am richtigen Ort bereitgestellt und ein Beitrag zur Erfüllung der Unter-

---

[279] Vgl. Heinrich 1999, S. 34 f.
[280] Vgl. Heinrich 1999, S. 220 ff.: Kapitel Datenmanagement.
[281] Vgl. Heinrich 1999, S. 63 ff.: Kapitel Architektur der Informationsinfrastruktur.
[282] Laut Heinrich bildet die Informationsarchitektur die Brücke zwischen den strategischen Unternehmenszielen und der Informationsinfrastruktur (vgl. Heinrich 1999, S. 65).
Für Synnott besteht der Hauptzweck einer Informationsarchitektur darin zu gewährleisten, dass die Unternehmensziele unterstützt werden (vgl. Synnott 1987a, S. 195).

nehmensziele geleistet werden. Letztendlich soll die Wettbewerbsposition des Unternehmens verbessert, zumindest aber eine Verschlechterung derselben verhindert werden.

4.2 Informationsorientierte IM-Ansätze

Diese können primär den Informationswissenschaften[283] (records management, Dokumentations-, Bibliotheks- und Informationswissenschaft (im engeren Sinn)) zugeordnet werden. Der wesentliche Unterschied zu den technologieorientierten IM-Konzeptionen besteht darin, dass Informationstechnologie nicht das primäre Gestaltungsobjekt der informationsorientierten IM-Ansätze ist: Es geht also „... nicht primär um das Management der Informationstechniken, im Vordergrund stünden vielmehr die Informationsinhalte sowie der auf Entscheidungen und Handeln bezogene Prozeß der Informationsproduktion."[284]

Im Wesentlichen kann man zwischen folgenden Ansätzen unterscheiden:
- records management/Aktenmanagement;
- externe Informationsbeschaffung, informationelle Umfeldanalyse;
- Organisation von Informationsprozessen, Endbenutzerorientierung;
- Informationsressourcen-Management.

4.2.1 Records Management[285]

Laut Savic und Trauth ist records management eine Teildisziplin des Informationsmanagements.[286] In einem Standardwerk wird records management als jene Managementdisziplin bezeichnet, die sich mit dem Management von dokumentenbasierten Informationssystemen beschäftigt,[287] wobei es sich ursprünglich um papierbasierte Informationssysteme handelte.[288] Der Hauptgrund für die Entstehung des records management als eigene Fachdisziplin lag darin, dass man dadurch die Archive vor einer Papierflut schützen wollte.[289] In vollem Umfang ist records management auch heute nur in den anglo-amerikanischen Ländern (USA,

---

[283] Der Begriff Informationswissenschaften wird in diesem Zusammenhang als Oberbegriff für eine Reihe von Teildisziplinen verwendet.

[284] Busowietz 1987, S. 187.

[285] Im deutschen Sprachraum findet man dafür die Bezeichnungen Aktenmanagement, Registratur und Schriftgutmanagement.

[286] Vgl. Savic 1992, S. 130; Trauth 1989, S. 257.

[287] Vgl. Robek/Brown/Stephens 1996, S. 6.

[288] Wenn man sich vor Augen hält, dass über 90 % des Wissens in einem Unternehmen in Form von Dokumenten gespeichert sind, erkennt man die Bedeutung eines effizienten records management (vgl. Schneider 1995, S. 8).

[289] Vgl. Menkus 1996, S. 39.

Kanada, Australien, Großbritannien) etabliert.[290] Im deutschsprachigen Raum ist es am ehesten mit dem Registratur-Konzept[291] vergleichbar. Viele Gemeinsamkeiten gibt es auch mit dem Dokumentationswesen.

Als Hauptziele des records management werden genannt:

-   genaue, zeitgerechte und vollständige Information bereitstellen, um einen effizienten Entscheidungsprozess zu ermöglichen;
-   „aufgezeichnetes" Wissen (Daten) möglichst effizient verarbeiten;
-   Informationen und Dokumente zu den geringsten Kosten bereitstellen;
-   den Benutzern von Dokumenten einen maximalen Nutzen erweisen;
-   Dokumente vernichten, die nicht mehr benötigt werden.[292]

Eines der wesentlichsten Charakteristika des records management ist das Management der einzelnen Phasen des Informationslebenszyklus. Dieser besteht laut Robek et al. aus Produktion, Verteilung und Verwendung, Speicherung und Bereitstellung für den laufenden Zugriff, Aufbewahrung/Vernichtung sowie Archivierung von Information bzw. Dokumenten.[293]

Im Gegensatz zu den technologieorientierten IM-Ansätzen liegt der Schwerpunkt des records management auf textuellen, dokumentenbasierten Informationen (Memos, Berichte, Schriftverkehr, etc.),[294] die traditionell in Papierform vorlagen. Trotz der Verbreitung des Internet und Schlagworten wie „digitale Gesellschaft" oder „papierloses Büro" ist Papier laut Brumm nach wie vor der mit Abstand am häufigsten verwendete Datenträger.[295] Laut Klönne wurden am Beginn der 90er Jahre zirka 95 % der Daten auf Papier festgehalten.[296] Schätzungen zufolge liegen in den USA 1999 noch immer 92 % der Daten in Papierform vor. Hingegen befinden sich nur 3 % auf Mikroformen und 5 % auf elektronischen Datenträgern.[297] Diese Schätzungen dürften allerdings die rasante Verbreitung der Internet-Technologie und speziell die sich dadurch für das records management ergebenden Möglichkeiten zu wenig berücksichtigt haben.

---

[290] Ein Erklärungsversuch, welche Variablen den Ausprägungsgrad des records management in einzelnen Staaten beeinflussen, wurde von Stephens gemacht (vgl. Stephens 1992b).
[291] Vgl. Mertens/Schrammel 1977, S. 76.
[292] Vgl. Robek/Brown/Stephens 1996, S. 7.
[293] Vgl. Robek/Brown/Stephens 1996, S. 7 f.
Bezüglich Anzahl der Phasen des Informationslebenszyklus gibt es keine einheitliche Meinung. Goodman unterscheidet zum Beispiel sieben Schritte (vgl. Goodman, 1994, S. 134), bei Diamond sind es vier Phasen (vgl. Diamond 1995, S. 1 f.).
[294] Vgl. Noot 1998, S. 23.
[295] Vgl. Brumm 1991, S. 198 f.
[296] Vgl. Klönne 1991.
[297] Vgl. Robek/Brown/Stephens 1996, S. 4 f.

Die Entwicklungen im Bereich der Informations- und Kommunikationstechnologien führen nun auch im records management zu einer bedeutenden Umorientierung in Richtung digitale Medien und Internet.[298] Dementsprechend weit wird der Dokumentenbegriff nun auch gefasst. Es kann sich dabei um unterschiedliche Datenträger wie Papier, Mikrofilm, Fotos, Dias und vor allem auch elektronische Medien handeln.[299] Wichtige Inhalte des records management sind nunmehr auch das Management von elektronischen Dokumenten[300], elektronische Dokumentenarchivierungs-/-verwaltungssysteme und Workflow-Management-Systeme.[301] Dadurch kann der Zugriff auf die benötigten Informationen wesentlich beschleunigt werden.[302]

Nichts desto trotz erhebt das records management den Anspruch, eine IM-Disziplin zu sein. Dies äußert sich zum Beispiel an der Kritik am CIO-Konzept, das, an seinen eigenen Ansprüchen gemessen, als Misserfolg beurteilt werden muss. Der Hauptgrund liegt vor allem in einer zu starken Technikorientierung der Informationsmanager.[303] Laut Pemberton haben fähige „records manager" die besten Chancen, die ursprünglichen Visionen des CIO-Konzepts in die Tat umzusetzen.[304] Die Umbenennung der wichtigsten internationalen facheinschlägigen Zeitschrift von „Records Management Quarterly" in „The Information Management Journal"[305] kann als weiteres Indiz für die Neupositionierung gesehen werden.

Eng mit dem records management und dadurch mit den Ursprüngen des Informationsmanagement-Konzepts in Verbindung steht der sogenannte „Paperwork Reduction Act" von 1980[306], mit dem die Bundesbehörden in den USA verpflichtet wurden, „Information Resource Managment" einzuführen. Die enge Beziehung zum records management geht aus dem Titel („paperwork reduction") hervor. Als ein Hauptgrund für die Papierflut wurde die Tatsache gesehen, dass Information als eine kostenlose Ressource betrachtet wurde.[307]

Der Paperwork Reduction Act von 1980 hatte folgende zwei Zielsetzungen: Zum einen sollten die Belastungen der Öffentlichkeit durch Informationserhebungen der Bundesbehör-

---

[298] Vgl. zum Beispiel Dearstyne 1999; Motz 1998; Stephens 1998.

[299] Vgl. zum Beispiel Diamond 1995, S. 1.

[300] Bezüglich Möglichkeiten und Perspektiven von elektronischen Dokumentationen siehe zum Beispiel Hürlimann (1996).

[301] Siehe dazu die entsprechenden Kapitel in einem Standardwerk zum records management (vgl. Robek/ Brown/Stephens 1996, S. 199 ff. und S. 292 ff.).

[302] Zum Beispiel zeigt Hübel anhand einer Fallstudie aus der Pharmaindustrie, wie mit Hilfe einer elektronischen Dokumentation die Produkte wesentlich rascher auf den Markt gebracht werden konnten (vgl. Hübel 1996).

[303] Vgl. Mathaisel 1992; Pemberton 1992; Romanczuk/Pemberton 1997.

[304] Vgl. Pemberton 1992.
In einer späteren Publikation räumt der Autor allerdings ein, dass ihm kein „records manager" bekannt sei, der eine CIO-Position einnimmt (vgl. Pemberton 1997, S. 66).

[305] http://www.arma.org/publications/journal/journal_about.htm (Stand: März 2000).

[306] Ein umfassender Überblick findet sich in GID 1985.

den reduziert werden. Zum anderen sollte ein umfassender Rahmen für das Management von Informationsressourcen in der amerikanischen Bundesverwaltung geschaffen werden.[308] Zu diesem Zweck wurde auf der Ebene der Bundesbehörden die Ernennung eines „Senior Official" vorgeschrieben, der für die Durchführung des „Paperwork Reduction Act" in der jeweiligen Behörde verantwortlich ist. Als wichtigstes Planungsinstrument musste ein Fünfjahresplan erstellt werden, der jährlich fortzuschreiben war. Weitere wichtige Komponenten des „Paperwork Reduction Act" waren „Federal Locator System" und „Information Collection Budget". Ersteres sollte gewährleisten, dass bestimmte Informationen nur einmal erfasst werden und dann möglichst vielen Behörden zur Verfügung stehen. Die einzelnen Bundesbehörden mussten weiters Budgets erstellen, die alle unter Anspruchnahme der Öffentlichkeit gesammelten Informationen und die dabei entstandenen Kosten offenlegten.[309]

Nach einer Reihe von Novellierungen kam es mittlerweile zu einer Neuorientierung im Informationsmanagement der US-Bundesverwaltung.[310] Wesentliche Punkte betreffen unter anderem eine stärkere Betonung des Beitrags des Informationsmanagements zur Aufgabenerfüllung, die Messbarkeit seines Erfolgs und eine höhere Verantwortlichkeit der einzelnen Bundesbehörden.[311]

4.2.2 Externe Informationsbeschaffung, informationelle Umfeldanalyse

Im Gegensatz zu den technologieorientierten IM-Ansätzen beschäftigen sich informationsorientierte IM-Konzeptionen wesentlich stärker mit der Beschaffung externer Information. Dies kommt zum Beispiel durch folgendes Zitat zum Ausdruck: „Da ein Großteil der benötigten Information problem- und bedarfsbezogen organisationsextern beschafft werden muß, wird verständlich, daß Informationsmanagement nur sehr beschränkt in den Kompetenzbereich herkömmlicher EDV-Abteilungen fällt."[312] Oft wird sogar nur der Bereich der Fachinformation[313] bzw. die Beschaffung externer Informationen[314] (aus Online-Datenbanken[315]) mit Informationsmanagement in Verbindung gebracht.

---

[307] Vgl. Commission on Federal Paperwork 1987, S. 30.
[308] Vgl. Mundhenke 1986, S. 850; Plocher 1996, S. 36.
[309] Vgl. Klaus/Marchand 1987, S. 217.
[310] Vgl. Bertot/McClure 1997; Plocher 1996.
[311] Vgl. Plocher 1996, S. 41 ff.
[312] Hübner 1996, S. III.
     Tatsächlich werden (durch Informationssysteme produzierte) interne und externe Information im IM-Ansatz von Hübner relativ gleichberechtigt behandelt.
[313] Vgl. zum Beispiel Kroll 1990, S. 9; Wattenberg 1987.
[314] Vgl. beispielsweise Eberhardt 1989; Kind 1986; Meik 1997; Rosiczky 1991; Wales 1988.

Es wäre nun aber ein Irrtum zu glauben, dass externe Informationen primär aus Datenbanken gewonnen werden. Beispielsweise ergab eine empirische Untersuchung von Hübner (befragt wurden über 100 produzierende Unternehmen unterschiedlicher Größe in Österreich), dass direkte Kontakte mit Kunden und Lieferanten, Fachzeitschriften, Fachmessen und die Analyse von Konkurrenzprodukten am häufigsten benutzt werden, um einen Überblick über den Stand der Wissenschaft und neue Entwicklungen zu bekommen. Nur 16 % der Unternehmen (Mehrfachnennungen waren möglich) gab an, Informationsdienste und externe Datenbanken zu verwenden. Bei der Frage, aus welchen Informationsquellen entscheidende Anregungen gewonnen werden, wurden Informationsdienste/Datenbanken noch seltener genannt (2,8 %).[316] Zu einer ähnlich geringen Bedeutung von elektronischen Medien kommt auch eine Umfrage unter 50 „namhaften" deutschen Unternehmen. Demnach liegt der Anteil von Online-Datenbanken und CDROMs bei der Informationsbeschaffung zwischen 2 % in der Konsumgüterindustrie und 11 % bei Investitionsgüterherstellern. Auch die inhaltlichen Schwerpunkte der benötigten Informationen variieren je nach Branche.[317] Durch das World Wide Web mit seinem umfangreichen Informationsangebot, das auch für Unternehmen von Interesse ist,[318] sollte der Anteil an elektronischen, externen Daten in Zukunft aber stark zunehmen.

Im Rahmen einiger informationsorientierter IM-Ansätze wird externer Information ein hoher Stellenwert eingeräumt. Beispielsweise gehört die Informationsbeschaffung über externe Datenbanken laut Gazdar zu den vorrangigsten Aufgaben des Informationsmanagements.[319] Auch bei Kmuche ist die betriebliche Informationswirtschaft im Sinne von Zukauf und Verwaltung von externen Informationen eine Teilfunktion des Informationsmanagements.[320]

Für Kuhlen und Finke besteht die generelle Zielsetzung des Informationsmanagements darin, „... externe Informationsressourcen für die Organisation zu erschließen sowie auf die Wirtschaftlichkeit der Informationsproduktion und insbesondere auch auf die erfolgswirksame Informationsverwertung hinzuwirken."[321] Daraus ergeben sich folgende Aufgabengebiete:

---

[315] Eine detaillierte Untersuchung zum Stand und zu den Entwicklungstendenzen der Nutzung von Online-Datenbanken in Deutschland wird in einer Publikation von Herget und Hensler vorgestellt (vgl. Herget/Hensler 1995).

[316] Vgl. Hübner et al. 1984, S. 52 ff.

[317] Vgl. Keidel/Winkelmann 1994, S. 29 ff.

[318] Vgl. zum Beispiel Behme/Muksch 1999; Mertens 1999; Uhr/Kosilek 1999.

[319] Vgl. Gazdar 1987, S. 95.

[320] Vgl. Kmuche 1997, S. 154.

[321] Kuhlen/Finke 1988b, S. 400.

- externe Informationsressourcen organisieren und informationelle Kontakte mit Kooperationspartnern aufbauen;
- die Rahmenstruktur des (internen) Informationssystems erstellen und weiterentwickeln, die Informationsproduktion organisieren und die Informationsverwertung kontrollieren und gegebenenfalls verbessern;
- informationsbezogene Dienstleistungen erbringen;
- das Informationsmanagement institutionalisieren (organisatorische Gestaltung).[322]

Die Autoren vertreten die Meinung, dass externe Informationen über Veränderungen in relevanten Umweltsegmenten für den Erfolg von Organisationen entscheidender sind, als die Organisation der Rechnerbeschaffung oder die Kontrolle des wirtschaftlichen Einsatzes der Informationstechnologie.[323] Generell kann davon ausgegangen werden, dass die Wichtigkeit von externer Information mit der Höhe der Entscheidungsinstanz zunimmt.[324] Für die strategische Planung ist also primär externe Information von Bedeutung.[325] [326]

Die große Bedeutung von externer Information für die Unternehmensführung geht auch aus den Ausführungen von Picot hervor. Diese ergibt sich dadurch, dass Information, Wissen und Können ungleich verteilt sind. Unternehmerische Ideen stellen laut Picot einen Brückenschlag[327] zwischen Information über Absatz- und Information über Beschaffungsmärkte dar. Unternehmerisches Handeln besteht nun im Erkennen und wirtschaftlichen Auswerten von Informationsvorsprüngen und Wissensunterschieden zwischen diesen beiden Informationssphären.[328]

Ähnlich wie Picot begründet Choo seinen Ansatz zum Informationsmanagement. Demnach hängt das Fortbestehen einer Organisation von der Fähigkeit ab, wie gut sie Information über die Umwelt verarbeitet und es ihr dadurch gelingt, sich wirksam an die Änderungen der Umwelt anzupassen.[329] Ein wichtiges Instrument dazu ist eine permanente Umweltanalyse[330].[331] Diese umfasst die Beschaffung und Verwendung von Informationen über

---

[322] Vgl. Kuhlen/Finke 1988b, S. 400 ff.
[323] Vgl. Kuhlen/Finke 1988a, S. 321.
[324] Vgl. zum Beispiel Broadbent/Koenig 1988, S. 242.
[325] Vgl. Anthony 1988, S. 48.
[326] Dass die Bedeutung von externen Informationen in vielen Unternehmen allerdings noch nicht erkannt wurde, ergab eine Studie von Wilson (vgl. Wilson 1987, S. 277).
[327] Picot bezeichnet diesen Brückenschlag als unternehmerische Arbitrage.
[328] Vgl. Picot 1989, S. 237; Picot 1990, S. 6 f.
[329] Vgl. Choo 1998, S. 2.
[330] Im Englischen ist die Bezeichnung „environmental scanning" üblich. Eine umfassende Literaturzusammenstellung zu diesem Thema findet sich bei Choo/Auster (1993).
[331] Beispielsweise ergab eine Studie von Ahituv et al., bei der 46 israelische Unternehmen unterschiedlicher Größe und Branche untersucht wurden (keine Zufallsstichprobe), dass Unternehmen, die bei der Einführung neuer Produkte erfolgreicher waren, eine formelle Umweltanalyse häufiger durchführen als weniger erfolgreiche Firmen (vgl. Ahituv/Zif/Machlin 1998, S. 203).

Ereignisse, Trends und Beziehungen aus der Umwelt einer Organisation mit dem Zweck, das Management bei der Planung der zukünftigen Unternehmensaktivitäten zu unterstützen.[332] Das Hauptziel des Informationsmanagements besteht darin, Informationsressourcen und – fähigkeiten[333] einer Organisation so nutzbar zu machen, dass der Prozess der Umweltanalyse optimal unterstützt und letztendlich die Anpassung des Unternehmens an die sich ändernde Umwelt ermöglicht wird.[334]

4.2.3 Organisation von Informationsprozessen, Endbenutzerorientierung

Bei einer weiteren Klasse von informationsorientierten IM-Ansätzen steht die Betrachtung von Informationsprozessen im Vordergrund. Primäres Gestaltungsobjekt sind dabei nicht der IT-Einsatz, sondern die Informationsflüsse in einer Organisation.

Beispielsweise ist laut Taylor Informationsmanagement „... a structured way of looking at information processes in an organisation."[335] Das Informationsmanagement setzt sich nach diesem Verständnis mit folgenden Fragen auseinander:

- Wer beschafft, organisiert und übermittelt Information?
- Mit welchen Mitteln?
- Zu welchen Kosten?
- An wen?
- Mit welcher Auswirkung?[336]

Neben der Klärung dieser Fragen besteht die Aufgabe des Informationsmanagements darin, „Mechanismen" einzusetzen, die es einer Organisation ermöglichen, jene Information in ausreichender Qualität, Genauigkeit und Aktualität zu minimalen Kosten zu erwerben bzw. produzieren und weiterzuleiten, die zur Unterstützung der Organisationsziele erforderlich ist.[337] Herget schlägt ein Meta-Informationssystem als einen solchen „Mechanismus" vor. Mit diesem kann langfristig ein unternehmensweites Verzeichnis der Informationsressourcen einer Organisation aufgebaut werden. In Verbindung mit einem Information Warehouse bestünde dann die Möglichkeit, dass der Endbenutzer auf elektronische Informationen direkt zugreifen kann.[338] Informationsmanagement in diesem Sinne bedeutet daher nicht, dass dem

---

[332] Vgl. Choo 1998, S. 72.
[333] Laut Newsame et al. können Bibliothekare (bzw. betriebliche Informationsvermittlungsstellen) bei der Umweltanalyse einen wichtigen Beitrag leisten (vgl. Newsame/McInerney 1990, S. 292).
[334] Vgl. Choo 1998, S. 24.
[335] Taylor 1986, S. 174.
[336] Vgl. Taylor 1986, S. 174.
[337] Vgl. Taylor 1985, S. 55.
[338] Vgl. Herget 1995, S. 27 ff.

Endbenutzer das selbständige Informationshandeln abgenommen wird. Das Informationsmanagement soll dem Endbenutzer aber die Informationsarbeit erleichtern.

Während technologieorientierte IM-Ansätze Informationssysteme auf eine sehr formale Art
und Weise modellieren[339] (Entity-Relationship-Diagramme, Programmablaufpläne, etc.),
stellen (einige) informationsorientierte Ansätze ein viel flexibleres Instrumentarium zur
Verfügung. Beispielsweise setzt Wersig in seinem IM-Konzept bei sogenannten Informationspunkten an. Bei diesen kann es sich um Personen, Systeme und/oder Speicher handeln.
Die Informationspunkte sind durch Kanäle miteinander verbunden. Aus diesen Abstraktionen
leitet Wersig schließlich folgende Komponenten des Informationsmanagements ab:
Informationsressourcen-Management (Sicherstellung der Beschaffung und Bereitstellung der
notwendigen Information von innerhalb und außerhalb der Organisation), Informationsver-
arbeitungs-Management (Sicherstellung der Informationsverarbeitungsprozesse) und Kom-
munikationsmanagement (Bereitstellung von effizienten Kommunikationskanälen zwischen
den Informationspunkten und von Informationspunkten nach außen). Die weite Sichtweise
dieses IM-Ansatzes geht unter anderem daraus hervor, dass Wersig beim Kommunikations-
management zwischen Transportwegen für sperrige Objekte (zum Beispiel Personen) und
solchen für Informationsträger sowie energetische Kommunikationswege unterscheidet; oder
beim Informationsressourcen-Management Speicher unter anderem Personen, Bibliotheken,
externe Datenbanken oder eine Patentdokumentation sein können.[340]

Einen ähnlich weiten Ansatz verfolgen Cronin und Davenport, indem sie sich der Metapher
(z. B. Verkehrssystem für ein Computernetzwerk, Information als Waffe für den wettbewerbsorientierten Einsatz von Information) als primäres „Strukturelement" des Informationsmanagements bedienen. Dies soll zu einem besseren Verständnis von Informationsproblemen führen und dadurch die Informationspotentiale besser ausgenutzt werden.[341]

Informationsorientierte IM-Ansätze betrachten in einem stärkeren Maße nichtcomputerbasierte Informationssysteme.[342] Deren Bedeutung ist vor allem daran erkennbar, dass
Manager zwei Drittel ihrer Informationen durch Gespräche erhalten. Zur Befriedigung der
verbleibenden Informationsbedürfnisse dienen großteils Dokumente aus externen, nicht-
elektronischen Quellen.[343] Ziel dieser Ansätze ist daher keine Vollautomation[344] und auch
nicht eine vollständige Formalisierung der Informationsprozesse. Laut Wersig soll Ordnung

---

[339] Vgl. Cronin/Davenport 1991, S. 1; Horton 1989c.
[340] Vgl. Wersig 1989, S. 76 ff.
[341] Vgl. Cronin/Davenport 1991, S. 3.
[342] Vgl. Bergeron 1996, S. 268.
[343] Vgl. Davenport 1994, S. 121.
[344] Vgl. zum Beispiel Cronin/Davenport 1991, S. 1; Davenport 1997, S. 6 ff.

nur dort geschaffen werden, wo es notwendig ist; und dem Chaos dort Raum gelassen werden, wo es seine ihm eigenen Qualitäten entfalten kann.[345]

Eine zentrale Stellung kommt bei den informationsorientierten IM-Ansätzen daher dem Menschen zu.[346] Beispielsweise geht der von Wersig begründete Berliner IM-Ansatz nicht nur von Informationstechnik und –methodik oder von formal-theoretischen Theorien aus, die von menschlichen Aspekten allzu sehr abstrahieren, sondern von der Realität des Umgangs der Menschen mit Information.[347] Auch beim Ansatz von Taylor steht der Benutzer im Zentrum. Da Information keinen innewohnenden Wert hat, sondern dieser nur vom Benutzer bestimmt wird, besteht eine wesentliche Anforderung an ein Informationssystem darin, dass es einen Mehrwert für den Benutzer bereitstellt. Ein effektives Informationsmanagement muss also beim Benutzer ansetzen. Aus dieser Grundüberlegung entwickelte Taylor ein sogenanntes „Mehrwertmodell". Dieses enthält insgesamt 23 Faktoren, die sicherstellen sollen, dass ein Informationssystem tatsächlich (nutzenstiftende) Information bereitstellt.[348]

Auch Davenport misst dem Benutzer eine hohe Bedeutung bei: „... information ecology[349] puts how people create, distribute, understand, and use information at its center."[350] Hauptmerkmale des benutzerzentrierten Informationsmanagements sind:

- ganzheitliches Denken;
- Integration unterschiedlicher Informationsarten (elektronisch und nichtelektronisch, strukturiert und unstrukturiert, ...);
- evolutionärer Entwicklungsansatz;
- umfassendes Verständnis der (aktuellen) Informationsprozesse einer Organisation wird angestrebt;
- Konzentration auf Personen und Informationsverhalten.[351]

Einige IM-Ansätze berücksichtigen beim Informationshandeln bzw. Informationsverhalten nicht nur den einzelnen Mitarbeiter, sondern auch die Informationskultur[352] (der gesamten

---

[345] Vgl. Wersig 1989, S. 10.
[346] Vgl. zum Beispiel Davenport 1997, S. 5; Grudowski 1995, S. 4; Taylor 1986, S. 3; Wang 1998; Zijlker 1988, S. 84.
[347] Vgl. Grudowski 1995, S. 13.
[348] Vgl. Taylor 1985, S. 47 ff.
[349] Davenport verwendet den Begriff „ecology" als Metapher für etwas Lebendiges. Er möchte damit das Management der Komplexität und Mannigfaltigkeit der Informationsverwendung in Organisationen besser zum Ausdruck bringen. Als alternative Bezeichnungen wäre laut Davenport auch „umfassendes Informationsmanagement" oder „benutzerzentriertes Informationsmanagement" möglich (vgl. Davenport 1997, S. 11).
[350] Davenport 1997, S. 5.
[351] Vgl. Davenport 1997, S. 29 ff.
[352] Laut Davenport ergibt sich die Informationskultur aus der Gesamtheit der Informationsverhaltensweisen der Organisationsmitglieder (vgl. Davenport 1997, S. 35).

Organisation).[353] Laut Grudowski ist die Informationskultur Teil der Unternehmenskultur und beinhaltet in ihrem Kernbereich "... diejenigen Werte, Normen und Symbole, die hinsichtlich des Informationswesens eines Unternehmens relevant sind."[354] Schneider bezeichnet ihren Ansatz sogar als "kulturbewusstes Informationsmanagement".[355] Dieses "... nimmt zur Kenntnis, daß es eingebettet in eine bestimmte Organisation erfolgt, die eine bestimmte Geschichte hat und auf Basisannahmen ruht, die sich im Verhalten der Organisationsmitglieder niederschlagen. Informationsmanagement muß daher sensibel auf die dem Verhalten zugrunde liegenden Motive ... eingehen ..."[356]

Unter Berücksichtigung obiger Ausführungen könnte man Informationsmanagement zusammenfassend definieren als ein „... Konzept zum Organisieren der formellen und soweit möglich der informellen Informations- und Kommunikationsprozesse einer Organisation unter sachbezogenen sowie verhaltensbezogenen Management-Gesichtspunkten."[357]

4.2.4 Informationsressourcen-Management

Ausgehend vom „Paperwork Reduction Act" entwickelte sich relativ bald eine Strömung in der Literatur, die einen umfassenden IM-Ansatz vertrat. Die Vertreter dieses Ansatzes stammen großteils aus dem Bereich der Informationswissenschaften.[358] Auch wenn die Bezeichnung in der Literatur nicht völlig einheitlich ist/war,[359] wird dafür der Terminus Informationsressourcen-Management (IRM) gewählt.

Laut Bergeron basiert das Informationsressourcen-Management auf folgenden Grundannahmen: [360]

- Information ist eine Ressource;
- es handelt sich um ein integratives Managementkonzept;
- es ist notwendig, den Informationslebenszyklus zu managen;[361]
- IRM soll die Unternehmensziele unterstützen.[362]

---

[353] Vgl. zum Beispiel Davenport 1997; Grudowski 1995; Schneider 1990.
[354] Grudowski 1995, S. 82.
[355] Vgl. Schneider 1990.
[356] Schneider 1990, S. XI.
[357] Grudowski 1995, S. 14.
[358] Vgl. Bergeron 1996, S. 268.
[359] Vgl. zum Beispiel Langemo 1988, S. 20.
[360] Vgl. Bergeron 1996, S. 270.
[361] Zumindest in diesem Punkt ergeben sich Überschneidungen mit dem records management.
[362] Vergleiche dazu auch die Ausführungen im Unterkapitel "Strategisches IT-Management", die sich allerdings primär auf Informationstechnologie beziehen.

Wie bereits im Unterkapitel Datenmanagement ausgeführt wurde, wird Information (bzw. Daten) von vielen Autoren als Ressource bzw. Produktionsfaktor gesehen. Zu den anderen Produktionsfaktoren ergeben sich zwar einige Unterschiede,[363] aber auch viele Gemeinsamkeiten.[364] Um dieser Bedeutung gerecht zu werden, fordert Horton, dass Unternehmen Information nicht als freies Gut betrachten dürfen. Vielmehr hat Information einen Wert, und ist ihre Bereitstellung teilweise mit erheblichen Kosten verbunden.[365]

Ein wesentliches Merkmal des Informationsressourcen-Managements besteht darin, dass es sich um ein „Integrationskonzept" handelt, bei dem unterschiedliche Informationsspezialisten bzw. -funktionen unter einem gemeinsamen Dach vereinigt werden.[366] Bezüglich Gegenstandsbereich gibt es unterschiedliche Standpunkte.[367] Bei allen Unterschieden herrscht jedoch Einigkeit darüber, dass den Informationsinhalten die größte Bedeutung zukommt.[368]

Einer der umfassendsten Integrationsvorschläge kommt von Schneyman. Demnach sollte das Informationsressourcen-Management folgendermaßen strukturiert werden:

- Systemunterstützung: Computersystem, Telekommunikationssystem, ...,
- Verarbeitung: Datenverarbeitung, Textverarbeitung, ...
- Umwandlung/Transformation: Reprografie, ...
- Aufbewahrung, Speicherung und Retrieval: Bibliothek, Informationsvermittlung, records management, ...
- Verteilung/Kommunikation: EDI, ...

Informationsressourcen-Management kann also in einem weiten Sinn definiert werden als das Management jener Ressourcen (Human- und Sachressourcen), die mit der Systemunterstützung (Entwicklung, Verbesserung und Instandhaltung) sowie der Bereitstellung (Verarbeitung, Transformation, Verteilung, Speicherung, Retrieval) von Information für ein Unternehmen betraut sind.[369]

Marchand und Horton unterscheiden zwischen Informationsressourcen und Informationsvermögen[370]. Die Informationsressourcen umfassen Mitarbeiter mit Informationskompetenz, Informationstechnologie, Informationseinrichtungen wie Bibliothek, EDV-Abteilung und Informationsvermittlungsstelle sowie Bereitsteller von Informationsprodukten. Zum Informationsvermögen zählen die formalen Informationsbestände einer Organisation (Daten,

---

[363] Vgl. Picot/Reichwald/Wigand 1998, S. 104.
[364] Vgl. Burk/Horton 1988, S. 19 f.
[365] Vgl. Horton 1985, S. 18.
[366] Vgl. Bergeron 1996, S. 268; Levitan 1982, S. 238; Lytle 1988a, S. 337; Miller 1988, S. 3; Otremba 1987, S. 201; Vickers 1985, S. 28; Wiggins 1988, S. 5 ff.
[367] Vgl. zum Beispiel Vogel 1992a, S. 903.
[368] Vgl. zum Beispiel Lytle 1988b, S. 10; Owen 1994, S. 103; Trauth 1989, S. 264 f.
[369] Vgl. Schneyman 1985, S. 35.
[370] Übersetzung für "information asset".

Dokumente, Fachliteratur, etc.), Knowhow (Rechte an geistigem Eigentum, Erfahrungswissen der Mitarbeiter) sowie Wissen über die Umwelt (Konkurrenten; politisches, wirtschaftliches und soziales Umfeld).[371] Während das Informationsvermögen also die (potentielle) Information selbst betrifft, handelt es sich bei den Informationsressourcen um „Mittel", mit deren Hilfe Information gewonnen werden kann. Diese Unterscheidung ist insofern von Bedeutung, da sich laut Horton durch den Einsatz von Information primär Effektivitätssteigerungen erzielen lassen. Hingegen sind die Informationsressourcen hauptsächlich nur Gegenstand von Effizienzüberlegungen.[372]

Eine etwas engere Sichtweise von Informationsmanagement hat Lytle. Er unterscheidet zwischen Daten, Hardware und Software, Informationssysteme und -dienste sowie Mitarbeiter.[373] Vogel differenziert je nach dem Umfang der berücksichtigten Objekte zwischen einem engeren und einem weiteren IRM-Ansatz. Gegenstand des „potentialorientierten IRM"[374] sind laut Vogel Wissen und zum Teil Informationstechnologie. Das „ökonomische IRM"[375] umfasst hingegen Daten, Informationstechnologie und Personal.[376]

Eine umfassende Darstellung zum Informationsressourcen-Management findet sich bei Marchand und Horton. Neben den oben bereits dargelegten Kernelementen gehen die Autoren besonders auf strategische Aspekte des Informationsmanagements ein. Im Vergleich zum strategischen IT-Management ist der Fokus allerdings viel weiter, nicht zuletzt deshalb, weil Informationstechnologie nur eine von mehreren[377] Informationsressourcen ist (siehe vorne), mit der Wettbewerbsvorteile erzielt werden können.[378]

Horton und Marchand messen dem Endbenutzer ebenfalls eine große Bedeutung bei. Bezeichnend dafür ist der Vorschlag, dass EDV-Schulungen erst den Beginn einer benutzergesteuerten Informationsverarbeitung darstellen. In weiterer Folge ist es auch wichtig, den Benutzer mit den Möglichkeiten von externen Datenbanken und schließlich mit dem effizienten Umgang mit Information vertraut zu machen. Vor allem muss ein Endbenutzer in die Lage versetzt werden, die richtige Information in der richtigen Art und Weise für ein konkretes Problem anwenden zu können.[379]

---

[371] Vgl. Marchand/Horton 1986, S. 71.
[372] Vgl. Horton 1985, S. 38.
[373] Vgl. Lytle 1988b, S. 11.
[374] Der Ressourcenbegriff wird hier im Sinne von nützliches Potential bzw. Mittel zur Erreichung eines bestimmten Ziels verstanden.
[375] Diesem liegt der ökonomische Ressourcenbegriff zugrunde.
[376] Vgl. Vogel 1992b, S. 56 ff.
[377] Die strategische Bedeutung von externer Information, vor allem im Bereich der Umweltanalyse, wurde bereits weiter vorne erörtert.
[378] Vgl. Marchand/Horton 1986, S. 83 ff.
[379] Vgl. Marchand/Horton 1986, S. 257 f.

Stärker (informations)methodisch ausgerichtet ist die Monographie von Burk und Horton. In dieser stellen die Autoren ein Vorgehensmodell vor, das den Anwender bei der Identifizierung, Darstellung und Evaluierung von Informationsressourcen in einer Organisation unterstützen soll.[380]

Obige Literaturzusammenfassung zeigte, dass informationsorientierte IM-Ansätze ein sehr breites Spektrum abdecken. Beim „records management" handelt es sich um eine eigene Disziplin mit einer standardisierten Ausbildung. Es ist aber primär nur in den anglo-amerikanischen Ländern in seinem vollen Funktionsumfang etabliert. Im deutschen Sprachraum hat es eine teilweise Entsprechung im Registraturkonzept[381]. Die restlichen informationsorientierten IM-Konzepte haben unterschiedliche Schwerpunkte. Mit dem Informationsressourcen-Management wurde schließlich der Versuch unternommen, die unterschiedlichen Aspekte zu einem integrativen IM-Konzept zusammenzuführen.

Insgesamt lassen sich bei den informationsorientierten IM-Ansätzen folgende Charakteristika herausarbeiten:

- Im Mittelpunkt steht Information und nicht Informationstechnologie.
- Der Begriff Informationssystem wird wesentlich weiter gefasst.[382] Er inkludiert auch nichtcomputerbasierte Informationssysteme und dadurch nichtelektronische Informationen, die oft auch unstrukturiert sein können.
- Externe Informationen und informationelle Umfeldanalyse finden eine wesentlich stärkere Berücksichtigung.
- Ein Schwerpunkt liegt auch bei der Analyse und Planung von Informationsprozessen. Im Gegensatz zu den technologieorientierten IM-Ansätzen werden keine so formalistischen und starren Modellierungsmittel verwendet. Informationsorientierte IM-Konzeptionen ermöglichen dadurch einen viel größeren Gestaltungsspielraum.
- Besonderes Augenmerk liegt beim Menschen, sei dies als Benutzer von Informationssystemen oder dadurch, dass er selbst Träger oder Vermittler der Information ist.[383] Letztendlich ist es der Mensch, der den Nutzen von Informationssystemen bestimmt. Informationssysteme müssen daher einen informationellen Mehrwert bereitstellen.

---

[380] Vgl. Burk/Horton 1988.

[381] Vgl. Büttner 1990, S. 474.

[382] Als Beispiel sei hier das Begriffsverständis von Soegel angeführt: Ein Informationssystem ist ein System, das „... indicate the existence and whereabouts of entities that might be helpful in solving a given problem" (Soergel 1985, S. 20). Ein Beispiel für ein Informationssystem in diesem Sinne wäre eine Bibliothek, eine Dokumentationsstelle, ein Führungsinformationssystem oder ein Programm zur Abfrage des Kontostandes.

[383] Möglicherweise liegt die starke Benutzerorientierung darin begründet, dass sich die informationsorientierten IM-Ansätze historisch aus dem Bereich der Informationsvermittlung heraus entwickelt haben, der traditionell stark am „Kunden" orientiert ist bzw. sein sollte.

- Strategische Aspekte werden von informationsorientierten IM-Konzepten zwar
  weniger oft angesprochen, sie sind aber nicht minder von Bedeutung. Der Fokus liegt
  bei ihnen stärker bei externer Information, speziell der informationellen Analyse der
  Unternehmensumwelt, und weniger beim wettbewerbsorientierten IT-Einsatz.

4.3 Informations- vs. technologieorientierte IM-Ansätze

In diesem Unterkapitel werden zunächst die Gemeinsamkeiten von und Unterschiede zwischen informations- und technologieorientierten IM-Konzepten anhand einer tabellarischen Gegenüberstellung der Ansätze sowie eines erweiterten Ebenenmodells zum Informationsmanagement herausgearbeitet. Dies erfolgt im Bewusstsein, dass eine derart verkürzte Darstellung mit einem gewissen Informationsverlust verbunden ist, und speziell bei der tabellarischen Gegenüberstellung eine Zuordnung von identifizierenden Eigenschaften nicht immer eindeutig möglich ist. Der Nutzen besteht aber darin, dass dadurch eine bessere Abgrenzung möglich ist. Anschließend wird der Frage nachgegangen, ob es sich bei informations- und technologieorientierten IM-Ansätzen um gegensätzliche oder sich ergänzende Standpunkte im Rahmen des Informationsmanagements handelt.

Zur Charakterisierung der verschiedenen IM-Ansätze werden bei der **tabellarischen Gegenüberstellung** folgende Kriterien verwendet:
- Informationsressourcen: stellen das primäre Gestaltungsobjekt des jeweiligen IM-Ansatzes dar;
- Information: Herkunft, Strukturiertheitsgrad und Datenträger;
- Informationssysteme: Art und verwendete Modellierungsmittel;
- Sonstige: strategische Aspekte, Informationskultur und Unternehmenspolitik.

Bei den *Informationsressourcen* handelt es sich um (mögliche) Gegenstandsbereiche eines IM-Ansatzes. Dadurch kann herausgearbeitet werden, welche „Hauptgestaltungsobjekte" das jeweilige IM-Konzept umfasst. Wie aus Tabelle 4.1 hervorgeht, liegt das Schwergewicht bei der Klasse der informationsorientierten Ansätze beim Endbenutzer, bei jener der technologieorientierten Ansätze hingegen im Bereich der Informationstechnologie.

Information ist für beide Klassen von IM-Konzepten wichtig, wobei eine genauere Analyse jedoch Unterschiede aufzeigt. Technologieorientierte IM-Ansätze setzen sich stärker mit internen und strukturierten Daten auseinander. Im Vergleich dazu messen informationsorientierte IM-Konzepte externen und unstrukturierten Daten eine größere Bedeutung bei. Die Domäne der technologieorientierten IM-Konzeptionen sind eindeutig elektronische Daten, hingegen spielen bei den informationsorientierten Ansätzen auch andere Datenträger eine wichtige Rolle. Beim records management stehen nach wie vor Printdokumente im Zentrum, auch wenn elektronische Medien als Folge von Workflow-Managementsystemen und Internet stark zunehmen und darüber hinaus optische Speichermedien verwendet werden. Aufgrund der weiteren Sichtweise

Tab. 4.1: Schwerpunkte der einzelnen IM-Ansätze

	Information											Informationssystem					
	Informationsressourcen			Herkunft		Strukturiertheitsgrad		Datenträger			Art		Modellierungsmittel		strategische Aspekte	Info-Kultur	Unternehmens-politik
	Endbenutzer	IT	Info	intern	extern	strukturiert	unstrukturiert (Texte,...)	elektronisch	Papier	sonst.	computerbas.	nicht computerbas.	formalistisch	Nicht formalistisch			
Datenmanagement	●[i]	●[ii]	■	■		■		■			■		■[iii]		○[iv]		
IT-Management	●[v]	■	■	■	○[vi]	■	●	■			■		■[vii]		○[viii]		
Strategisches IT-Management	●	■	■	■	○	■	●				■		■		■		
Records Management	●	○[ix]	■[x]	■	●[xi]		■	●[xii]	■	●[xiii]	○[xiv]	■	○[xv]				
Externe Information, Umfeldanalyse	●[xvi]		■		■	●[xvii]	■	●[xviii]	●[xix]	■[xx]	●[xxi]	■		○	●[xxii]		
Informationsprozesse, Endbenutzerorientierung	■	○[xxiii]	■	■	■	●	●	■	○	○	○	■[xxiv]		■	□[xxv]	□[xxvi]	□[xxvii]
Informationsressourcen-Management	■	●[xxviii]	■	■	■	■	■	■	●[xxix]	■[xxx]	●	■[xxxi]		○[xxxii]	○[xxxiii]		
Umfassendes Informationsmanagement	■	■	■	■	■	■	■	■	■	■	■	■	■	■	■	■	■

Legende:
■ ... stark zutreffend
□ ... *kann* stark zutreffend sein
● ... zutreffend
○ ... *kann* zutreffend sein

i   Berücksichtigung des Endbenutzers durch verschiedene Formen der Benutzerbeteiligung; direkte Abfragen durch die Endbenutzer im Rahmen der benutzergesteuerten Datenverarbeitung.

ii   Technische Aspekte fallen vor allem in den Bereich der Datenbankadministration.

iii   Entity-Relationship-Modell, Relationales Modell.

iv   Aus folgenden zwei Gründen kann das Datenmanagement strategische Relevanz haben: 1) Einige Autoren argumentieren, dass ein (Daten)Modell eine wichtige Komponente der strategischen IT-Planung ist (vgl. zum Beispiel Heinrich 1999, S. 65; Synnott 1987a, S. 195 ff.). 2) Weiters können bei der Bestimmung des Informationsbedarfs strategische Aspekte einfließen. Dies ist vor allem dann der Fall, wenn es sich nicht um transaktionelle, sondern um informationelle Datenbankanwendungen (Information Warehouse, etc.) handelt.

v   Berücksichtigung des Endbenutzers durch verschiedene Formen der Benutzerbeteiligung; benutzergesteuerte Datenverarbeitung.

vi   Externe Informationen werden zum Beispiel im Rahmen von Führungsinformationssystemen oder EDI berücksichtigt. Ihr Anteil ist aber im Vergleich zu den intern erzeugten/verwalteten Daten nur marginal.

vii   Verschiedene Modellierungsmethoden zur Daten-, Funktions- und Geschäftsprozessmodellierung: ER-Modelle, Datenflusspläne, Ablaufdiagramme, Struktogramme, strukturierte Analyse, SADT, objektorientierte Modellierungsmethoden, ...

viii   Ähnliche Argumente wie beim Datenmanagement.

ix   Traditionell Management von papierbasierten Informationssystemen; mittlerweile auch technologische Unterstützung; Informationstechnologie als Gestaltungsobjekt bei elektronischen Dokumentenverwaltungs- und Workflow-Managementsystemen möglich.

x   Management des Informationslebenszyklus steht im Vordergrund.

xi   Schriftgut mit externer Herkunft macht den kleineren Teil aus.

xii   Elektronische Informationen gewinnen zunehmend an Bedeutung.

xiii   Optische Speichermedien haben aufgrund ihrer hohen Speicherkapazität und -dichte eine große Bedeutung.

xiv   Computerbasierte Informationssysteme lassen sich u. a. mit Hilfe von OCR-Software, Dokumentenmanagement-Systemen und/oder Workflow-Management-Systemen realisieren.

xv   Modellierung des Dokumentenflusses, zum Beispiel bei der Konzeption eines Workflow.

xvi   Der Endbenutzer gibt oft den Anstoß zur Beschaffung externer Information, die Informationsbedürfnisse des Endbenutzers sollten daher im Vordergrund stehen. Einige Autoren weisen allerdings auf die zu starke „Bestandsorientierung" von (Unternehmens)Bibliothekaren hin (vgl. zum Beispiel Davenport 1993, S. 406 f.; Davenport 1997, S. 17; Horton 1988b, S. 62 f.).

xvii   Informationen aus Faktendatenbanken.

xviii   Vor allem durch das Internet/Intranet ist mit einer starken Zunahme an elektronischen Informationen zu rechnen.

xix   Ein nicht geringer Teil an externen Informationen liegt nach wie vor in Papierform vor. Beispiele dafür sind Fachliteratur, Informationsbroschüren oder Forschungsberichte.

xx   Besondere Bedeutung kommt dabei dem Menschen zu: Kunden, Lieferanten, Informanten, usw. Weitere Informationsquellen sind Messen, Ausstellungen, Fortbildungsveranstaltungen, usw.

xxi   Beispiele dafür sind Datenbanken, Bibliothekskataloge, sonstige elektronische Informationsdienste, usw.

xxii   Wenn man von der These ausgeht, dass der Fortbestand eines Unternehmens von einem erfolgreichen Anpassen an seine Umwelt abhängt, kommt der informationellen Umweltanalyse eine große Bedeutung zu.

xxiii   Informationstechnologie wird von den meisten dieser Ansätze zwar erwähnt, ihr wird aber kein zentrales Augenmerk geschenkt.

xxiv   Die Ansätze beschäftigen sich in der Regel nicht direkt mit der Konzeption von computerbasierten Informationssystemen, sondern mit der Ebene der darüber liegenden Informationsprozesse.

xxv   Die meisten dieser Ansätze betonen die strategische Zielsetzung des Informationsmanagements.

xxvi   Einige dieser Ansätze berücksichtigen explizit die Informationskultur.

[xxvii] Durch die starke Endbenutzerorientierung gehen einige Ansätze auch auf Aspekte wie Informationsmacht ein.

[xxviii] Die EDV wird in der Regel als eine Komponente des Informationsressourcen-Managements betrachtet. Detailliertere Ausführungen zum IT-Management finden sich allerdings in keiner Publikation zum IRM. Außerdem wird betont, dass der Schwerpunkt nicht auf Informationstechnologie, sondern auf Information liegt.

[xxix] Aufgrund der Berücksichtigung des „records management" beim IRM-Konzept.

[xxx] Informationsträger können zum Beispiel optische Speichermedien sein. Es kann sich dabei auch um Menschen handeln.

[xxxi] Durch Mitwirkung von Bibliothekaren, Dokumentaren und „records manager" am IRM-Konzept.

[xxxii] Einige IRM-Ansätze bieten Methoden zur Informationsmodellierung an, z. B. InfoMap (vgl. Burk/ Horton 1988, Horton 1988a, Horton 1989a, Horton 1989b).

[xxxiii] Strategische Aspekte werden von den meisten Autoren angesprochen.

der informationsorientierten IM-Ansätze wird auch der Mensch als ein wichtiger Träger von Informationen betrachtet. Dies können zum Beispiel Kunden sein, die wichtige Hinweise für Produktverbesserungen machen, oder Mitarbeiter im Unternehmen, von deren Erfahrungswissen das gesamte Unternehmen profitiert.

Eng mit dem Datenträger (und dadurch teilweise redundant) hängt die Art des *Informationssystems* zusammen, mit der sich die jeweiligen IM-Ansätze beschäftigen. Im Gegensatz zu den technologieorientierten IM-Konzepten berücksichtigen informationsorientierte auch nichtcomputerbasierte Informationssysteme, zum Beispiel eine Bibliothek. Oft werden Informationssysteme auf einer wesentlich höheren Abstraktionsebene betrachtet. Dies hat auch wesentliche Auswirkungen auf die Wahl der Modellierungsmittel. Wenn computerbasierte Informationssysteme das primäre Gestaltungsobjekt sind, muss die Beschreibung von Informationssystemen letztendlich in einer Form erfolgen, die von datenverarbeitenden Maschinen verstanden wird. Dies erfordert dementsprechend formalistische Beschreibungsmittel. Im Gegensatz dazu sind informationsorientierte IM-Ansätze bei der Wahl der Modellierungsmittel wesentlich „flexibler".

Strategische Aspekte werden von beiden Klassen von IM-Konzepten berücksichtigt. Durch die stärkere Fokussierung auf den Informationsnutzer, haben informationsorientierte IM-Konzepte hingegen eine größere „Sensibilität" für *kulturelle* und *„politische"* Aspekte im Zusammenhang mit Information.

Das **Ebenenmodell** von Wollnik eignet sich ebenfalls dazu, die Unterschiede zwischen informations- und technologieorientierten IM-Ansätzen aufzuzeigen. Wie bereits im Unterkapitel „IT-Management" ausgeführt wurde, unterscheidet Wollnik zwischen Management der Informationsinfrastruktur, Management der Informationssysteme und Management des Informationseinsatzes. Bei der Informationsinfrastruktur handelt es sich um nutzungsoffene Potentiale für die Informationsverarbeitung. Sie besteht aus „informationstechnologischen" und „informationsinhaltlichen" Infrastrukturen. Letztere umfassen zentrale Archive, Dokumentationen, bibliothekarische Einrichtungen und Zugriffsberechtigungen auf externe Datenbanken,[384] und fallen daher in den Zuständigkeitsbereich des informationsorientierten Informationsmanagements. Fragen bezüglich der informationstechnologischen Infrastruktur werden vom technologieorientierten Informationsmanagement abgedeckt. Aufbau und Wartung von internen Datenbanken sind Gegenstand des Datenmanagements und damit ebenfalls den technologieorientierten IM-Ansätzen zuzuordnen.

---

[384] Vgl. Wollnik 1988, S. 41 f.

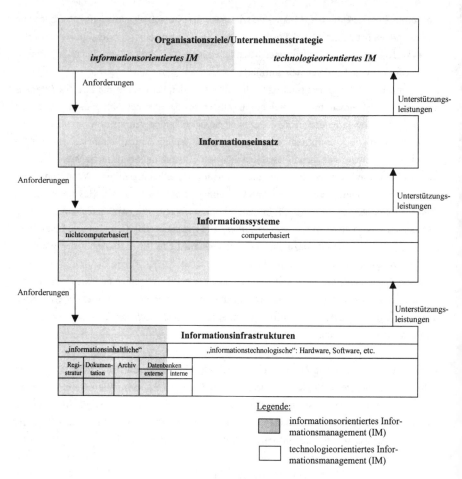

Abb. 4.2: Erweitertes Ebenenmodell des Informationsmanagements

    In den Bereich des Informationssystem-Managements fallen Grobkonzeption und Betrieb von Informationssystemen sowie das Management der Implementierungsprozesse. Bei der Grobkonzeption wird durch die Kombination von Aufgaben-, Informations-, Personen-, Geräte-, Organisations- und Programmkomponenten die Struktur eines Informationssystems bestimmt.[385] Hier ergibt sich eine Abgrenzung dadurch, dass Planung und Gestaltung von primär nichtcomputerbasierten Informationssystemen eindeutig Gegenstand der informations-

---

[385] Vgl. Wollnik 1988, S. 40.

orientierten IM-Ansätze sind. Darüber hinaus ist es sinnvoll, Aspekte der informations-orientierten IM-Ansätze bei der Grobkonzeption von computerbasierten Informations-systemen zu berücksichtigen.

Das Management des Informationseinsatzes erstreckt sich auf die Informationsverwendung in allen Aufgabenerfüllungsprozessen.[386] Aus den vorigen Ausführungen sollte hervor-gegangen sein, dass diese Ebene eine Domäne der informationsorientierten IM-Ansätze ist. Durch die Einbeziehung der Organisationsziele kann das Modell von Wollnik noch um eine Ebene erweitert werden. Dadurch ist es möglich, auch die strategische Orientierung des Informationsmanagements zum Ausdruck zu bringen. Diese ist für technologie- und infor-mationsorientierte Ansätze gleichermaßen von Bedeutung, auch wenn sie, wie sziento-metrische Analyse und Literaturauswertung zeigten, von den technologieorientierten IM-Ansätzen wesentlich stärker thematisiert wurde. Dies dürfte darin begründet liegen, dass ein Großteil der Autoren der technologieorientierten IM-Ansätze aus einem weiteren betriebs-wirtschaftlichen Umfeld (*Wirtschaft*sinformatik, *Management Information* Systems) kommt. Unterschiede bestehen auch in den Objekten, die Gegenstand von strategischen Überlegungen sind.[387]

Im Unterkapitel 4.2.4 wurde gezeigt, dass es im Rahmen des Informationsressourcen-Managements erste Integrationsbestrebungen gab. Von einem allgemeinen Verschmelzen von technologie- und informationsorientierten IM-Ansätzen, so wie dies von Broadbent/Koenig, Herring und Trauth festgestellt wurde,[388] kann allerdings keine Rede sein. Dies kam bei der szientometrischen Untersuchung dadurch zum Ausdruck, dass im Zentrum der Wissen-schaftslandkarte keine Autoren zu finden sind. Die meisten Publikationen zum Informations-management sind nach wie vor entweder den technologie- oder den informationsorientierten Ansätzen klar zuzuordnen. Es gibt aber einige Autoren, die trotz ihrer eindeutigen fachlichen Zugehörigkeit (MIS/Wirtschaftsinformatik bzw. Informationswissenschaften) auch Aspekte der jeweils anderen Disziplin berücksichtigen.

Ein relativ ausgewogener Vorschlag kommt von Synnott. Obwohl Synnott, wie auch aus der szientometrischen Analyse hervorgegangen ist, dem „MIS-Lager" angehört, widmet er in seinem Buch Informationsdiensten und –produkten einen breiten Raum.[389] Auch Rüttler und

---

[386] Vgl. Wollnik 1988, S. 40.
[387] Vgl. zum Beispiel Olaisen 1990.
[388] Vgl. Broadbent/Koenig 1988, S. 258 ff.; Herring 1991, S. 144; Trauth 1989, S. 264.
[389] Vgl. Synnott 1987a.

Zahn vetreten ein ganzheitliches IM-Konzept. Die Autoren unterscheiden bei diesem zwischen folgenden vier Dimensionen[390] des Informationsmanagements:

- Informationspotential (interne und externe Informationen und Informationsquellen),
- Informationsfähigkeit (Informationstechnologie),
- Informationsbereitschaft (Mitarbeiter und Unternehmenskultur) und
- Informationsstrategie.[391]

Ebenfalls in der Wirtschaftsinformatik verankert ist der IM-Ansatz von Schwarze. Stärker als andere Autoren dieser Disziplin berücksichtigt Schwarze aber externe Informationsressourcen und unterschiedliche Informationsquellen.[392] Zumindest bei der groben Aufgabenabgrenzung zählt der Autor auch alle Bereiche konventioneller Datenverarbeitung (Telefon, Registratur, Formulargestaltung, usw.) zum Informationsmanagement.[393] Auch der Vorschlag von Schoop berücksichtigt einzelne Komponenten des Informationswesens. Beispielsweise zählt der Autor neben den Aufbau und die Betreuung der Informationsarchitektur und die Integration der inner- und zwischenbetrieblichen Geschäftsprozesse auch die Automatisierung der betrieblichen Dokumentationsfunktion zu den Anwendungsfeldern des Informationsmanagements.[394]

Andererseits schließen aber auch einige Autoren aus dem Bereich der Informationswissenschaften IT-Inhalte in ihre Ausführungen zum Informationsmanagement ein. Laut Kmuche können beim Informationsmanagement die Teilfunktionen betriebliche Informationswirtschaft (externe Information), Wissensmanagement (Erschließung des nicht genutzten internen Wissens) und Informationstechnologiemanagement identifiziert werden.[395] Kuhlen und Finke vertreten den Standpunkt, dass IT-Management eine wesentliche Facette des Informationsmanagements ist.[396] Beim IM-Ansatz von Wersig ist Informationstechnologie ebenfalls ein fixer Bestandteil, wenngleich der Autor zu dessen Einsatz grundsätzlich eine kritische Haltung einnimmt.[397] Für Gennis ist die Tätigkeit eines Informationsmanagers in der Privatwirtschaft deutlich weiter gefasst als nur die eines Information Broker oder Dokumentars. Umfassendes Informatikwissen ist besonders wichtig.[398] Herget misst der Informations-

---

[390] In zwei anderen Publikation betrachteten die Autoren Informationsstrategie noch nicht als eigene Dimension des Informationsmanagements (vgl. Zahn/Rüttler 1989, S. 36; Zahn/Wieselhuber/Fridrich 1991, S. 6 ff.). Ihr wird aber trotzdem ein zentraler Stellenwert eingeräumt.
[391] Vgl. Rüttler 1991, S. 199 f.
[392] Vgl. Schwarze 1998, S. 59 und S. 93.
[393] Vgl. Schwarze 1990, S. 106.
[394] Vgl. Schoop 1999.
[395] Vgl. Kmuche 1997, S. 154.
[396] Vgl. Kuhlen/Finke 1988, S. 315.
[397] Vgl. Wersig 1989, z. B. S. 12 oder S. 150.
[398] Vgl. Gennis 1999, S. 458.

technologie einen wichtigen Mittelcharakter bei. Durch Groupware, Information Warehouse und World Wide Web lassen sich informationelle Zielsetzungen wie „information at your finger tips" realisieren.[399]

Auch der Autor der hier vorliegenden Arbeit vertritt den Standpunkt, dass technologie-orientierte und informationsorientierte Ansätze einander nicht konkurrieren, sondern sich gegenseitig ergänzen. Informationsorientierte Ansätze legen das Hauptaugenmerk auf die Informationsverwendung durch den Menschen. Sie beschäftigen sich wesentlich stärker mit der Interaktion des Benutzers mit Informationssystemen (unterschiedlicher Art). Die Perspektive liegt hier hauptsächlich bei der Informationsnachfrage. Eine Grundannahme besteht darin, dass eine bessere Artikulierung der Informationsbedürfnisse zu einer besseren Informationsverwendung führt.

Hingegen liegt der Schwerpunkt beim technologieorientierten Informationsmanagement bei den Informationstechnologien sowie den Fertigkeiten, die erforderlich sind, ein computerbasiertes Informationssystem zu entwickeln und zu betreiben. Es steht also primär die Informationsbereitstellung mit Hilfe von Informationstechnologie im Vordergrund. Die Grundthese der technologieorientierten IM-Ansätze ist, dass ein verbessertes Angebot zu einer besseren Informationsnutzung führt. Aus diesen Ausführungen geht hervor, dass beide IM-Traditionen unterschiedliche Phasen des Informationslebenszyklus betonen: Informationsbereitstellung und Informationsnachfrage. Im Rahmen eines ganzheitlichen Informationsmanagements müssen beide Perspektiven berücksichtigt werden, wobei der Benutzer (bzw. auf einer höheren Ebene die Organisation) den Ausgangspunkt bilden sollte.

---

[399] Vgl. Herget 1995, S. 28 ff.

4.4 Informationsmanagement – eine eigene Disziplin?

In diesem Unterkapitel wird der Frage nachgegangen, warum sich bis jetzt keine eigene Disziplin für das Informationsmanagement herausgebildet hat bzw. ob eine derartige Entwicklung in Zukunft möglich ist. Dazu werden jene Berufsgruppen einander gegenübergestellt, die das Etikett Informationsmanagement für sich in Anspruch nehmen.[400] Im Wesentlichen sind dies Bibliothekare und Dokumentare[401] im Bereich des informationsorientierten Informationsmanagements, die primär für Informationsvermittlung und –organisation zuständig sind. Sowie Informatiker/Systemtechniker und Betriebswirte oder die „Kreuzung" aus beiden (Wirtschaftsinformatiker) im Bereich (des Managements) der Gestaltung und des Betriebs von computerbasierten Informationssystemen.

Bei der Beantwortung der eingangs gestellten Frage ist es zunächst sinnvoll, sich zu vergegenwärtigen, dass obige Berufsgruppen in folgenden Kontexten operieren:
- Berufspraxis,
- Wissenschaft und
- Ausbildung.

Beim beruflichen Kontext geht es darum, wie die entsprechende Disziplin am Arbeitsplatz und in Form von Berufsvereinigungen organisiert ist. Der wissenschaftliche Kontext meint zum einen die Institutionalisierung des jeweiligen Faches an den Universitäten. Zum anderen wird Disziplin im Sinne von gemeinsames Forschungsprogramm verwendet, unabhängig von bestehenden formal-organisatorischen Grenzen. Der Ausbildungskontext bezieht sich auf Ausbildungseinrichtungen, denen sich die jeweilige Disziplin bedient, um diese zu „kodifizieren".[402]

Die am Informationsmanagement beteiligten *Berufsgruppen* unterscheiden sich zum Teil erheblich in puncto historischer Kontext, in dem sie entstanden sind, Profil und anderer Charakteristika. Bibliothekare sollten ursprünglich die Literaturversorgung der Bevölkerung sicherstellen und hatten dadurch einen gewissen Bildungsauftrag. Soziale, kulturelle, ethische und literarische Werte stehen im Vordergrund. Pragmatischer ist die Wertorientierung der wissenschaftlichen Bibliothekare, auch wenn dem oft entgegengehalten wird, dass diese zu sehr an ihren Beständen fixiert und zu wenig am Benutzer orientiert sind.[403] Die Domäne von Dokumentaren besteht darin, Fachinformation effizient bereitzustellen. Es handelt sich dabei vielfach um technisch-wissenschaftliche Informationen. Im Vergleich zu Bibliothekaren sind

---

[400] Die nachfolgenden Ausführungen beziehen sich teilweise auf Donohue (vgl. Donohue 1985).
[401] Records manager werden hier ebenfalls der Berufsgruppe der Dokumentare zugerechnet.
[402] Vgl. Donohue 1985, S. 72
[403] Vgl. Davenport 1994, S. 406; Davenport 1997, S. 17; Horton 1988b, S. 62 f.

Dokumentare gegenüber technischen Entwicklungen aufgeschlossener.[404] Das dürfte einer der Gründe gewesen sein, warum sich die Dokumentare in Europa von den Bibliothekaren abgespalten haben. In den anglo-amerikanischen Ländern ist es hingegen zu keiner derartigen Entwicklung gekommen. Neuerdings ist es ebenfalls die technologische Entwicklung, die diesmal allerdings wieder zu einer Annäherung dieser beiden Berufsgruppen führt.

Informatiker haben ausschließlich einen technischen Hintergrund. Effizienzüberlegungen (zum Beispiel Algorithmen mit optimalem Laufzeitverhalten, hohe Datenübertragungsraten, möglichst hoch getaktete Prozessoren, etc.) wird oft ein größeres Augenmerk geschenkt als Effektivitätskriterien.

Aufgabe von Managern sind Planung, Organisation, Koordination und Kontrolle der ihnen anvertrauten Ressourcen. Fachkenntnisse treten dabei nicht selten in den Hintergrund. Viele „Informations-Manager" verfügen daher oft über keine tiefergehenden Informations-/Informatikkenntnisse. Manager sind primär ergebnisorientiert, Effektivitätsüberlegungen stehen im Mittelpunkt. Wirtschaftsinformatiker sollten Managementwissen, betriebswirtschaftliches Anwendungswissen und Informatikkenntnisse in einer Person vereinen.

Obige Kurzdarstellung zeigt, dass jeder Informationsberuf unterschiedliche Aspekte des Informationsmanagements abdeckt. Für den (umfassenden) Informationsmanager hat sich laut Donohue (noch) keine eigene Berufssparte herausgebildet.[405] Obwohl seit dieser Feststellung einige Jahre vergangen sind, dürfte sich an dieser Situation zwischenzeitlich nicht viel geändert haben.

Im *wissenschaftlichen Kontext* würde eine Disziplin Informationsmanagement eine Institutionalisierung auf Universitätsebene erfordern, „... that will create links among related fields and stimulate cross-fertilization of thought and research."[406] Das ist mit Wirtschaftsinformatik/MIS, die in den letzten beiden Jahrzehnten auf Universitätsebene großzügig ausgebaut wurden, zum Teil gelungen. Von einer „umfassenden" IM-Disziplin kann aber deshalb nicht gesprochen werden, weil sich das Forschungsinteresse von Wirtschaftsinformatik/MIS primär auf computerbasierte Informationssysteme konzentriert, informationswissenschaftliche Inhalte hingegen kaum behandelt werden.

Nur vereinzelt sind Forschungsstätten zu finden, die Informationswissenschaften und Wirtschaftsinformatik (bzw. die sie konstituierende Betriebswirtschaftslehre und Informatik) vereinen. Allen voran wäre hier die School of Information Studies an der Syracuse University

---

[404] Da die Informatisierung auch vor Bibliotheken nicht Halt machte, dürfte es sich großteils nur mehr um ein Vorurteil handeln. Schlagworte wie Internet, OPAC, Bibliotheksautomatisierung oder digitale Bibliothek sollen dies verdeutlichen.

[405] Vgl. Donohue 1985, S. 75.

[406] Donohue 1985, S. 75.

zu nennen.[407] In einem wesentlich geringeren Umfang wird ein integrativer Ansatz zum Beispiel auch vom Fachbereich Informationswissenschaft der Universität Konstanz und dem Institut für Informationswissenschaft der Universität Graz verfolgt. Während die Konstanzer Informationswissenschaft im Umfeld der Informatik angesiedelt ist,[408] ist das Grazer Institut stärker betriebswirtschaftlich orientiert.[409] Bei beiden Instituten liegt der Forschungsschwerpunkt aber nur teilweise im betrieblichen Informationsmanagement, zumindest wenn man dieses enger definiert.

Was den Bereich der formalen Wissenschaftskommunikation betrifft, sind die Ergebnisse von Literaturstudium und szientometrischer Analyse nicht völlig deckungsgleich. Während die szientometrische Untersuchung keine Beziehungen zwischen informations- und technologieorientierten IM-Ansätzen ergab, konnten bei der Literaturanalyse einige Indizien entdeckt werden, wonach es zu einer teilweisen, wenn auch nicht intensiven Befruchtung zwischen Vertretern aus den Informationswissenschaften und solchen aus Wirtschaftsinformatik/MIS gekommen ist. Am ehesten kam es im Rahmen des Informationsressourcen-Managements zur Bildung eines „invisible college". Der gegenseitige Gedankenaustausch dürfte allerdings nicht intensiv genug gewesen sein, um den „Filter" der szientometrischen Studie zu durchdringen.

Da die *Ausbildung* obiger Informationsberufe großteils auf Hochschulebene erfolgt, decken sich die Ausführungen über Ausbildungs- und Wissenschaftskontext teilweise. Auch hier ist die Ausbildung für die einzelnen Berufsgruppen in der Regel getrennt. Die Situation ist im deutschsprachigen Raum dadurch gekennzeichnet, dass die Ausbildung im Bibliotheks- und Dokumentationswesen primär im Fachhochschul-Bereich angesiedelt ist, wobei die Grundlagenausbildung für beide Berufsgruppen oft identisch ist und auch gemeinsam wahrgenommen wird. Wirtschaftsinformatiker, Informatiker und Betriebswirte werden hingegen in einem größeren Umfang von den Universitäten „herangezogen", auch wenn ihr Zweck primär in der Berufsvorbildung[410] besteht.

Eine interdisziplinäre Ausbildung liegt also jeweils für die Berufe des Informationswesens (Bibliothekare, Dokumentare) sowie für die Wirtschafts-Informatik vor. Eine Brücke zwischen beiden wird wiederum von der Syracuse University geschlagen, die einen Ausbildungsgang für „Information Resources Management" anbietet.[411]

---

[407] http://istweb.syr.edu/about/research/research.html (Stand: Mai 2000).

[408] Vgl. Kuhlen/Rittberger 1998.

[409] Vgl. Rauch 1988, S. 16.

[410] (Österreichisches) Bundesgesetz über die Organisation der Universitäten (UOG 1993), § 1, Abs. 3, Z. 2.

[411] http://istweb.syr.edu/academic/degrees/grad/irm/ (Stand. Mai 2000); vgl. auch Settel/Marchand 1988.

Aus obigen Ausführungen kann geschlossen werden, dass sich in der Vergangenheit ein umfassendes Informationsmanagement in keinem der drei Kontexte stärker entwickeln konnte. Es stellt sich nun die Frage, ob dies in Zukunft möglich ist.

Eine Vorreiterrolle kommt dabei der *Wissenschaft* zu. Ein wichtiger erster Schritt zu einer gemeinsamen Disziplin Informationsmanagement wäre laut Donohue zunächst die Durchführung einer Standortbestimmung: „The building of a common information community needs to begin with the creation of some consensus about what the map of the territory looks like. What is included in IRM? Who are its players? What are their respective roles and contributions?"[412] Die hier vorliegende Arbeit soll einen wichtigen Beitrag dazu leisten.

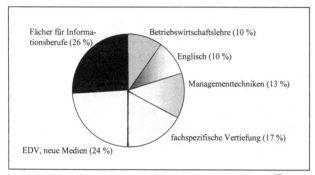

Abb. 4.3: Ausbildungsinhalte des FH-Studiengangs Informationsberufe[413]

Eine bedeutende Rolle beim Entstehen eines ganzheitlichen Informationsmanagements spielt auch die *Ausbildung*. Hier sei auf zwei Beispiele der jüngeren Vergangenheit verwiesen, die versuchen, neue Wege zu beschreiten: der Fachhochschul-Studiengang Informationsberufe in Eisenstadt und der Studiengang Informationswirtschaft an der Fachhochschule Köln[414]. Wie aus der Bezeichnung hervorgeht, versucht der Fachhochschul-Studiengang Informationsberufe zum einen eine integrierte Berufsausbildung für das Informationswesen (Bibliotheks- und Dokumentationswesen) anzubieten. Zum anderen wird aber auch EDV-Anwendungswissen und betriebswirtschaftlichen Kenntnissen ein hoher Stellenwert eingeräumt.[415] Zumindest was die Ausbildungsinhalte betrifft, erscheint das Label „Die Ausbildung zum Informationsmanager"[416] in einem umfassenden Sinn gerechtfertigt. Es muss

[412] Donohue 1985, S. 75.
[413] Schlögl/Zotter/Jobst/Taudes 1998, S. 305.
[414] http://www.fbi.fh-koeln.de/interesse/Studiengaenge/Informationswirtschaft/Einfueh.htm (Stand: Mai 2000). Vgl. auch Stock 1998a; Stock 1998b.
[415] Vgl. Schlögl/Jobst/Leitner/Zotter 1998, S. 525 ff.
[416] http://info.fh-eisenstadt.ac.at (Stand: Mai 2000).

aber betont werden, dass sowohl der Fachhochschul-Studiengang Informationsberufe als auch der Studiengang Informationswirtschaft nicht für den Mainstream der Ausbildungsstätten stehen, sondern dass es sich hier um innovative „Projekte" handelt.

Im *beruflichen Kontext* wird die weiter voranschreitende Informatisierung[417] zweifellos zu einem fortgesetzten Zusammenwachsen der Berufe des Informationswesens führen. Vor allem ist mit einer weiteren Annäherung von Dokumentaren und Bibliothekaren zu rechnen. Für die These, dass sich in Zukunft Informationsmanager als eine eigene Berufssparte herausbilden könnten, spricht, dass sich auch informationsvermittelnde Informationsberufe und EDV-Spezialisten stärker „verschränken". Durch die zunehmende EDV-Kompetenz erschließt sich für die Berufe des Informationswesens, insbesondere für Dokumentare ein neues Betätigungsfeld im Bereich EDV-Organisation.[418] Auf der anderen Seite sollte das Internet (in seiner Funktion als umfassender Informationsspeicher) bei EDV-Spezialisten und Managern zu einem stärkeren Informationsbewusstsein führen. Gegen diese These spricht allerdings, dass ein Ende des Spezialistentums in der Wirtschaft nicht absehbar ist. Ein ebenso gewichtiges Gegenargument ist, dass es für den (ganzheitlichen) Informationsmanager keine Lobby gibt. Zumindest für die nähere Zukunft ist daher eher der Frage nachzugehen, wie unterschiedliche Informationsberufe zum gegenseitigen Nutzen zusammenarbeiten. Diese Frage soll unter anderem in der nachfolgenden empirischen Studie genauer untersucht werden.

---

[417] Der Begriff meint die Durchdringung des jeweiligen Objektbereichs mit Informationstechnologie (vgl. zum Beispiel Kuhlen 1995, S. 106).

[418] Vgl. Gennis 1999, S. 54 f; Schlögl/Voglmayr 1999, S. 214 ff.

5 Szientometrische Analyse vs. Literaturanalyse

Abschließend werden szientometrische Untersuchung und Literaturanalyse einander kurz gegenübergestellt. Wie die szientometrische Untersuchung zeigte, bestehen ihre Stärken darin, dass damit die wesentlichen Dimensionen des untersuchten Teilbereichs des Wissenschaftssystems herausgearbeitet werden können. Dabei muss aber eine Reihe von Unzulänglichkeiten beachtet werden:

1. Je nach Disziplin ist das Ergebnis mehr oder weniger stark US-lastig. Wie die diesbezüglichen Auswertungen dokumentierten, bevorzugen die ISI-Zitationsdatenbanken speziell im Bereich des Informationsmanagements das anglo-amerikanische Wissenschaftssystem sehr stark.
2. Die Datenqualität der ISI-Zitationsdatenbanken ist zum Teil mangelhaft.
3. Bei Zitatenanalysen ergeben sich darüber hinaus weitere Problembereiche (unterschiedliche Motive des Zitierens, Selbstzitate, Gefälligkeitszitate, anderes Zitierverhalten in unterschiedlichen Disziplinen, etc.). Speziell bei Kozitationsanalysen ist zu beachten, dass diese in die Vergangenheit zurückwirken. Dem entsprechend sind die Ergebnisse nicht am letzten Stand des untersuchten Fachgebiets. Das trifft vor allem auf Kozitationsanalysen zu, die sich, wie im vorliegenden Fall, auf einen längeren Zeitraum erstrecken.

Aus diesen Gründen können szientometrische Analysen nur einer groben Orientierung dienen. So wurden bei der durchgeführten Autoren-Kozitationsanalyse Informationswissenschaften und MIS/Wirtschaftsinformatik als jene beiden Disziplinen identifiziert, die sich primär mit Fragen des Informationsmanagements auseinander setzen.

Bei der Interpretation der Ergebnisse ist unbedingt auch fachliches Wissen des untersuchten Wissenschaftsbereichs erforderlich. Es müssen also Experten der entsprechenden Disziplinen beigezogen oder ergänzend ein Literaturstudium durchgeführt werden. Da bei einer szientometrischen Analyse auf Grundlage des Science Citation Index® englisch-sprachige Publikationen stark bevorzugt werden, wurden bei der Erstellung des Literaturüberblicks Publikationen in deutscher Sprache stärker berücksichtigt. Im Großen und Ganzen wurden aber die Ergebnisse der Kozitationsanalyse bestätigt. Auch das Literaturstudium ergab, dass sich im Wesentlichen obige zwei Disziplinen mit dem Informationsmanagement beschäftigen. Im Gegensatz zur szientometrischen Analyse war es aber möglich, bei der Erarbeitung der Ergebnisse weiter in die Tiefe zu gehen. Dies vor allem deshalb, weil eine Literaturzusammenfassung nicht auf stark aggregierten Daten basiert, sondern einzelne Publikationen stärker einfließen.[419] Damit ist aber die Gefahr verbunden, dass eine Literaturzusammenfassung subjektiv gefärbt ist.

Zusammenfassend lässt sich sagen, dass sich eine szientometrische Untersuchung und eine Literaturanalyse gegenseitig ergänzen und unterstützen. Einerseits kann eine szientometrische Analyse die Erstellung eines umfassenden Literaturüberblicks davor bewahren, dass dieser zu subjektiv und zu einseitig ausfällt. Besonders gut eignet sich eine szientometrische Analyse daher vor allem für die Untersuchung von „weichen" Disziplinen bzw. unklaren Konzepten. Andererseits ist Fachwissen aus der untersuchten Disziplin bei der Interpretation der Ergebnisse unabdingbar. Darüber hinaus ermöglicht ein Literaturüberblick eine detailliertere Darstellung des Untersuchungsobjekts. Generell sollte gelten, dass eine wissenschaftliche Untersuchung umso fundierter ist, je mehr Aspekte berücksichtigt werden.

---

[419] Wiewohl sich ein Meinungsbild aber erst nach dem Lesen einer größeren Anzahl von Publikationen ergibt.

Teil II: Praktische Analyse des Informationsmanagements

6 Andere empirische Untersuchungen

Tabellen 6.1 bis 6.3 am Ende dieses Kapitels zeigen eine Zusammenstellung von empirischen Untersuchungen zum Informationsmanagement. Wie ihr zu entnehmen ist, sind die durchgeführten Studien sehr heterogen. Dies betrifft Untersuchungsinhalte, Erhebungs- und Auswertungsmethoden, Theoriegehalt, Zeitbezug sowie Grundgesamtheit, Stichprobenumfang und Stichprobenauswahl.

Die *Untersuchungsinhalte* spiegeln die große Breite der IM-Literatur wider. Im Wesentlichen kann zwischen empirischen Studien unterschieden werden, die – dem Theorieteil dieser Arbeit entsprechend - das Management von Informationstechnologie und/oder das Management von Information zum Gegenstand haben. Der Großteil der durchgeführten Studien ist der ersten Kategorie zuzuordnen.

Bei der *Datenerhebung* wurden großteils schriftliche Befragungen eingesetzt. Teilweise wurden auch Interviews durchgeführt, sehr selten andere Erhebungsformen wie zum Beispiel Dokumentenanalysen verwendet. Bei der *Datenauswertung* kamen primär Methoden der deskriptiven Statistik zum Einsatz, seltener statistische Tests und multivariate Verfahren. Dies hat auch mit dem *Theoriegehalt* der durchgeführten Studien zu tun. Es handelt sich hauptsächlich um deskriptive und explorative Untersuchungen. *Längsschnittuntersuchungen* stellen eher die Ausnahme dar. Dazu zählen zum Beispiel die Kearney-Studien.[420] Oft wird auch bei den sogenannten „MIS issues"-Studien ein zeitlicher Bezug hergestellt, ohne dass diese aber als Längsschnittuntersuchungen konzipiert wurden.

Bei der Größe von *Grundgesamtheit* und/oder *Stichprobe* gibt es ebenfalls große Unterschiede. Das Spektrum reicht von groß angelegten Untersuchungen, deren Stichprobe mehrere hundert Unternehmen umfasst, bis zu kleinen Studien, bei denen die Teilnehmer von Fortbildungsveranstaltungen interviewt wurden.

Im Folgenden wird ein kurzer Überblick über einen Teil[421] der durchgeführten empirischen Untersuchungen gegeben. Der inhaltlichen Ausrichtung entsprechend erfolgt dabei eine Trennung in Untersuchungen mit einem technologieorientierten, einem informationsorientierten oder einem umfassenden IM-Verständnis.

---

[420] Vgl. Kreuz/Schöller 1991; Meyer-Piening 1986.
[421] Eine umfassendere Zusammenstellung von empirischen Studien findet sich in den Tabellen 6.1 bis 6.3.

6.1 Untersuchungen zum technologieorientierten Informationsmanagement

Diese Untersuchungen setzen sich primär mit dem Einsatz von Informationstechnologie auseinander. Trotz dieser Einschränkung gibt es zwischen den einzelnen Untersuchungen teilweise große inhaltliche Unterschiede.

Einige Studien versuchen, ein IM-Konstrukt zu entwickeln. Die umfassendste und methodisch am aufwendigsten ist die Studie von Lewis et al. Bei dieser wurden von den Autoren, basierend auf einer Analyse der IM-Literatur, zunächst die wichtigsten Komponenten eines IM-Konstrukts erarbeitet. Diese wurden dann von zehn MIS-Praktikern und drei MIS-Wissenschaftlern bezüglich ihrer Wichtigkeit für das IM-Konzept beurteilt. Schließlich wurden nach Durchführung einer schriftlichen Befragung bei 470 der Top-1000-Fortune-Unternehmen mittels Faktorenanalyse acht Dimensionen des IM-Konzepts ermittelt. Es handelt sich dabei um „Chief Information Officer", „Planung", „Sicherheit", „IT-Integration", „Beratungsausschüsse", „Unternehmensmodell", „Informationsintegration und –austausch" sowie „Datenadministration". Wie zu erkennen ist, liegt eindeutig ein technologieorientiertes IM-Konstrukt vor.[422]

Auch O'Brien und Morgan erheben in ihrer Studie zunächst, ob die Dimensionen ihres IM-Modells - Ressourcenmanagement, Technologiemanagement, funktionales, strategisches und verteiltes Management - von der Praxis akzeptiert werden.[423] Wie ersichtlich ist, ergeben sich zumindest auf der Ebene der Bezeichnungen deutliche Unterschiede zum IM-Konstrukt von Lewis et al.

Mit den obigen Untersuchungen teilweise vergleichbar sind die sogenannten „MIS issues"-Studien. Bei diesen werden in der Regel unterschiedliche Schlüsselfaktoren des Informationsmanagements/IT-Einsatzes einer Reihung in Bezug auf deren Wichtigkeit für eine Organisation unterzogen. Beispielsweise wurde bei der Untersuchung von Yang von 38 IM-Schlüsselfaktoren folgenden fünf die größte Bedeutung beigemessen:

1. Unterstützung durch das Top-Management,
2. verbesserte Kommunikation mit den Endbenutzern,
3. Ausrichtung der Ziele der Informationsverarbeitung auf die Unternehmensziele,
4. Wettbewerbsvorteile mit Hilfe von Informationstechnologie,
5. strategische Informatikplanung.[424]

Die „issues"-Studien befassen sich nur mit Teilaspekten des Informationsmanagements. Sie sind aber international, vor allem im anglo-amerikanischen Raum sehr beliebt.[425] Wie die

---

[422] Vgl. Lewis/Snyder/Rainer 1995.
[423] Vgl. O'Brien/Morgan 1991.
[424] Vgl. Yang 1996.

Ergebnisse der durchgeführten Studien zeigen, variiert die Reihung der Schlüsselfaktoren im Zeitablauf[426] und von Land zu Land[427]. Bezüglich des Einflusses von unternehmensspezifischen Variablen (Branche, Unternehmensgröße, Position des Antwortenden, usw.) gibt es widersprüchliche Ergebnisse.[428]

Ein weiterer Teil der Studien setzt sich mit dem Management der Datenverarbeitung auseinander. Als Beispiel sei auf die Studien von Behme/Ohlendorf, Guimares, Hildebrand oder Schellmann verwiesen.[429] Um eine Vorstellung zu vermitteln, welche Inhalte bei derartigen Studien im Mittelpunkt stehen, wird die Untersuchung von Behme / Ohlendorf kurz vorgestellt. Diese Studie untersuchte Informationssammlung, -auswertung und –weitergabe in den 500 größten Unternehmen (aller Branchen) in der ehemaligen Bundesrepublik Deutschland. Untersuchungsobjekte waren Informationstechnologie, Informationsverarbeitung und Metainformationssysteme. Die Hauptergebnisse dieser Studie lassen sich wie folgt zusammenfassen:

- Im Großteil der Unternehmen (69 %) ist die DV-/Organisationsabteilung eine Ebene unter der Geschäftsleitung angesiedelt.
- In mehr als der Hälfte der Unternehmen (60 %) ist die DV-/Organisationsabteilung eine Linienstelle, in 30 % wird sie als Stabstelle geführt.
- Generell ist der Automatisierungsgrad bei der internen Datenverwaltung hoch, bei der Beschaffung externer Daten hingegen gering.
- Einem Unternehmensdatenmodell wird von den meisten Unternehmen eine geringe oder mäßige Bedeutung beigemessen.
- Datensammlung, -haltung, -verarbeitung und –weitergabe erfolgen in unterschiedlichen Unternehmensbereichen.
- Der Schwerpunkt liegt beim Data-Dictionary-Einsatz in den Bereichen Softwareerstellung und administrative Informationssysteme.
- Der Großteil der Befragten bevorzugt eine dezentrale Informationsverwaltung, die zentral, zum Beispiel durch ein Unternehmensdatenmodell oder ein Metainformationssystem, gesteuert wird.

---

[425] Unter anderem wurden folgende Untersuchungen mit diesem Schwerpunkt durchgeführt: Brancheau / Wetherbe 1987; Brancheau/Janz/Wetherbe 1996; Burn/Saxena/Ma/Cheung 1993; Harrison/Farn 1990; Herbert/Hartog 1986; Krcmar 1990; Krcmar 1992; Krcmar/Federmann 1990; Mores 1996; Niederman / Brancheau/Wetherbe 1991; Silk 1989; Silk 1990; Wang/Turban 1994; Watson/Brancheau 1991; Watson 1997; Yang 1996.

[426] Siehe dazu Yang 1996, S. 253 f.

[427] Vgl. zum Beispiel Burn/Saxena/Ma/Cheung 1993; Harrison/Farn 1990; Yang 1996.
Bei einer Korn/Ferry-Studie wurden speziell die in einzelnen Ländern vorherrschenden unterschiedlichen Informationskulturen aufgezeigt (vgl. O.N. 1998).

[428] Vgl. zum Beispiel Wang/Turban 1994; Yang 1996.

In viele Studien zum IT-Management fließen auch strategische Aspekte ein. Dabei werden u. a. folgende Fragestellungen untersucht:

- Zielprioritäten des IT-Einsatzes,
- Vorhandensein von Informatikstrategien, Durchführung einer strategischen Informatikplanung,
- Inhalte eines strategischen Informatikplans,
- Anbindung der DV-Strategie an die Unternehmensstrategie,
- Einsatz von Informationstechnologie, um Wettbewerbsvorteile zu erreichen.

Das Ausmaß, in dem derartige Überlegungen in die einzelnen Studien Eingang finden, ist unterschiedlich. Beispielsweise setzt sich nur ein Teilaspekt der Untersuchung von Hildebrand mit Strategien der Informationsverarbeitung auseinander.[430] In der empirischen Untersuchung von Lehner hingegen nehmen Informatikstrategien bzw. strategische DV-Planung einen großen Raum ein.[431]

6.2 Untersuchungen zum informationsorientierten Informationsmanagement

Im Gegensatz zu den Studien zum technologieorientierten Informationsmanagement zielen jene, denen ein informationsorientiertes IM-Verständnis zugrunde liegt, nicht auf den (strategischen) IT-Einsatz, sondern auf das Management von Information ab. Einen Schwerpunkt stellt dabei die Informationsverwendung dar. Beispielsweise analysiert die Studie von Roberts und Wilson Persönlichkeitsfaktoren von Managern, die Auswirkungen auf deren Informationsverhalten und letztendlich auf die praktische Umsetzung des Informationsmanagements haben. Grundthese dieser Arbeit ist, dass bei einem schlechten Informationsverhalten, das auf negative Persönlichkeitsfaktoren bezüglich

- persönlicher Neigung gegenüber Informationsverwendung,
- Wahrnehmungsfähigkeit für die Unternehmensumwelt,
- strategischem Wahrnehmungsvermögen,
- Erkenntnis dass interne und externe Informationen einander ergänzen sowie
- Glaube an den Nutzen eines organisierten und systematischen Vorgehens

---

[429] Vgl. Behme/Ohlendorf 1992; Guimares 1985; Hildebrand 1992; Schellmann 1997.
[430] Vgl. Hildebrand 1992.
[431] Vgl. Lehner 1993.

zurückzuführen ist, die Chance für ein gut entwickeltes Informationsmanagement gering ist.[432]

Stellvertretend für jene Studien, die die Nachfrage von Organisationen nach externen Informationen untersuchen, wird hier jene von Herget vorgestellt. Herget analysierte in seiner Arbeit Online-Recherchen, die bei einer externen Informationsvermittlungsstelle in einem längeren Zeitraum von 126 Unternehmen durchgeführt wurden. Ein Großteil der Recherchen (71 %) umfasste Technologie-, Patent- und Lizenzdatenbanken. Die Studie kommt zum ernüchternden Ergebnis, dass alle Unternehmen von der Nutzenschwelle von 50 bis 60 Recherchen pro Jahr, ab der das Selbstdurchführen von Online-Recherchen sinnvoll erscheint, um ein Mehrfaches entfernt sind.[433]

Dass auch bei informationsorientierten IM-Studien wettbewerbsorientierte Überlegungen eine Rolle spielen können, zeigt eine Untersuchung in südafrikanischen Unternehmen. Demnach sammeln nur 44 % der befragten Unternehmen Informationen über Konkurrenten. In nur 20 % gab es bewusst geplante Bemühungen hinsichtlich einer laufenden Umweltanalyse. Du Toit zieht schließlich das Resümee, dass in den untersuchten Unternehmen Information nicht zum Erreichen von Wettbewerbsvorteilen eingesetzt wird.[434]

Die meisten empirischen Untersuchungen zum Informationsmanagement wurden wahrscheinlich in der US-amerikanischen Verwaltung durchgeführt. Einen guten Überblick darüber geben Bishop/Doty/McClure. In ihrer Veröffentlichung findet sich ein umfassender Katalog an Kritikpunkten, die aus verschiedenen anderen Studien zusammengestellt wurden. Ein Grundproblem des IM-Konzepts besteht nach Ansicht der Autoren darin, dass einige Grundannahmen des IM-Konzepts (z. B. Kostenaspekt von Information) mit traditionellen Werten der öffentlichen Verwaltung (z. B. Informationsbereitstellung zum Gemeinwohl/Nutzen der Bürger) inkompatibel sind.[435] Einige Jahre nach der Veröffentlichung dieser Untersuchung wurde das Scheitern des „Paperwork Reduction Act" von 1980 allgemein eingestanden, was eine umfassende Überarbeitung des ursprünglichen Gesetzes zur Folge hatte.

---

[432] Vgl. Roberts/Wilson 1987.
[433] Vgl. Herget 1990.
[434] Vgl. du Toit 1998.
[435] Vgl. Bishop/Doty/McClure 1989.

6.3 Untersuchungen auf der Basis eines umfassenden IM-Verständnisses

Es handelt sich hier um Studien, die ein weites Begriffsverständnis von Informationsmanagement im Sinne eines Managements von Information *und* Informationstechnologie haben. Ähnlich wie bei den Ansätzen zum Informationsressourcen-Management wurden diese Studien primär von Vertretern aus den Informationswissenschaften durchgeführt. Die Anzahl derartiger Untersuchungen ist im Vergleich zu Studien zum IT-Management relativ gering. Dem Autor ist keine einzige Studie aus dem deutschsprachigen Raum bekannt. Die wenigen Studien wurden primär in anglo-amerikanischen Ländern durchgeführt, wie zum Beispiel jene von Martin et al.[436]

Hauptziel dieser Untersuchung war es, eine Strategie zu entwickeln, um Top-Manager klarzumachen, dass Informationsmanagement einen Beitrag zur Erreichung der Organisationsziele leisten kann. Aufgrund dieser globalen Zielsetzung ging die Studie nicht zu sehr in die Tiefe. Untersucht wurden der Einsatz von Informationstechnologie, die Verwendung von Information sowie die Praxis des Managements von Information und Informationstechnologie (organisatorische Aspekte, Informationspolitik, Informationsplanung, Methodeneinsatz, Betrachtung von Information als eine Ressource). Die Studie zieht die Schlussfolgerung, dass der Großteil der Manager Information zwar als eine Ressource sieht. Dies alleine reicht aber nicht aus, um die notwendigen Anstrengungen und Investitionen in Kauf zu nehmen, die zur Einführung eines Informationsmanagements erforderlich sind. Es muss allerdings berücksichtigt werden, dass dieses Resümee großteils nur für kleinere und mittlere Unternehmen (fast zwei Drittel der befragten Unternehmen hatte weniger als 250 Mitarbeiter) gilt.

Die Untersuchung von Olaisen hatte primär die Verwendung von externen Informationsquellen in norwegischen Finanzdienstleistungsunternehmen zum Gegenstand. Das Besondere an dieser Untersuchung besteht darin, dass Olaisen zwischen wettbewerbsorientiertem Einsatz von Information und wettbewerbsorientierter Verwendung von Informationstechnologie unterscheidet. Die Auswertung der Ergebnisse der 50 Tiefeninterviews ergab, dass strategischer Einsatz von Information und jener von Informationstechnologie differieren. Während sich der strategische Einsatz von Informationstechnologie primär auf die Bereiche Kundenservice und Kostenreduktion erstreckt, wird Information hauptsächlich für die Verbesserung des Kundenservice und zur Verfolgung von Konzentrationsstrategien verwendet.[437]

Brumm untersuchte die Rolle des Chief Information Officer in den Top-200-Fortune Dienstleistungs- und Industrieunternehmen. Wegen dem zugrunde liegenden Begriffsver-

---

[436] Vgl. Martin/Davies/Titterington 1991.

ständnis (reine EDV-Manager wurden nicht als CIO betrachtet und daher nicht in die Untersuchung einbezogen) wurde diese Studie ebenfalls den Untersuchungen zum umfassenden Informationsmanagement zugeordnet. Wie die Ergebnisse zeigen, dürfte sich das CIO-Konzept zumindest in den größten 200 amerikanischen Dienstleistungs- und Industrieunternehmen etabliert haben. CIOs sind in den Organisationen relativ hoch angesiedelt. Im Durchschnitt ist der CIO nur eine Organisationsebene unter dem Vorstand, wobei die hierarchische Einordnung in den Dienstleistungsunternehmen deutlich höher ist. CIOs sind primär für IT-nahe Tätigkeiten wie unternehmensweites Datenmanagement, Softwareentwicklung, Hardwarebeschaffung, Koordination der Informationssysteme oder Datensicherheit verantwortlich. Die Zuständigkeit für „informationelle" Bereiche wie records management, Bibliothek oder reprografische Dienste ist wesentlich seltener gegeben. Konkret sind nur 38 % der CIOs für die Bibliothek und 33 % für das records management zuständig. Bei den IT-spezifischen Tätigkeiten lagen die Prozentsätze zwischen 70 und 95.[438]

Laut Lewis und Martin hat das IM-Konzept fünf Charakteristika. Es ist integrativ, inhaltsorientiert, auf das Gesamtunternehmen bezogen, dynamisch und strategisch. Um die Gültigkeit ihres IM-Konzepts zu prüfen, führten die Autoren eine schriftliche Befragung bei 200 der größten 800 Industrieunternehmen, 264 Dienstleistungsunternehmen und 36 Organisationen der öffentlichen Verwaltung in Großbritannien durch (Rücklaufquote: 44 %). Ergänzend zur schriftlichen Befragung wurden ca. 30 telefonische und einige persönliche Interviews[439] geführt. Von einer Zufallsstichprobe kann nicht gesprochen werden, da laut den Autoren primär solche Unternehmen ausgewählt wurden, die ein strategisches Informationsmanagement teilweise implementiert oder zumindest Interesse daran hatten.[440] Weiters wurden bei den Dienstleistungsunternehmen und der öffentlichen Verwaltung nur institutionelle ASLIB[441]-Mitglieder angeschrieben.

Die wesentlichen Ergebnisse lassen sich wie folgt zusammenfassen:
- Allgemein positive Reaktion der Praktiker gegenüber dem IM-Konzept: 47 % der Befragten gaben an, dass es für ihre Organisation von Bedeutung sei.
- In 46 % dieser Unternehmen ist das Informationsmanagement dezentral, in 29 % zentral organisiert.
- 38 % der Unternehmen behaupteten, einen Informationsmanager zu haben. Dieser Wert liegt deutlich unter jenem von Brumm. Ein Grund dafür dürfte auch darin liegen, dass die Organisationsgröße bei der Untersuchung von Brumm wesentlich höher war.

---

[437] Vgl. Olaisen 1990.
[438] Vgl. Brumm 1990.
[439] Bezüglich telefonische und persönliche Interviews wurden keine genauen Zahlenangaben gemacht.
[440] Wie diese Auswahl konkret vorgenommen wurde, wurde von den Autoren nicht bekannt gegeben.

- Die Wahrnehmung des IM-Konzepts und die Vorstellungen über seine praktische Umsetzung sind unterschiedlich und hängen von der jeweiligen Berufsgruppe (Bibliothekar/Dokumentar vs. DV-Mitarbeiter vs. Manager) ab. Es gibt aber auch eine Reihe von Gemeinsamkeiten, wie Anerkennung
  - des Wertes der Informationsressourcen,
  - der Notwendigkeit eines umfassenden IT-Einsatzes sowie
  - des Bedarfs von Information und Informationstechnologie zum Erreichen der Organisationsziele.
- Das Ausmaß, in dem ein integrativer IM-Ansatz verfolgt wurde, unterscheidet sich von Unternehmen zu Unternehmen stark.
- Bei der Implementierung des Informationsmanagements wurden folgende Probleme genannt:
  - dem Informationsmanagement fehlt die Unterstützung durch die Unternehmensleitung,
  - durch die Neuheit des Konzepts fehlen bewährte Methoden und Vorgehensweisen,
  - zu starke Technikorientierung und
  - mangelnde Bereitschaft im Unternehmen, Informationen zu teilen.[442]

Wenn auch die Untersuchung von Lewis und Martin einige interessante Erkenntnisse bringt, so muss doch an der methodischen Vorgehensweise Kritik geübt werden. Das Hauptproblem bestand darin, dass die Fragebögen in den einzelnen Unternehmen (es wurde ein Fragebogen an jedes Unternehmen versandt) unkontrolliert von einem sehr heterogenen Personenkreis beantwortet wurden. Möglicherweise wurde der Fragebogen oft nicht vom geeignetsten Mitarbeiter ausgefüllt. Das würde auch die zum Teil hohen Antwortverweigerungen erklären. Beispielsweise wurden die Fragen nach der organisatorischen Einordnung des Informationsmanagements nur von 56 (25 %) und nach der Ausbildung des Informationsmanagers gar nur von 42 Mitarbeitern (19 %) beantwortet. Die Ergebnisse dieser Untersuchung sind daher mit Vorsicht zu betrachten. Es ist überhaupt fraglich, ob bei Untersuchungen, die einen umfassenden IM-Ansatz verfolgen, aufgrund der damit verbundenen Probleme, in den einzelnen Organisationen den jeweils kompetenten Ansprechpartner adressieren zu können, eine große Stichprobe bzw. Grundgesamtheit sinnvoll ist.

Die wohl fundierteste Untersuchung, der ein umfassendes IM-Verständnis zugrunde liegt, ist jene von Bergeron. Ausgangspunkt der Untersuchung waren folgende drei Forschungsfragen:

---

[441] ASLIB - The Association for Information Management, London.

1. Wie wird das IM-Konzept durch Informationsmanager und ihre Vorgesetzten wahrgenommen?

2. In welchem Ausmaß wird Informationsmanagement in den untersuchten Unternehmen praktiziert?

3. Welche Faktoren sind bei der Implementierung eines Informationsmanagements förderlich, welche Faktoren behindern dessen Einführung?

Aufgrund der Vagheit des IM-Konzepts und der geringen Anzahl an vorliegenden empirischen Arbeiten (mit einer ähnlichen Schwerpunktsetzung) entschied sich Bergeron für die Durchführung einer qualitativen Untersuchung. Basierend auf einem Interviewleitfaden wurden die Leiter aller Informationsfunktionen sowie ihre Vorgesetzten befragt. Als Informationsfunktion wurden alle jene Organisationseinheiten betrachtet, die primär mit Information bzw. Informationstechnologie zu tun hatten. Konkret waren dies EDV-Abteilung, Telekommunikationsabteilung, Bibliothek und Informationsvermittlungsstelle, records management sowie Umweltanalyse/Konkurrenzbeobachtung. Es wurde nicht vorausgesetzt, dass die Informationsfunktionen unter der Leitung eines CIO integriert sind. Die Stichprobe umfasste acht Unternehmen mit einer Größe von 400 bis über 10000 Mitarbeiter (Median: 7300) im Großraum Montreal, wobei jeweils vier Unternehmen dem Dienstleistungs- bzw. Industriesektor zuzuordnen waren. Insgesamt wurden 45 Mitarbeiter unterschiedlicher Informationsfunktionen und 14 Vorgesetzte von ihnen interviewt.

Die Hauptergebnisse lassen sich wie folgt zusammenfassen:

- Die fünf Schlüsselfaktoren des Informationsmanagements sind:
  - Informationssuche und –verwendung,
  - Informationsinhalt,
  - Informationsvermittlung,
  - Ressource Information und
  - Informationsunterstützung.

- Bei den untersuchten Unternehmen gab es keinen Konsens über diese Schlüsselfaktoren. Die einzelnen Informationsfunktionen und ihre Vorgesetzten sehen Informationsmanagement von ihrer jeweiligen Perspektive, ohne sich bewusst zu sein, dass sich diese Sichtweisen ergänzen.

- Die „IM-Indikatoren" – diese wurden auf Basis einer Literaturanalyse ermittelt - waren in den acht untersuchten Unternehmen unterschiedlich stark ausgeprägt. In den meisten Unternehmen war das Informationsmanagement aber nur „bruchstückhaft" implementiert. Hingegen ist in den Unternehmen mit der höchsten Informations-

---

[442] Vgl. Lewis/Martin 1989.

kompetenz ein integriertes Informationsmanagement stärker etabliert. In diesen Unternehmen war auch die Einbindung der Endbenutzer in das Informationsmanagement stärker. In ihnen entwickelt sich das Informationsmanagement in Richtung gemeinsame Verantwortlichkeit von Informationsfunktionen und Endbenutzern.

- Insgesamt wurden 13 Faktoren, die die Implementierung eines Informationsmanagements erschweren (fehlende Ressourcen, Unternehmensgröße, zu starke technische Ausrichtung, Datenüberflutung, usw.), und 15 Faktoren, die diese erleichtern (Kundenorientierung, vorhandene Informationskompetenz, Unterstützung durch Unternehmensführung, usw.) identifiziert.[443]

Wie dieses Unterkapitel zeigte, liegt mittlerweile schon eine Reihe von Studien zum Informationsmanagement vor. Diese unterscheiden sich aber erheblich bezüglich Untersuchungsinhalte, Erhebungs- und Auswertungsmethoden, Theoriegehalt, Zeitbezug sowie Grundgesamtheit, Stichprobenumfang und Stichprobenauswahl. Die inhaltliche Schwerpunktsetzung spiegelt im Wesentlichen die bei der Literaturanalyse vorgenommene Einteilung wider. Dem entsprechend kann man zwischen Studien differenzieren, denen ein technologieorientiertes, ein informationsorientiertes oder ein umfassendes IM-Verständnis zugrunde liegt.

Studien zum technologieorientierten Informationsmanagement untersuchen das Management der Datenverarbeitung. Ein Teil dieser Studien widmet sich mehr oder weniger stark strategischen Aspekten des IT-Einsatzes. Untersuchungen zum informationsorientierten Informationsmanagement setzen sich stärker mit dem Informationsverhalten und der Verwendung externer Information auseinander. Studien mit einem umfassenden IM-Verständnis berücksichtigen beide Aspekte (Information und Informationstechnologie). Derartige Studien wurden vor allem in anglo-amerikanischen Ländern durchgeführt. Aus dem deutschsprachigen Raum ist dem Autor dazu keine Untersuchung bekannt. Dieses Manko soll mit der im Rahmen dieser Arbeit durchgeführten empirischen Studie zumindest teilweise behoben werden.

---

[443] Vgl. Bergeron 1997, S. 11 ff.

Autor/Ansatz[444]	Ziel	Grundgesamtheit/Stichprobe	Methode	Hauptergebnisse/Schlussfolgerungen
Guimares 1985 (IT-Management)	Status-quo des IM-Konzepts in jenen Unternehmen, die es eingeführt haben	- 35 DV-Manager, die ein Seminar über „Management der Endbenutzer-Datenverarbeitung" besucht haben plus 6 DV-Manager, deren Unternehmen IM eingeführt hatte - großteils KMU, 7 Unternehmen mit mehr als 1000 Mitarbeiter	mündliche Befragung	IM-Konzept ist großteils unklar der Großteil der Unternehmen erfüllte die Bedingungen, die an ein etabliertes IM gestellt wurden, nicht Hauptgründe für geringe Implementierung: 1) mangelnde Kenntnis durch DV-Manager, 2) Widerstand der Unternehmensführung
Meyer-Piening 1986 (strategisches IT-Management)	Stand der Anwendung und künftigen Entwicklungstendenzen des IM und der IT	- Top-500 Unternehmen in der BRD (alte Bundesländer) plus 440 KMU in Baden-Würtemberg - Rücklauf: über 330 Fragebögen	schriftliche Befragung	- erfolgreiche Unternehmen haben beim IT-Einsatz andere Zielprioritäten als weniger erfolgreiche und eine hohe Korrelation zwischen Zielen und IT-Beitrag - erfolgreiche Unternehmen beurteilen die eingesetzte Technologie positiver als durchschnittliche Unternehmen - die Unterstützung durch die Unternehmensleitung und der Kenntnisstand der Führungskräfte über IT-Einsatzperspektiven sind die wichtigsten Erfolgsfaktoren - erfolgreiche Unternehmen geben nicht signifikant mehr Geld für IT aus, sondern dieses wirkungsvoller
Kreuz/Schöller 1991 (strategisches IT-Management)	Vergleich mit der Studie von Meyer-Piening[445]; in wie weit war es den damals untersuchten Industrieunternehmen gelungen, die bestandenen Hemmnisse für ein erfolgreiches IM zu überwinden und die Möglichkeiten beim	über 400 ausgewertete Fragebögen von Unternehmen aus unterschiedlichen Industriebranchen in Großbritannien und Irland	schriftliche Befragung; Folgestudie nach einer 6 Jahre zuvor durchgeführten empirischen Untersuchung (siehe Meyer-Piening 1986)	- Unternehmen gaben zum Zeitpunkt der Folgeuntersuchung an, einen weitaus größeren Nutzen aus dem IT/IM-Einsatz zu ziehen als noch 1984 - die Nutzenpräferenzen haben sich signifikant verschoben: - Die Erzielung von Produktivitätssteigerungen durch den IT-Einsatz hat an Bedeutung verloren.

Tabelle 6.1/1: Informationsmanagement-Studien mit einem technologieorientierten IM-Verständnis

[444] Die Zuordnung der Studien zu den verschiedenen IM-Ansätzen erfolgte auf der Grundlage der Literaturanalyse.
[445] Vgl. Meyer-Piening 1986.

Autor/Ansatz[44]	Ziel	Grundgesamtheit/Stichprobe	Methode	Hauptergebnisse/Schlussfolgerungen
	Einsatz moderner IT zu nutzen			- Bessere Managementinformation und bessere Erfüllung der Kundenanforderungen werden nunmehr erheblich wichtiger eingestuft. - Es setzt sich insbesondere bei erfolgreichen Unternehmen zunehmend die Erkenntnis durch, dass die IT-/IM-Strategie in die Unternehmensstrategie zu integrieren ist.
Krcmar/Federmann 1990 (strategisches IT-Management)	Unterschiede zwischen DV- und Unternehmensleitung bzgl. der Einschätzung der Bedeutung der IT für das Erreichen der Marktziele	- die 1000 umsatzstärksten Unternehmen (800 Industrie, 70 Handel, 70 Banken, 60 Versicherungen) in der BRD (alte Bundesländer) plus 1000 baden-württembergische Unternehmen - pro Unternehmen wurden die DV-Leitung und ein Mitglied der Geschäftsführung angeschrieben - Rücklaufquote: 30 % (252 DV-Leiter, 74 Mitglieder der Geschäftsleitung)	schriftliche Befragung	- IM ist eine komplexe Aufgabe - Aussagen, dass zwischen Unternehmensleitung und DV-Leitern große Unterschiede bestehen, lassen sich nicht so einfach bestätigen - als wichtigste Schlüsselfaktoren für einen erfolgreichen IT-Einsatz wurden genannt: Datensicherheit, geeignetes DV-Personal, Datenintegration/qualität, wettbewerbliche Aspekte der DV-Nutzung und strategische Planung - Aufgaben, die als wichtig und schwierig angesehen wurden, waren: geeignetes DV-Personal, wettbewerbliche Aspekte des DV-Einsatzes und strategische Planung
Krcmar 1992 (strategisches IT-Management)	wie bei Krcmar/Federmann 1990, Unterschied: diese Studie zielt auf mittelständische Unternehmen und den Vergleich mit Großunternehmen ab	- 1000 Mitgliedsfirmen der Industrie- und Handelskammer Mittlerer Neckar, Sitz Stuttgart - Unternehmensgröße zwischen 50 und 1000 Mitarbeiter - Rücklauf: 11,4 %	schriftliche Befragung	- Problembewusstseinsprofile von DV-Leitern im Mittelstand und jenen in Großunternehmen weichen signifikant voneinander ab - weitere Unterschiede bestehen in einer wesentlich stärkeren Kostenorientierung und einer deutlich geringeren Einschätzung des Selbstwertes der DV-Leiter in Mittelstandsunternehmen
Pfeiffer 1990 (strategisches IT-Management)	- gegenwärtige und zukünftige Bedeutung der IT - Aspekte des IM: Informationsstrategie, Aufgaben, Aufbauorganisation - Rahmenbedingungen, die IT, Informationsstrategie und IM in ihrer betrieblichen Anwendung beeinflussen	- Grundgesamtheit: Großunternehmen unterschiedlicher Branchen - 407 Fragebögen versandt, Rücklauf: 176 Fragebögen (43 %)	schriftliche Befragung	- 6 % der Organisations-/EDV-Leiter sind auf Vorstands-, 25 % auf Abteilungsleiter- und 69 % auf Bereichsleiterebene angesiedelt - zum Zeitpunkt der Untersuchung wurden zentrale Technologien bevorzugt, zukünftig gewinnen dezentrale Technologien an Bedeutung - ein hoher oder niedriger IT-Einsatz weist keinen Bezug zum Unternehmenserfolg auf - gegenwärtig sind ökonomische, zukünftig marktorientierte Technologieziele dominierend

Tab. 6.1/2: Informationsmanagement-Studien mit einem technologieorientierten IM-Verständnis

Autor/Ansatz[444]	Ziel	Grundgesamtheit/Stichprobe	Methode	Hauptergebnisse/Schlussfolgerungen
				- folgende Informatikstrategien werden verfolgt: etwas weniger als die Hälfte der Unternehmen – moderate Entwicklungsstrategie, 28 % - Momentumstrategie, ein Fünftel – intensive Entwicklungsstrategie, 10 % - Defensivstrategie - Aufgaben des IM nehmen in ihrer Intensität von der operativen zur strategischen Ebene ab
O'Brien/Morgan 1991 (strategisches IT-Management) (IM-Konstrukt)	Analyse von Akzeptanz und Implementierung des von den Autoren entwickelten IM-Konzepts	- 87 Unternehmen (unterschiedlicher Branchen) in Phoenix und Arizona - Fragebogen an Leiter der Abteilung Informationssysteme adressiert - Rücklauf: 36 Fragebögen	schriftliche Befragung	- beim vorgeschlagenen IM-Konstrukt mit den 5 Dimensionen Ressourcen-, Technologie-, funktionales, strategisches und verteiltes Management wurden von den Befragten alle Dimensionen als zentrales Element von IM angesehen - die stärkste Zustimmung fand die These, dass Information eine Unternehmensressource ist (Ressourcenmanagement) - viele Unternehmen implementieren aktiv Prozeduren und Politiken, die mit den einzelnen Dimensionen des IM-Modells in Verbindung gebracht werden können
Behme/Ohlendorf 1992 (IT-Management)	- Informationssammlung, -auswertung und –weitergabe in der betrieblichen Praxis - untersuchte Problembereiche: - IT - Informationsverarbeitung - Metainformationssysteme	- 500 größten Industrie-, Handels- und Dienstleistungsunternehmen sowie Banken und Versicherungen in der BRD (alte Bundesländer) - Ansprechpartner: Leiter der Organisations- und/oder DV-Abteilung - Rücklaufquote: 26 %	schriftliche Befragung	- Workstations, Bürokommunikation und Verwendung von PCs haben im Bereich der IT das größte Zukunftspotential - externe Datenbanken werden von vielen Unternehmen nicht genutzt - einem Unternehmensdatenmodell wird von den meisten Unternehmen eine geringe oder mäßige Bedeutung beigemessen - Datensammlung, -haltung, -verarbeitung und –weitergabe erfolgen in unterschiedlichen Unternehmensbereichen - Schwerpunkt beim Data Dictionary-Einsatz liegt in den Bereichen Softwareerstellung und administrative Informationssysteme Forderung nach Dezentralisierung der IV

Tab. 6.1/3: Informationsmanagement-Studien mit einem technologieorientierten IM-Verständnis

	Untersuchungsinhalte	Rücklauf / Stichprobe	Methode	Ergebnisse
Hildebrand 1992 (strategisches IT-Management)	Untersuchungsinhalte: - Strategien der Informationsverarbeitung - Anwendungen - Technologie - Organisation und Personal	- Rücklauf: 191 Fragebögen (5 %) - Zusammensetzung: Industrie: 43 %, Banken: 13 %, Versicherungen: 8 %, öffentliche Verwaltung: 9 %, Sonstige; durchschnittliche Unternehmensgröße: 5300 Mitarbeiter	schriftliche Befragung, großteils geschlossene Fragen	- hohe Bedeutung der Kopplung von Unternehmens- und IV-Strategie erkannt, aber noch nicht umgesetzt - bei Anwendungen Trend zur Standardsoftware - Informationsmanager in den meisten Unternehmen nach wie vor auf der 2. Führungsebene - Fazit: das Management der Informationssysteminfrastruktur hat in vielen Fällen noch nicht seine Bedeutung erkannt
Lehner 1993	Erhebung und Auswertung von Daten über die Informationsinfrastruktur, das Vorgehen bei der Planung sowie die Entwicklung und den Inhalt von Informatikstrategien	- 1200 Organisationen im Raum Wien, Niederösterreich, Oberösterreich und Salzburg aus unterschiedlichen Branchen sowie der öffentlichen Verwaltung - Rücklauf: 94 Fragebögen (8 %), 65 % der antwortenden Unternehmen hatten weniger als 250 Mitarbeiter	schriftliche Befragung	- zunehmende Akzeptanz von Standardsoftware, wo immer dies sinnvoll und möglich ist; in großen Unternehmen und Unternehmen mit großen EDV-Abteilungen dominiert jedoch die Eigenentwicklung - mehr als die Hälfte der Unternehmen verfügt über eine Informatikstrategie - in zwei Drittel der Unternehmen erfolgt eine Abstimmung zwischen DV-Planung und strategischer Unternehmensplanung - lediglich in 7 von 50 Unternehmen mit einer vorhandenen Informatikstrategie arbeiten mehrere Stellen bei deren Entwicklung zusammen - die Bedeutung der strategischen DV-Planung bzw. Informatikstrategie wurde erkannt, die Wahrnehmung der damit zusammenhängenden Aufgaben hinkt aber noch hinterher

Lewis/Snyder/Rainer 1995 (IT-Management) (IM-Konstrukt)	Definition und Operationalisierung eines IM-Konstrukts durch Entwicklung eines validen und reliablen Messinstruments	1. wissenschaftliche und praxisorientierte Zeitschriften und Bücher im Bereich von MIS/Wirtschaftsinformatik und anderen Disziplinen (Auswahlkriterium wurde nicht bekanntgegeben)
		2. 10 MIS-Praktiker und 3 Wissenschaftler
		3. 470 der Top-1000 Fortune Unternehmen
			1. Inhaltsanalyse der IM-Literatur Ergebnis: Komponenten des IM-Konstruktes
			2. schriftliche Befragung Ergebnis: für IM-Konstrukt als wichtig empfundene Komponenten
			3. schriftliche Befragung
				- IM ist ein tragfähiges Konstrukt:
				  - sein „Geltungsbereich" kann beschrieben werden
				  - das Ausmaß der IM-Implementierung kann reliabel gemessen werden
				- IM ist mehrdimensional. Es umfasst folgende 8 Dimensionen:
				  - CIO
				  - Planung
				  - Sicherheit
				  - IT-Integration
				  - Beratungsausschüsse
				  - Unternehmensmodell
				  - Informationsintegration und –austausch

Tab. 6.1/4: Informationsmanagement-Studien mit einem technologieorientierten IM-Verständnis

		Rücklauf: 150 Fragebögen, 32 %	Auswertung: Faktorenanalyse Ergebnis: IM-Konstrukt mit 8 Dimensionen	- Datenadministration
Yang 1996[446] (IT-Management) (IM-Konstrukt)	- IM-Schlüsselfaktoren in Taiwan - Beziehung zwischen demografischen Variablen und Bedeutung der IM-Schlüsselfaktoren - Vergleich der Ergebnisse mit den zuvor durchgeführten US-Studien	- 748 Fragebögen, versandt an Top-100 Unternehmen, KMU, Organisationen der öffentlichen Verwaltung und Mitglieder der „Information Manager Association" in Taiwan; - Rücklaufquote: 44 %, jeweils ein Drittel Großunternehmen, KMU und Sonstige	Datenerhebung: - schriftliche Befragung - nachfolgende mündliche Befragungen Auswertung: - Reliabilitätstest - Repräsentativitätstest - Faktorenanalyse - Varianzanalyse	- jene IM-Schlüsselfaktoren, die den „Faktor" „strategische Planung, Organisation und Kommunikation" bilden, vor allem interne Kommunikation mit dem Top Management und den Endbenutzern, sind in Taiwan am wichtigsten - verschiedene demografische Variable ändern die Reihung der IM-Schlüsselfaktoren nicht signifikant, sie haben aber Auswirkungen auf einzelne Schlüsselfaktoren - zwischen den USA und Taiwan gibt es größere Unterschiede bezüglich der Reihung der IM-Schlüsselfaktoren
Schellmann 1997 (IT-Management)	- umfassende Darstellung der aktuellen Situation der betrieblichen Praxis des IM - Aufzeigen von Entwicklungstendenzen des IM in der Praxis	69 Unternehmen kontaktiert, 44 (66 %) erklärten ihre Antwortbereitschaft, darunter 36 Großunternehmen unterschiedlicher Branchen und 8 Systemhäuser	mündliche Interviews (durchschnittliche Interviewdauer: 2 ¾ Stunden)	- die Problembereiche der ersten Hälfte der 80er Jahre (v. a. unzureichende Planung, Durchführung und Kontrolle von IV-Projekten) stellen heute keine zentralen Punkte des IM dar; strategische Aspekte der Informationsverarbeitung werden nach wie vor vernachlässigt - zunehmende Anwendereinbeziehung und wachsende Verbreitung von verteilten und endbenutzerorientierten Systemen - die wichtigsten Aufgaben des IM-Bereichs werden in Zukunft in der Entwicklung von Daten-, Anwendungs- und Technologiearchitekturen liegen

Tab. 6.1/5: Informationsmanagement-Studien mit einem technologieorientierten IM-Verständnis

[446] Die Untersuchung von Yang wird stellvertretend für die mittlerweile recht große Zahl an sogenannten „IM issues"-Studien vorgestellt.

Autor/IM-Ansatz[47]	Ziel	Grundgesamtheit/Stichprobe	Methode	Hauptergebnisse/Schlussfolgerungen
Roberts/Wilson 1987 (Endbenutzerorientierung)	Ermittlung von Persönlichkeitsfaktoren, die signifikante Auswirkungen auf das Informationsverhalten und damit auf die praktische Umsetzung des IM haben	71 Produktionsunternehmen	Interviews mit Managern	- die 5 wichtigsten Persönlichkeitsfaktoren sind: - persönliche Neigung gegenüber Informationsverwendung - Empfänglichkeit gegenüber Externalitäten - strategische Orientierung - Erkennen, dass (interne und externe) Information eine Einheit ist - organisiertes und systematisches Vorgehen - der Großteil der Manager legt kein positives Informationsverhalten an den Tag - trotzdem waren die meisten Manager mit der bestehenden Form der Beschaffung und Verwendung von internen und externen Informationen zufrieden. Dies wurde damit begründet, dass der Großteil der Informationen durch Erfahrung und persönliche Kontakte erworben wird.
Bishop/Doty/McClure 1989 (IRM)	Beurteilung der Effektivität von IRM in der US-Bundesverwaltung	zentrale Aufsichtsbehörden (OMB, GSA, GAO), die für die Entwicklung von IRM-Richtlinien verantwortlich waren (keine Angabe über die Anzahl der durchgeführten Interviews)	- halbstrukturierte Interviews - Dokumentenanalyse	- eine Reihe von Kritikpunkten am IRM, u. a.: - widersprüchliche Informationsrichtlinien (information policies) - Überbetonung von Kosteneinsparungen gegenüber einer Nutzenmaximierung - falsches Verständnis des IRM-Konzepts - ungenügende Integration der IRM-Funktionen auf der Ebene der Bundesbehörden - IM ist nicht ausreichend mit Zweck und Management der Bundesbehörden abgestimmt - bessere Planung erforderlich - einige IM-Probleme sind auch typisch für die Privatwirtschaft, einige dürften ihre Ursachen aber im Widerspruch von einigen

Tab. 6.2/1: Informationsmanagement-Studien mit einem informationsorientierten IM-Verständnis

[47] Die Zuordnung der Studien zu den verschiedenen IM-Ansätzen erfolgte auf der Grundlage der Literaturanalyse.

Autor/IM-Ansatz[447]	Ziel	Grundgesamtheit/Stichprobe	Methode	Hauptergebnisse/Schlussfolgerungen
				Grundannahmen des IRM-Konzepts (z. B. Information ist kein freies Gut) mit traditionellen Werten der öffentlichen Verwaltung (z. B. dem Land zu dienen – dadurch ergibt sich der Wert von Information aus dem Nutzen für den Bürger) haben
Herget 1990 (externe Informationsbeschaffung)	Erforschung der tatsächlichen Informationsnachfrage (nach Online-Datenbanken) und des Informationsverhaltens von Unternehmen	Auswertung sämtlicher Informationsrecherchen bei einer Informationsvermittlungsstelle, die in einem bestimmten Zeitraum durchgeführt wurden: 126 Unternehmen (ca. 80 % KMU)	Inhaltsanalyse von schriftlichen Materialien (Rechercheaufträge) einer Informationsvermittlungsstelle, die in einen halbstandardisierten Erhebungsbogen übernommen wurden	- alle Unternehmen sind von der Nutzenschwelle von 50 – 60 Recherchen pro Jahr für das Selbstdurchführen von Online-Recherchen um ein Mehrfaches entfernt - besondere Eignung wird den Online-Datenbanken vor allem im Bereich technologische Informationen und im Bereich Patente, Lizenzen (zusammen 71 % aller Recherchen) beigemessen - eine Aufbereitung der Ergebnisse der Informationsrecherchen durch die Informationsvermittlungsstelle fand nur in wenigen Fällen (16 %) statt
du Toit 1998 (informationelle Umfeldanalyse)	(strategische) Verwendung von Information in südafrikanischen Unternehmen	- südafrikanische Unternehmen (Gauteng-Provinz) mit mehr als 200 Mitarbeitern - daraus Zufallsstichprobe von 246 Unternehmen - Rücklauf: 172 Fragebögen (70 %)	schriftliche Befragung	- nur 44 % der Befragten sammeln Informationen über Konkurrenten - in nur 20 % gab es bewusst geplante Bemühungen zur Umweltanalyse (environmental scanning) - obwohl IM in südafrikanischen Unternehmen praktiziert wird, wird Information nicht zum Erreichen von Wettbewerbsvorteilen eingesetzt - Empfehlung, IM effektiver mit den anderen Unternehmensfunktionen zu integrieren, damit es eine strategische Managementfunktion wird

Tab. 6.2/2: Informationsmanagement-Studien mit einem informationsorientierten IM-Verständnis

Autor/IM-Ansatz[448]	Ziel	Grundgesamtheit/Stichprobe	Methode	Hauptergebnisse/Schlussfolgerungen

Lewis/Martin 1989 (IRM/strategisch)	„to gain some insight into the practical validity of the concept ..." (im Sinne eines umfassenden, inhaltsorientierten, unternehmensweiten, dynamischen und strategischen Managementansatzes)	- Stichprobe: 200 der größten 800 Industrieunternehmen in GB, 264 Dienstleistungsunternehmen, 36 Organisationen der öffentlichen Verwaltung; bei Dienstleistungsunternehmen und öffentlicher Verwaltung ausschließlich ASLIB-Mitglieder
		- Bestimmung der Stichprobe: primär solche Unternehmen, die ein strategisches IM teilweise implementiert oder zumindest Interesse daran hatten
		- Rücklaufquote: 44 %
			schriftliche Befragung, ergänzend dazu „fast" 30 telefonische und „einige" persönliche Befragungen	- allgemein positive Reaktion der Praktiker auf das IRM-Konzept: 47 % der Befragten gaben an, dass es für ihre Organisation von Bedeutung ist
				- die Wahrnehmung des IRM-Konzepts und die Vorstellungen über seine praktische Umsetzung sind unterschiedlich und hängen von der jeweiligen Berufsgruppe (Bibliothekare/Dokumentare vs. DV-Mitarbeiter vs. Manager) ab; es gibt aber auch eine Reihe von Gemeinsamkeiten, wie Anerkennung
				  - des Wertes von Informationsressourcen
				  - eines umfassenden IT-Einsatzes
				  - des Bedarfs von Information und IT zum Erreichen der Organisationsziele
				- das Ausmaß, in dem ein integrativer IM-Ansatz verfolgt wurde, unterscheidet sich von Unternehmen zu Unternehmen stark
				- Management von Information für strategische Zwecke ist nicht sehr weit verbreitet, gewinnt aber an Bedeutung

Olaisen 1990 (IRM/strategisch)	- Wahrnehmung des Konzepts des Informationsressourcen-Managements in norwegischen Finanzdienstleistungsunternehmen - Verwendung von externen Informationen	1. Banken mit mehr als 35, Versicherungen mit mehr als 12 und Finanzdienstleistungsunternehmen mit mehr als 5 Angestellten; insgesamt 500 Manager, jeweils von Zentrale und Filialen; Rücklaufquote: 65 % 2. 50 Manager: 20 von Kommerzbanken, 20 von Versicherungen	Ad 1) schriftliche Befragung Ad 2) Tiefeninterviews mit halbstrukturiertem	- IRM wird als Konzept eine geringe Bedeutung beigemessen; Hauptgrund: Schwierigkeit, den Nutzen für die Organisation zu quantifizieren - primär verwendete externe Informationsquellen: norwegische Wirtschaftszeitschriften und -zeitungen - Bereitschaft, für externe Informationen zu zahlen, ist bei speziellen und qualitativ hochwertigeren Informationen höher

Tab. 6.3/1: Informationsmanagement-Studien mit einem umfassenden IM-Verständnis

[448] Die Zuordnung der Studien zu den verschiedenen IM-Ansätzen erfolgte auf der Grundlage der Literaturanalyse.

Autor/IM-Ansatz[448]	Ziel	Grundgesamtheit/Stichprobe	Methode	Hauptergebnisse/Schlussfolgerungen
		und 10 von so. Finanzdienstleistern	Fragebogen	- unterschiedliche Anwendungsgebiete von strategischem Einsatz von Information und strategischem Einsatz von IT
Brumm 1990 (IRM/strategisch)	Rolle des CIO in Dienstleistungs- und Industrieunternehmen	- Top-200 Fortune Dienstleistungs- und Industrieunternehmen - Adressaten: CIO, falls dieser als solcher identifiziert wurde; sonst EDV-Leiter oder Geschäftsleitung mit der Bitte, den Fragebogen an den kompetentesten Mitarbeiter weiterzuleiten - vom Rücklauf (81 %) wurden nur solche Fragebögen in die Analyse einbezogen, die (vorher an einen CIO gestellten) Kriterien erfüllten (111 Fragebögen)	schriftliche Befragung	- CIO-Konzept hat Fuß gefasst: 70,5 % der Unternehmen gaben an, einen CIO zu haben - CIOs nehmen primär das IT-Management wahr, die Zuständigkeit für informationsorientierte Belange (Bibliothek, Schriftgutmanagement, Reprografie, etc.) ist deutlich seltener gegeben - CIOs sind in der Organisation relativ hoch angesiedelt (im Durchschnitt nur eine Ebene zwischen Vorstandsdirektor und CIO); die hierarchische Einordnung ist in Dienstleistungsunternehmen höher mehr als die Hälfte der CIOs nimmt zumindest an 50 % der Unternehmensstrategie-Sitzungen teil; bei Dienstleistungsunternehmen spielt der CIO bei der Entwicklung der Unternehmensstrategie eine noch wichtigere Rolle - 90 % der Unternehmen setzen Computeranwendungen zur Erzielung von Wettbewerbsvorteilen ein
Martin/Davies/ Titterington 1991 (IRM)	- allgemeine Einstellung gegenüber der Aussage „Information ist eine Ressource" - formale Integration von Information und IT	- 700 Unternehmen, jeweils 175 in Belfast, Cardiff, Glasgow und Manchester; < 250 Mitarbeiter: 64%, > 1000 Mitarbeiter: 12 % - Rücklaufquote: 46 %	1. schriftliche Befragung, Fragebogen an Geschäftsleitung adressiert 2. nachfolgende Diskussionen mit Managern	- Großteil der Manager sieht sowohl beim IT-Einsatz als auch bei der Verwendung von Information Schwachstellen - Großteil der Unternehmen sieht Information als eine Ressource und die Vorteile von IRM - dies ist allerdings nicht ausreichend, die nötigen Anstrengungen und Investitionen in Kauf zu nehmen, um das IRM-Konzept in die Tat umzusetzen

Bergeron 1995 (IRM)	- Wahrnehmung des IM-Konzepts durch Informationsmanager und ihre Vorgesetzten
	- Ausmaß, in dem IM in den untersuchten
		8 Unternehmen mit mehr als 400 Mitarbeitern (Median: 7300), jeweils 4 Industrie- und 4 Dienstleistungsunternehmen im Großraum Montreal	- mündliche Befragung basierend auf einem Interviewleitfaden, befragt wurden die Leiter aller Infor-	- die 5 Schlüsselfaktoren von IM sind:
				  - Informationssuche und -verwendung
				  - Informationsinhalt
				  - Informationsvermittlung
				  - Ressource Information
				  - Informationsunterstützung;

Tab. 6.3/2: Informationsmanagement-Studien mit einem umfassenden IM-Verständnis

Autor/IM-Ansatz[448]	Ziel	Grundgesamtheit/Stichprobe	Methode	Hauptergebnisse/Schlussfolgerungen
	Unternehmen praktiziert wird - Faktoren, die die Implementierung von IM fördern/behindern		mationsfunktionen (EDV-Abteilung, Bibliothek, Schriftgutmanagement, ...) sowie ihre Vorgesetzten - Dokumentenanalyse	innerhalb der untersuchten Unternehmen gab es keinen Konsens über diese Schlüsselfaktoren - die IM-Indikatoren waren in den 8 untersuchten Unternehmen unterschiedlich stark ausgeprägt; in den meisten Unternehmen war IM aber nur „bruchstückhaft" implementiert; hingegen entwickeln sich die Unternehmen mit der höchsten Informationskompetenz in Richtung eines integrierten IM - insgesamt wurden 13 Faktoren, die die Implementierung von IM erschweren, und 15, die diese erleichtern, identifiziert

Tab. 6.3/3: Informationsmanagement-Studien mit einem umfassenden IM-Verständnis

7 Informationsmanagement in österreichischen Großunternehmen der Banken-, Versicherungs- und Automobilbranche

7.1 Forschungsplan

Wie im vorigen Kapitel gezeigt wurde, gibt es mittlerweile eine Reihe von empirischen Untersuchungen zum Informationsmanagement. Während aber speziell die Praxis des IT-Managements relativ gut untersucht wurde, gibt es nur wenige Studien, denen ein umfassendes IM-Verständnis zugrunde liegt. Mit der hier vorliegenden Untersuchung soll das Wissen darüber erweitert werden.

Die Untersuchung setzt zum Teil bei der Studie von Bergeron[449] auf. Diese bietet, nicht zuletzt aufgrund ihres qualitativen Charakters, einen reichen Fundus an interessanten Ergebnissen. Die Interessantesten davon sollen aufgegriffen und weiterentwickelt werden. Das impliziert aber, dass die hier vorliegende Untersuchung stärker quantitativ angelegt ist. Dadurch sollen detailliertere Auswertungen möglich sein. Neben der Studie von Bergeron fließen aber auch noch Teilaspekte von einigen anderen Untersuchungen in die Konzeptualisierung ein.

7.1.1 Konzeptualisierung

Bevor die zu untersuchenden Forschungsfragen und die darauf basierende Operationalisierung vorgestellt werden, soll zunächst das der Studie zugrunde liegende Begriffsverständnis von Informationsmanagement dargelegt werden.

7.1.1.1 Dimensionen des Informationsmanagements

Speziell bei der szientometrischen Studie wurden Information und Informationstechnologie als zwei Dimensionen des Informationsmanagements identifiziert. Dem entsprechend basiert die hier vorliegende Arbeit auf einem umfassenden IM-Verständnis. In diesem Sinne lässt sich Informationsmanagement definieren als „... integrative management function that is concerned with formal information flow holdings within an organization; with both internal

---

[449] Vgl. Bergeron 1995.

and external information; and with computer-based and non-computer-based information systems."[450]

Ziel des Informationsmanagements ist es, „... to put in place mechanisms to enable the organisation to acquire or produce, and transfer, at minimum cost, data and information of sufficient quality, accuracy and timeliness, ..."[451] Das Informationsmanagement soll dabei

- andere Organisationsmitglieder vom Informationshandeln entlasten bzw.
- Organisationsmitglieder das selbständige Informationshandeln erleichtern.[452]

Der Nutzer ist also letztlich der Zweck des Informationsmanagements. Diesem Umstand wird durch eine Reihe von IM-Konzepten Rechnung getragen.[453] Für Lytle besteht ein wichtiger Grundsatz des Informationsmanagements darin, die Verantwortlichkeit für Daten und Informationstechnologie möglichst nahe beim Endbenutzer anzusiedeln.[454] Herget fordert in diesem Zusammenhang eine Neuorientierung im betrieblichen Informationsmanagement: den qualifizierten, emanzipierten Benutzer.[455] Am stärksten wird dies durch Wersig zum Ausdruck gebracht: „Mit der internen und externen Vernetzung von dezentraler Intelligenz wird jeder tendenziell ... sein eigenes Rechenzentrum, seine eigene Bibliothek, sein eigener Netztechniker, sein eigener Bote. Dies ist die eigentliche Herausforderung, die das Konzept „Informationsmanagement" in sich birgt ...".[456] Neben Information und Informationstechnologie wird der Endbenutzer daher als eine weitere Dimension des Informationsmanagements betrachtet.

Diese Strukturierung findet sich auch in der Literatur wieder, wenn auch mit unterschiedlichen Bezeichnungen und zum Teil mit geringfügig voneinander abweichenden Bedeutungen. So unterscheidet Taylor zwischen „content-driven", „technology-driven" und „user-driven model", wobei der Autor den Begriff Technologie sehr weit fasst.[457] Auch bei Marchand sind diese drei Bereiche Gegenstand des Informationsmanagements. Er verwendet dafür die Bezeichnungen „data", „equipment" und „people".[458]

Rüttler und Zahn et al. gehen in ihrem Ansatz ursprünglich[459] ebenfalls von diesen drei Dimensionen des Informationsmanagements aus. Das Informationspotential beinhaltet alle

---

[450] Bergeron 1995, S. 4 f.
[451] Taylor 1985, S. 55.
[452] Vgl. Grudowski 1996, S. 354.
[453] Vgl. zum Beispiel Davenport 1994, S. 120 ff.; Grudowski 1996; Rathswohl 1990; Taylor 1982; Taylor 1986, S. 3 ff.; Zijlker 1988, S. 84.
[454] Vgl. Lytle 1988b, S. 15.
[455] Vgl. Herget 1995, S. 28 f.
[456] Wersig 1990b, S. 3.
[457] Vgl. Taylor 1986, S. 2 ff. und S. 23 f.; Taylor 1996, S. 93.
[458] Vgl. Marchand 1987, S. 62.
[459] In einer späteren Veröffentlichung erweitert Rüttler dieses IM-Modell um die Dimension „Informationsstrategie" (vgl. Rüttler 1991, S. 114 ff.).

aktuell und potentiell verfügbaren internen und externen Informationen und Informationsquellen. Die Informationsfähigkeit umfasst den Hardware- und Softwarebestand eines Unternehmens sowie alle im Rahmen der Informationsverarbeitung eingesetzten Methoden und
Instrumente. Die Informationsbereitschaft betrifft Fähigkeiten und Motivation der Mitarbeiter
zur aktiven Informationsaufnahme, -verarbeitung und –weitergabe.[460]

Im Rahmen des Literaturüberblicks erfolgte bereits eine ausführliche theoretische Aus-
einandersetzung mit informations- und technologieorientierten IM-Ansätzen und den ihnen
primär zugrunde liegenden Objekten: Information und Informationstechnologie. Bei der
empirischen Untersuchung werden diese beiden Aspekte dadurch berücksichtigt, dass in diese
alle Stellen/Abteilungen einbezogen werden, die mit dem Management von Information
(„informationsorientierte Informationsfunktionen") und Informationstechnologie („technologieorientierte Informationsfunktionen") betraut sind.[461]

Der Begriff „*Informationsfunktion*" wird in dieser Arbeit wie folgt festgelegt: Es handelt
sich um Stellen/Abteilungen, die für andere Abteilungen einer Organisation (gegebenenfalls
auch externe Kunden) „Informationsdienstleistungen" erbringen. Zum einen fällt die EDV-
Abteilung darunter, die für Bereitstellung und Betrieb von computerbasierten Informationssystemen verantwortlich ist. Eine allenfalls ausgelagerte EDV-Abteilung wird wie eine
interne behandelt. Falls sie von der EDV-Abteilung getrennt ist, wird auch die Organisationsabteilung zu den *technologieorientierten Informationsfunktionen* gezählt. Zum anderen
handelt es sich um *informationsorientierte Informationsfunktionen*, deren Aufgabe es ist,
Informationen für andere Stellen im Unternehmen zu beschaffen, zu analysieren, zu
speichern, bedarfsgerecht aufzubereiten und weiterzuvermitteln und/oder die dafür
erforderliche Infrastruktur aufzubauen und zu betreuen. Ein Beispiel für eine informationsorientierte Informationsfunktion ist die Unternehmensbibliothek, eine Dokumentations-
abteilung oder eine Stelle Wissensmanagement. Ein Mitarbeiter der Forschungsabteilung
beispielsweise, der neben seiner herkömmlichen Tätigkeit Recherchen in einer Patentdaten-
bank durchführt, wird laut dieser Festlegung nicht als Informationsfunktion betrachtet und ist
damit nicht Gegenstand dieser Untersuchung. Die Dienstleistungsfunktion[462] ist somit ein
wesentliches Merkmal des Informationsmanagements, so wie es hier verstanden wird. Im
Gegensatz zu Heinrich wird Informationsmanagement also nicht als eine ständige Aufgabe

---

[460] Vgl. Zahn/Rüttler 1989, S. 36; Zahn/Wieselhuber/Fridrich 1991, S. 6 ff.

[461] Bergeron verwendete in ihrer Untersuchung eine feinere Klassifikation. Diese umfasste folgende Kategorien
von Informationsfunktionen: Bibliothek, Dokumentenmanagement und Archiv, Umfeldanalyse, EDV-
Abteilung und Telekommunikation (Sprach- und/oder Datenübertragung). Die ersten drei Klassen
entsprechen den informationsorientierten, die letzten zwei den technologieorientierten Informationsfunktionen.

[462] im Sinne von: „andere Organisationsmitglieder vom Informationshandeln zu entlasten bzw. Organisationsmitglieder das selbständige Informationshandeln zu erleichtern" (vgl. Grudowski 1996, S. 354).

jeder Führungskraft im Unternehmen aufgefasst.[463] Ebenfalls nicht gleichzusetzen ist damit der persönliche Umgang mit Information im Sinne von „information handling"[464].

7.1.1.2 Forschungsfragen

Generelles Ziel der hier vorliegenden Studie ist es, Informationsmanagement im Sinne eines umfassenden Managements von Information und Informationstechnologie zu untersuchen. Dabei soll zunächst analysiert werden, wie das Informationsmanagementkonzept von der Praxis wahrgenommen wird. Es soll also das *Selbstverständnis* bezüglich Informationsmanagement ermittelt werden. Speziell soll untersucht werden, ob informations- und technologieorientierte Informationsfunktionen ein anderes Selbstverständnis haben. Bisherige Studien würden ein derartiges Ergebnis nahelegen. So ergaben die Untersuchungen von Bergeron und Lewis/Martin, dass das IM-Konzept von verschiedenen Informationsfunktionen anders wahrgenommen wird.[465]

Weiters soll die *Umsetzung* der wichtigsten Kernelemente des Informationsmanagements erhoben werden. Das Schwergewicht liegt dabei weniger auf inhaltlichen Aspekten einzelner Informationsfunktionen, sondern stärker auf jenen Bereichen, die das „Ressourcenmanagement" (von Information und Informationstechnologie) betreffen. Dabei wird im Vergleich zu bisherigen Studien mit ähnlichen Schwerpunktsetzungen[466] eine tiefergehende Operationalisierung angestrebt.

Ein wesentlicher Aspekt der hier vorliegenden Studie besteht auch darin, das *Verhältnis zwischen informations- und technologieorientierten Informationsfunktionen* zu untersuchen. Wie bereits im vorigen Kapitel gezeigt wurde, kommen die bisher durchgeführten Studien zu keinen eindeutigen Ergebnissen. Laut Lewis/Martin unterscheidet sich das Ausmaß, in dem ein integrativer Informationsmanagement-Ansatz verfolgt wird, von Unternehmen zu Unternehmen stark.[467] Die Untersuchung von Brumm ergab, dass CIOs für informationsorientierte Belange wie Bibliothek oder „records management" deutlich seltener verantwortlich sind als für technologische.[468]

Die *Bedeutung des Endbenutzers* im Rahmen des Informationsmanagements ist ebenfalls Gegenstand der Studie. Sowohl empirische Arbeiten als auch konzeptionelle Beiträge lassen

---

[463] Vgl. Heinrich 1999, S. 40.
[464] Vgl. Heinrich 1993, S. 1750.
[465] Vgl. Bergeron 1996; Lewis/Martin 1989.
[466] Vgl. besonders Bergeron 1995; Lewis/Martin 1989; Martin/Davies/Titterington 1991.
[467] Vgl. Lewis/Martin 1989.
[468] Vgl. Brumm 1990.

auf eine wachsende Bedeutung des Endbenutzers schließen. Zum Beispiel ergab die empirische Untersuchung von Bergeron, dass sich das Informationsmanagement bei Unternehmen mit einer hohen Informationskompetenz in Richtung einer gemeinsamen Verantwortlichkeit mit dem Endbenutzer entwickelt.[469]

Ein weiteres Ziel der Untersuchung besteht darin herauszufinden, welche *externen Faktoren* einen *Einfluss auf das Informationsmanagement* haben. Es wird vermutet, dass Unternehmensgröße, Branche und Konzernsitz (im Inland oder Ausland) eine Auswirkung auf die Umsetzung des Informationsmanagements haben. Weiters sollte der Führungsstil (autoritär vs. kooperativ) einen Rückschluss auf den Zentralisierungsgrad des Informationsmanagements und die Bedeutung des Endbenutzers zulassen.

Schließlich sollen noch *Problembereiche* bei der Umsetzung und die *zukünftige Entwicklung* des Informationsmanagements untersucht werden.

Im Einzelnen liegen der Untersuchung somit folgende Forschungsfragen zugrunde:

1. Was versteht man in den untersuchten Unternehmen unter der Bezeichnung Informationsmanagement? Wie wird dieses Konzept von Seiten der Praxis aufgenommen?

2. Wie stark ist Informationsmanagement (im Sinne des Managements von Information und Informationstechnologie) in den untersuchten Unternehmen ausgeprägt?

3. Wie ist das Verhältnis zwischen informationsorientierten (Dokumentation, Informationsvermittlungsstelle, Unternehmensbibliothek, usw.) und technologieorientierten (EDV-/Organisationsabteilung) Informationsfunktionen?

4. Welche Bedeutung haben die Endbenutzer im Rahmen des Informationsmanagements (aus der Sicht der Informationsfunktionen)?

5. Welche externen Faktoren haben auf den Ausprägungsgrad des Informationsmanagements und die Stellung des Endbenutzers einen Einfluss?

6. Welche Problembereiche ergeben sich bei der Umsetzung des Informationsmanagements?

7. In welche Richtung entwickelt sich das Informationsmanagement in der Zukunft?

In Abbildung 7.1 ist das der Untersuchung zugrunde liegende IM-Modell unter Berücksichtigung der Forschungsfragen 2 bis 5 dargestellt.

---

[469] Vgl. Bergeron 1996, S. 13.

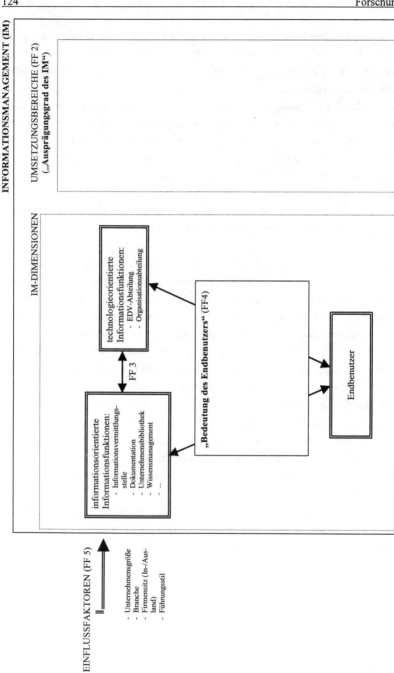

Abb. 7.1: Modell eines umfassenden Informationsmanagements (unter Berücksichtigung der Forschungsfragen 2 bis 5)

Da die Operationalisierung der in diese Forschungsfragen einfließenden Begriffe „Ausprägungsgrad des Informationsmanagements" und „Bedeutung der Endbenutzer" etwas umfangreicher ist, wird sie im folgenden Unterkapitel ausführlicher erläutert.

7.1.1.3 Operationalisierung

1) Ausprägungsgrad des Informationsmanagements

Nachfolgend werden jene Komponenten des Informationsmanagements herausgearbeitet, auf deren Umsetzung die einzelnen Informationsfunktionen untersucht werden sollen. Unabhängig vom jeweiligen Typus der Informationsfunktion (informations- bzw. technologieorientiert) sind dies in Anlehnung[470] an Bergeron und Horton

- strategische Informationsplanung,
- Informationsrichtlinien,
- Informations(verarbeitungs)controlling,
- methodische Unterstützung und
- Organisation.

Darüber hinaus werden EDV-/Organisationsabteilungen auf nur sie betreffende Kriterien (IT-Management) untersucht.

Strategische Informationsplanung:

Eine Abgrenzung zwischen den Begriffen Strategie, strategische Planung oder Strategie-Entwicklung ist wegen der inhaltlichen Vieldeutigkeit nur schwer möglich.[471] Die hier vorliegende Arbeit lehnt sich an das Begriffsverständnis von Heinrich und Lehner an. Demnach umfasst die strategische (Gesamt)Planung die Formulierung der strategischen Ziele, die Strategie-Entwicklung und die strategische Maßnahmenplanung. Letztere wird im Zuge der

---

[470] Die hier gewählten Komponenten entsprechen jenen von Bergeron und Horton nicht vollständig. Bergeron verwendete in ihrer Studie „Planung", „Informationsrichtlinien", „Kosten und Nutzen", „Organisation" sowie „Informationsbedarf und –verwendung" (vgl. Bergeron 1996, S. 107). Laut Horton kann ein IM-Ansatz die Komponenten „Planung", „Informationsrichtlinien", „Informations-Kostenartenrechnung und Budgetierung", „Informationscontrolling" sowie „Instrumente" umfassen (vgl. Horton 1985, S. 227 ff.).

[471] Vgl. Heinrich 1999, S. 128; Lehner 1993, S. 57.

weiteren Planung schrittweise verfeinert und bis auf die operative[472] Ebene hinunter gebrochen.[473]

Eine wichtige Forderung an die strategische Informationsplanung ist deren Ausrichtung an der Unternehmensplanung.[474] Für einige Autoren ist dies sogar ein Indikator für das Ausmaß der IM-Implementierung.[475] Dies wurde auch durch die empirische Studie von O'Brien und Morgan belegt, bei der alle Befragten angaben, dass es sich um ein zentrales, zumindest aber wichtiges Element des Informationsmanagements handelt.[476] Laut einer Untersuchung von Kreuz und Schöller ist die Einbindung der IT-Strategie in die Unternehmensstrategie eines der Hauptunterscheidungsmerkmale zwischen erfolgreichen und nicht erfolgreichen Unternehmen.[477] Es gibt daher einige Autoren, die die Mitarbeit des CIO bei der Unternehmensplanung fordern.[478]

Ein weiterer Aspekt der strategischen Informationsplanung besteht in ihrer Wettbewerbsorientierung.[479] Demnach sollen durch den Einsatz von Information/Informationstechnologie Wettbewerbsvorteile erreicht, zumindest aber eine Verschlechterung der eigenen Wettbewerbssituation verhindert werden.[480]

Die Bedeutung obiger Indikatoren im Rahmen des Informationsmanagements wird auch durch die „MIS issues"-Studie von Wang und Turban belegt, bei der wettbewerbsorientierter Einsatz von Informationstechnologie, strategische Informationssystempläne und Ausrichtung der Ziele der EDV-Abteilung an den Unternehmenszielen als die drei wichtigsten zukünftigen (Stand: 1994) Bereiche des IT-Managements eingeschätzt wurden.[481]

Die Planung der Informationsressourcen (Hardware, Anwendungen, Daten/Information, Personal, etc.) sind wichtige Teilaufgaben der strategischen Maßnahmenplanung.[482] Ein wichtiges Hilfsmittel dazu sind Verzeichnisse, mit denen die Informationsressourcen verwaltet werden. Horton schlägt speziell für die Ressource Information ein sogenanntes

---

[472] Hinsichtlich Detailliertheitsgrad kann man zwischen operativen, administrativen und strategischen Plänen unterscheiden.

[473] Vgl. Heinrich 1999; Lehner 1993, S. 57 ff.

[474] Vgl. zum Beispiel Bergeron 1996, S. 276 f.; Heinrich 1999, S. 118; Lehner 1992, S. 97; Marchand / Horton 1986, S. 190 ff.; Ray 1986, S. 12; Wigand 1988, S. 27.

[475] Vgl. Bergeron 1996, S. 277; Lewis/Snyder/Rainer 1995, S. 210; Lytle 1988b, S. 10 f.; Owen 1994, S. 107.

[476] Vgl. O'Brien/Morgan 1991, S. 8.

[477] Vgl. Kreuz/Schöller 1991, S. 70 f.

[478] Vgl. zum Beispiel Bergeron 1995, S. 107; Lewis/Snyder/Rainer 1995, S. 211.

[479] Synnott sieht zwischen der Integration von Informations- und Unternehmensplanung und dem wettbewerbsorientierten Einsatz von Information/Informationstechnologie eine Mittel-/Zweckbeziehung. Erstere ist Voraussetzung dafür, dass Wettbewerbsvorteile lukriert werden können (vgl. Synnott 1987a, S. 11).

[480] Vgl. Lehner 1993, S. 22.

[481] Vgl. Wang/Turban 1994, S. 29 ff.

[482] Vgl. Heinrich 1999, S. 128.

„information locator system" vor.[483] Im Bereich der elektronischen Datenverarbeitung werden üblicherweise sogenannte Data-Dictionarys, Repositorys bzw. Meta-Informationssysteme verwendet.[484] Diese enthalten Informationen über die Komponenten von computerbasierten Informationssystemen. Je nach dem Funktionsumfang können dies zum Beispiel Daten, Funktionen, Prozesse oder Organisationseinheiten sein.

Basierend auf obigen Ausführungen wird der Bereich der strategischen Informationsplanung anhand von folgenden Indikatoren einer Analyse unterzogen:

- Gibt es ein Verzeichnis der Informationsressourcen?[485] Wird ein bestimmtes Werkzeug verwendet?

- Existiert ein schriftlich ausformulierter Informations(technologie)plan? Falls ja:

   - Welche Arten von Informations(technologie)plänen gibt es: operativ / administrative und/oder strategische?

   - Basiert die Informations(technologie)planung auf der Unternehmensstrategie und den Unternehmenszielen?

- Arbeitet der Leiter der Informationsfunktion direkt bei der Unternehmensplanung mit?

- Wird im Unternehmen aktiv versucht, durch den Einsatz von Information und/oder Informationstechnologie Wettbewerbsvorteile zu erreichen? Falls ja: in welchen Bereichen?

Mit Ausnahme des wettbewerbsorientierten Einsatzes von Information/Informationstechnologie sind diese Indikatoren auch im IM-Konstrukt von Lewis et al. enthalten.[486]

Informationsrichtlinien:

Informationsrichtlinien[487] sind ein weiterer wichtiger Bestandteil eines IM-Konzepts.[488] Es handelt sich dabei um in einer Organisation gültige Grundsätze für den Bereich der Informa-

---

[483] Vgl. Horton 1985, S. 239.

[484] Vgl. Navathe/Kerschberg 1988; Ortner/Söllner 1988.

[485] Da davon ausgegangen wird, dass die zu untersuchenden Informationsfunktionen sehr heterogen sind, ist der Begriff Informationsressource dementsprechend weit auszulegen. Dabei kann es sich zum Beispiel um Hardware, Software, Anschlüsse an externe Datenbanken oder den Buchbestand einer Unternehmensbibliothek handeln.

[486] Vgl. Lewis/Snyder/Rainer 1995, S. 210 ff.

[487] Im englischen Sprachraum ist die Bezeichnung „information policy" üblich. Wigand verwendet dafür auch die Übersetzung IM-Verfassung, allerdings in einem etwas weiteren Sinn. Neben den Regeln umfasst diese auch die Prozeduren, durch die die Entwicklung und Nutzung von Informationsressourcen gelenkt und kontrolliert werden (vgl. Wigand 1988, S. 26).

tionsverarbeitung.[489] Der Hauptzweck von Informationsrichtlinien besteht einerseits darin, den Endbenutzern eine Orientierung zu geben, was sie von der Informationsverarbeitung erwarten können bzw. was von ihnen erwartet wird. Andererseits versorgen sie das Informationsmanagement mit Normen, an denen es sein Handeln ausrichten kann.

Laut Lytle betreffen Informationsrichtlinien die Bereiche Daten, Hardware und Software, Informationssysteme und –dienste sowie die Rollen und Verantwortlichkeiten der Mitarbeiter.[490] Beispiele[491] für Informationsrichtlinien, allerdings nur sehr allgemein gehalten, sind:

- Information ist kein freies Gut.

- Sowohl Führungskräfte als auch Mitarbeiter sind für die effektive und effiziente Verwendung von Daten verantwortlich.

- Das Unternehmen setzt eine Reihe von physischen, personenbezogenen, organisatorischen und technologischen Maßnahmen ein, um die Sicherheit der elektronischen Datenverarbeitung zu gewährleisten. [492]

Bei der empirischen Untersuchung werden bezüglich Informationsrichtlinien folgende Aspekte berücksichtigt:

- Vorhandensein,

- Inhalte/Bereiche,

- Bekanntheitsgrad und

- Bindung.

Informations(verarbeitungs)controlling:

Viele Autoren sind der Meinung, dass Informationen Kosten verursachen und einen Wert haben.[493] Laut Lytle ist ein Mittel zur Wertbestimmung von Information für das Informationsmanagement von entscheidender Bedeutung.[494] Wenn man davon absieht, dass die Nutzenbestimmung von Information – so wie dieser Begriff in der hier vorliegenden Arbeit verstanden wird – nicht[495] bzw. nur im Nachhinein möglich ist,[496] bleiben immer noch genug

---

[488] Vgl. zum Beispiel Horton 1985, S. 227; Lytle 1988b, S. 11; Orna 1990; Ray 1986, S. 9 f.; Rieke 1986, S. 26. Dass Informationsrichtlinien auch in der Praxis eine wichtige Rolle spielen, ergab eine empirische Studie von Cortez und Kazlauskas (vgl. Cortez/Kazlauskas 1997, S. 218).

[489] Vgl. Vogel 1992b, S. 76.

[490] Vgl. Lytle 1988b, S. 11.

[491] Ein umfassender Katalog von Informationsrichtlinien findet sich bei Synnott (1987, S. 218 f.).

[492] Vgl. Marchand/Horton 1986, S. 196 f.

[493] Vgl. zum Beispiel Burk/Horton 1988, S. 75 ff.; Horton 1985, S. 18; Lytle 1986, S. 391; Marchand / Horton 1986, S. 206 ff.; Owen 1994, S. 20; Picot/Reichwald/Wigand 1998, S. 109; Taylor 1986, S. 175.

[494] Vgl. Lytle 1986, S. 319.

[495] Vgl. King 1988.

Quantifizierungsprobleme.[497] Nicht umsonst zieht Lytle den Schluss, dass bisher nur rein akademische Ansätze entwickelt wurden.[498]

Selbst die Ermittlung der Informationskosten ist mit großen Schwierigkeiten verbunden. Hauptgründe dafür sind, dass Informationen das gesamte Unternehmen durchdringen und Informationskosten daher in den unterschiedlichsten Kosten „versteckt" sind. Herkömmliche Instrumente wie das Rechnungswesen sind jedoch nicht darauf ausgelegt, Informationsdienste und –produkte ausreichend zu berücksichtigen. Die Bestimmung der Informationskosten ist aber eine wichtige Voraussetzung für ein Informationscontrolling,[499] dessen Entwicklungsstand sich laut Spitta durch die Variablen Leistungsverrechnung und Basiskennzahlen feststellen lässt.[500]

Basiskennzahlen können eingeteilt werden in Bestands- und Prozesskennzahlen. Erstere (z. B. Anzahl Programme, Anzahl Datenbanken) sind statisch und dienen dem Infrastruktur-Controlling. Letztere (z. B. Anzahl Benutzertransaktionen, Anzahl Datenbankzugriffe) sind Gegenstand von Produkt- und Projekt-Controlling. Sie geben Auskunft über die Nutzung der Informationsressourcen und sind die Basis für Verrechnungssysteme. Bezüglich Leistungsverrechnung besteht laut Spitta in der Literatur darüber Einigkeit, dass die Informationsverarbeitungskosten auf die Fachbereiche verursachungsgerecht verrechnet werden sollen.[501]

Budgetierung ist eine weitere wichtige Komponente eines Informationscontrolling.[502] Ein Budget lässt sich dabei als eine auf Rechengrößen basierende Gestaltungsmöglichkeit auffassen.[503]

Auf der Grundlage obiger Ausführungen werden für den Bereich des Informations(verarbeitungs)controlling folgende Indikatoren gewählt:

- Form, in der die jeweilige Informationsfunktion geführt wird (Cost Center oder Profit Center),
- Höhe des Budgets,
- Planung und Steuerung der (Informations)Kosten,
- Ermittlung von Kennzahlen und
- Kostenverrechnung.

---

[496] Vergleiche dazu die Ausführungen zum Informationsparadoxon im Kapitel „Grundbegriffe".
[497] Vgl. Griffiths 1982, S. 280.
[498] Vgl. Lytle 1986, S. 320.
[499] Vgl. Taylor 1986, S. 195 ff.
[500] Vgl. Spitta 1998, S. 426.
[501] Vgl. Spitta 1998, S. 427 f.
[502] Eine Gegenüberstellung von verschiedenen Budgetierungsmethoden, die für das Informationsmanagement geeignet sind, findet sich bei Levitan (1982, S. 250 f.).
[503] Vgl. Ratzek 1995, S. 108 f.

Methoden:

Wie das Literaturstudium zeigte, gibt es im Bereich des technologieorientierten Informationsmanagements mittlerweile zahlreiche Methoden.[504] Hingegen ist das Methodenangebot von Seiten des informationsorientierten Informationsmanagements deutlich geringer. Generell gilt, dass es keine umfassende Methode für das (gesamte) Informationsmanagement gibt.[505] Die vorhandenen Methoden beschränken sich nur auf Teilaufgaben.

Für die empirische Untersuchung wurden die Methoden in folgende Gruppen eingeteilt:
- strategische Informations(system)planung,
- Informations(verarbeitungs)controlling,
- allgemeine und sonstige Methoden.

Organisation:

Damit das Informationsmanagement vor allem in größeren Organisationen seinen umfassenden Aufgaben nachkommen kann, ist eine strukturorganisatorische Verankerung erforderlich. Dabei müssen situative Bedingungen des jeweiligen Unternehmens berücksichtigt werden.[506] Generell sollte aber gelten, dass die Stellung einer Organisationseinheit davon abhängt, für wie wichtig ihr Beitrag für das Unternehmen empfunden wird.[507] Dies würde bedeuten, dass eine hohe organisatorische Verankerung des Informationsmanagements auf eine dementsprechende Bedeutung für das jeweilige Unternehmen hindeutet.

Folgende aufbauorganisatorische Aspekte werden bei der empirischen Studie untersucht:
- Wie viele und welche Stellen/Abteilungen befassen sich mit Aufgaben im Rahmen des Informationsmanagements?
- Wie viele Mitarbeiter haben die Stellen/Abteilungen, die für das Informationsmanagement in einer Organisation zuständig sind?
- Wie sind sie strukturorganisatorisch in das Unternehmen eingegliedert (Stellenverbindung[508], Hierarchiestufe, zuständiges Vorstandsressort)?

---

[504] Ein umfangreicher Überblick über das Methodenangebot findet sich bei Heinrich (1999, S. 327 ff.), Lehner (1993, S. 101 ff.), Biethahn/Muksch/Ruf (1996, S. 235 ff.) und Singh (1993).
[505] Am ehesten bieten Finkelstein (1992) und Martin/Leben (1989) im Rahmen ihrer Ansätze einen Methodenkasten mit aufeinander abgestimmten Methoden an.
[506] Vgl. Heinrich 1999, S. 31.
[507] Vgl. Allaire/Firsirotu 1984; Bergeron 1996, S. 23.
[508] Vgl. Staehle 1994, S. 673.

- Wurden einzelne Aufgabenbereiche oder ganze Informationsfunktionen in der Vergangenheit ausgelagert?

IT-Management:

Unter dieser Bezeichnung wurden mehrere Kriterien zusammengefasst, die ausschließlich technologieorientierte Informationsfunktionen betreffen. Es sind dies:

-   unternehmensweite IT-Standards und deren Einhaltung,
-   Informations(system)architektur,
-   Stelle/Abteilung Datenmanagement sowie
-   Beobachten der Technologieentwicklung und Ausnutzung der sich durch technologische Innovationen ergebenden Möglichkeiten.

Alle diese Indikatoren haben ihre Entsprechung[509] auch beim IM-Konstrukt von Lewis et al.[510]

Unternehmensweite Standards für den Einsatz von Informationstechnologie sind für ein reibungsloses Zusammenwirken der einzelnen Komponenten der Informationsinfrastruktur besonders wichtig. Große Bedeutung haben sie vor allem bei einer verteilten (dezentralen) Organisation der betrieblichen Datenverarbeitung.[511]

Die zentrale Stellung einer Informationsarchitektur im Rahmen der technologieorientierten IM-Ansätze wurde bereits bei der Literaturanalyse (siehe Unterkapitel „IT-Management") herausgearbeitet. Ebenfalls im Theorieteil wurde das Datenmanagement als eine Voraussetzung bzw. als ein Bestandteil des Informationsmanagements identifiziert. Dieser Bedeutung sollte dadurch Rechnung getragen werden, dass für die im Rahmen des Datenmanagements anfallenden Aufgaben eine eigene Stelle/Subabteilung geschaffen wird.[512]

Das Beobachten der Entwicklung auf dem Technologiemarkt[513] ist laut Heinrich eine Teilaufgabe des strategischen Informationsmanagements. Ziel ist es, neue Entwicklungen auf dem IT-Markt bereits anhand schwacher Signale, zumindest aber nicht später als die Mitbewerber zu erkennen[514] und die sich bietenden Chancen für das eigene Unternehmen abzuschätzen[515].

---

[509] Da Lewis et al. eine tiefergehende Operationalisierung vornahmen, ergeben sich zum Teil geringfügige Abweichungen. Zum Beispiel wird dem Indikator Informationsarchitektur bei Lewis et al. durch „corporate data architecture (D2)" und „documentation for corporate-wide information flow (E6)" großteils entsprochen (vgl. Lewis/Snyder/Rainer 1995, S. 211 ff.).

[510] Vgl. Lewis/Snyder/Rainer 1995, S. 210 ff.

[511] Vgl. Krcmar 1997, S. 315 ff.

[512] Vgl. Gemünden/Schmitt 1991, S. 28; Niedereichholz/Wentzel 1985, S. 285 ff.; Schwyrz 1993, S. 742.

[513] Heinrich zählt auch das Beobachten von Pilotanwendern und einschlägiger Fachliteratur dazu.

[514] Vgl. Heinrich 1999, S. 156 f.

2) Bedeutung der Endbenutzer

Bei der empirischen Studie soll auch die Bedeutung des Endbenutzers im Rahmen des Informationsmanagements erforscht werden. Dies erfolgt aus der Sicht der einzelnen Informationsfunktionen. Die entsprechenden Daten werden deshalb nicht von den Endbenutzern selbst erhoben, da dies mit einem wesentlichen Mehraufwand bei der Datenerhebung verbunden gewesen wäre. Dies hätte zur Folge gehabt, dass nur wenige Unternehmen in die empirische Untersuchung hätten einbezogen werden können. Ein Untersuchungsziel bestand aber darin, die empirische Studie etwas breiter anzulegen.

Als Indikatoren zur Erhebung der Stellung des Endbenutzers im Rahmen des Informationsmanagements werden Benutzerbeteiligung und benutzergesteuerte Informationsverarbeitung verwendet. Beide Indikatoren fanden auch beim IM-Konstrukt von Lewis et al. Berücksichtigung.[516] Benutzerbeteiligung ist auch eine Komponente des IM-Modells von O'Brien und Morgan, die entsprechende empirische Bestätigung fand.[517]

Benutzerbeteiligung meint die Einbeziehung der zukünftigen Benutzer eines Informationssystems in die Informationssystem-Planung dergestalt, dass diese die Erreichung der technischen und betriebswirtschaftlichen Ziele unterstützen.[518] Allgemein wird davon ausgegangen, dass eine Benutzerbeteiligung bei der Systementwicklung zu einer erhöhten Benutzerzufriedenheit und dadurch auch zu einer stärkeren Systemnutzung führt.[519] Eine Reihe von Studien zeigte jedoch, dass dieser Zusammenhang nicht so einfach gesehen werden kann.[520]

Die individuelle bzw. benutzergesteuerte Datenverarbeitung[521] geht davon aus, dass die Endbenutzer in den Fachabteilungen EDV selbständig ohne Einbeziehung der zentralen Informatikabteilung zur Problemlösung einsetzen.[522] In dieser Arbeit wird der Bezeichnung *"benutzergesteuerte Informationsverarbeitung"* der Vorzug gegeben, um damit zum Ausdruck zu bringen, dass neben der Informatikkompetenz auch die Informationskompetenz[523] berücksichtigt werden muss. Einen derart umfassenden Ansatz vertreten Marchand und

---

[515] Vgl. Hills 1988.
[516] Vgl. Lewis/Snyder/Rainer 1995, S. 211.
[517] Vgl. O'Brien/Morgan 1991, S. 8.
[518] Vgl. Heinrich 1999, S. 330.
[519] Vgl. zum Beispiel Baroudi 1986.
[520] Vgl. beispielsweise Barki/Hartwick 1994; Cavaye 1995; Choe 1998; Hunton/Beeler 1997; McKeen/ Guimaraes/Wetherbe 1994; Lawrence/Low 1993.
[521] Das „end-user-computing" ist im Bereich von MIS/Wirtschaftsinformatik nach wie vor ein bedeutendes Forschungsgebiet, wie viele Publikationen zu diesem Thema belegen (vgl. zum Beispiel Gerrity/Rockart 1986; Govindarajulu/Reithel 1998; Igbaria 1990; Mirani/King 1994; Taylor/Moynihan/ Woodharper 1998; Wildemuth 1988). Eine umfassende Zusammenstellung von Forschungsarbeiten findet sich im Aufsatz von Brancheau und Brown (vgl. Brancheau/Brown 1993).
[522] Vgl. Hansen 1987, S. 331.

Horton mit ihrem dreistufigen Entwicklungsmodell der benutzergesteuerten Informationsverarbeitung. Ziel von Stufe 1 ist es, Informatikwissen und Fähigkeiten im Umgang mit Computern weiterzugeben. Auf der nächsten Stufe werden die Endbenutzer mit dem Recherchieren in externen Datenbanken vertraut gemacht. Die letzte Phase umfasst die Vermittlung der eigentlichen Informationskompetenz. Dadurch sollen die Mitarbeiter in den Fachabteilungen in die Lage versetzt werden, in einer bestimmten Situation selbst beurteilen zu können, was sie alles nicht wissen; welche Informationen sie noch finden müssen; was davon verfügbar ist; wie sie darauf zugreifen können; und vor allem, wie sie damit ein Problem lösen können.[524]

Bei der empirischen Studie wird der Bereich der benutzergesteuerten Informationsverarbeitung anhand folgender Variablen untersucht:

- Vorhandensein eines Informationszentrums/Benutzerservice oder eines formell eingesetzten Mitarbeiters, der die Anwender im Bedarfsfall berät und unterstützt,
- Schulungs- und Fortbildungsmöglichkeiten,
- direkte Abfrage der internen Unternehmensdaten durch die Endbenutzer,
- Recherche in externen Datenbanken durch die Endbenutzer,
- selbständige Beschaffung von Fachliteratur durch die Fachabteilungen,
- Existenz von Dokumentationen in den Fachabteilungen.

Abbildung 7.2 zeigt abschließend das IM-Modell, das die Grundlage für die empirische Untersuchung bildet.

---

[523] Zwecks Unterscheidung zwischen Informations- und Informatikkompetenz siehe Kuhlen (1995, S. xxiii) und Marchand/Horton (1986, S. 256 f.).
[524] Vgl. Marchand/Horton 1986, S. 257 f.

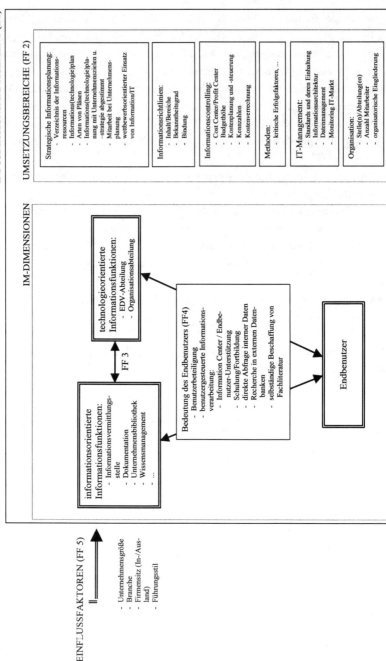

Abb. 7.2: Modell eines umfassenden Informationsmanagements (unter Berücksichtigung der Forschungsfragen 2 bis 5) – nach erfolgter Operationalisierung

7.1.2 Untersuchungsplan

Bevor der Untersuchungsplan vorgestellt wird, sollen zunächst die Rahmenbedingungen, die der empirischen Studie zugrunde lagen, aufgezeigt werden:

1. Aufgrund der Untersuchungen von Bergeron und Lewis/Martin musste davon ausgegangen werden, dass in der Praxis kein einheitliches Begriffsverständnis herrscht.[525]

2. Es wurde vermutet, dass in den meisten Unternehmen kein zentrales Informationsmanagement eingerichtet ist. Es war daher damit zu rechnen, dass vor allem das Identifizieren der informationsorientierten Informationsfunktionen in einzelnen Unternehmen mit Schwierigkeiten verbunden sein könnte. Diese Annahme wurde ebenfalls durch die Studien von Bergeron und Lewis/Martin gestützt.[526]

   Ähnliches ließen auch die Ergebnisse einer empirischen Untersuchung von Schlögl / Voglmayr erwarten, bei der die Berufsaussichten der Absolventen des Fachhochschul-Studiengangs Informationsberufe in der Wirtschaft[527] untersucht wurden. Obwohl der Fragebogen an die Dokumentationsstelle bzw. Stelle für Öffentlichkeitsarbeit adressiert wurde, war die Zusammensetzung der Respondenten sehr heterogen. Von den 58 antwortenden Unternehmen wurde der Fragebogen in 18 Fällen von der Stelle für Öffentlichkeitsarbeit, in acht von der Marketingabteilung, in sieben von der Geschäftsleitung / vom Vorstand, in je sechs Fällen von der Kommunikations- bzw. Personalabteilung und in je vier von der Controlling- bzw. EDV-/Organisationsabteilung bearbeitet. Fünf Unternehmen nannten verschiedene andere Abteilungen, drei machten keine Angabe.[528]

3. Wie bereits im vorigen Kapitel genauer ausgeführt wurde, wurden mittlerweile schon einige Untersuchungen durchgeführt, denen ein umfassendes IM-Verständnis zugrunde liegt. Trotz dieser empirischen Belege kann aber nicht davon ausgegangen werden, dass dieser Bereich ausreichend exploriert ist.

Diese Rahmenbedingungen waren für die Gestaltung des Untersuchungsdesigns dieser Studie, bestehend aus den Dimensionen Theoriegehalt, Zahl der Ebenen, (Zahl der) Methoden, Zahl der Zeitpunkte und Originalität,[529] maßgebend.

Da Kenntnisse über den Objektbereich nur teilweise vorhanden waren, erschien eine analytische Studie nicht sinnvoll. Auch der Umstand, dass die Auswahl der geeigneten Interviewpartner mit Schwierigkeiten verbunden sein würde, und dadurch ein großes „sample", wenn

---

[525] Vgl. Bergeron 1995; Lewis/Martin 1989.

[526] Vgl. Bergeron 1996, S. 9; Lewis/Martin 1989.

[527] Die Unternehmen wurden aus der Liste der 500 umsatzstärksten Unternehmen Österreichs (http://www.trend.at/ - Stand: Oktober 2000) entnommen.

[528] Vgl. Schlögl/Voglmayr 1999.

[529] Vgl. Friedrichs 1990, S. 155.

überhaupt, nur mit einem sehr hohen Aufwand hätte untersucht werden können, sprach gegen eine hypothesenprüfende Studie. Die hier vorliegende Untersuchung hat also primär explorativen Charakter. Die Daten wurden vom Autor sowie einem weiteren Projektmitarbeiter erhoben (Primärerhebung). Die Auswertung der Ergebnisse erfolgt auf folgenden Ebenen: Neben der Analyse der einzelnen Informationsfunktionen werden Vergleiche auf Unternehmens- und Branchenebene (zwischen Banken, Versicherungen und Unternehmen der Automobilindustrie) durchgeführt. Darüber hinaus erfolgt eine aggregierte Gegenüberstellung von informations- und technologieorientierten Informationsfunktionen. Zum jetzigen Zeitpunkt ist keine Folgestudie geplant. Es liegt also eine Querschnittuntersuchung vor.

Bei der Wahl der Erhebungsmethode kam eine schriftliche Befragung aufgrund obiger Ausführungen (siehe Rahmenbedingungen, 1. – 2.) nicht in Frage. Ein weiteres Argument gegen eine schriftliche Befragung bestand darin, dass wegen des explorativen Charakters der Studie viele Fragen offen formuliert wurden. Der dadurch mit dem Ausfüllen des Fragebogens verbundene Aufwand hätte wahrscheinlich eine geringere Rücklaufquote zur Folge gehabt. Aus diesen Gründen wurde die Methode des strukturierten und großteils standardisierten Interviews zur Datenerhebung eingesetzt. Dadurch konnten allfällige Verständnisprobleme, die zum Beispiel auf einem unterschiedlichen Begriffsverständnis basieren, ausgeräumt werden. Ein weiterer Vorteil bestand darin, dass beim (bei den) ersten Interview(s) in einem Unternehmen allenfalls weitere noch nicht identifizierte Informationsfunktionen eruiert werden konnten.[530] Weiters konnten Vertiefungsfragen gestellt und so Erkenntnisse gewonnen werden, die bei einer schriftlichen Befragung nicht möglich gewesen wären. Die Daten wurden vom Autor dieser Arbeit und einem weiteren Projektmitarbeiter erhoben. Dabei erfolgte eine branchenmäßige Arbeitsteilung. Der Autor führte die Datenerhebung in den Banken und der KFZ-Industrie, der Projektmitarbeiter in den Versicherungen durch.

Befragt werden sollten die Leiter aller Informationsfunktionen. Falls einzelne Informationsfunktionen organisatorisch zusammengefasst waren oder ein zentrales Informationsmanagement bestand, sollten die Leiter der untergeordneten Informationsfunktionen nur dann interviewt werden, wenn ihr Vorgesetzter nicht alle Fragen beantworten konnte.

Bei der Bestimmung der Grundgesamtheit wurde davon ausgegangen, dass ein institutionalisiertes Informationsmanagement nur in größeren Unternehmen vorhanden ist. Aus diesem Grund wurden nur Unternehmen mit mehr als 1000 Mitarbeitern in die Untersuchung einbezogen. Da es sich um eine explorative Untersuchung handelt und die Datenerhebung mittels Interview sehr aufwendig ist, wurde die Grundgesamtheit klein gehalten. Wie bereits oben erwähnt wurde, sollte auch ein sektoraler Vergleich durchgeführt, also das Informa-

---

[530] Diese Vorgehensweise wurde auch von Bergeron gewählt (vgl. Bergeron 1995, S. 83)

tionsmanagement verschiedener Branchen einander gegenübergestellt werden. Es sollte dabei der Frage nachgegangen werden, ob das Informationsmanagement in informationsintensiven Branchen stärker ausgeprägt ist. Zu diesem Zweck wurden Unternehmen der Banken-, Versicherungs- und Automobilbranche in die Untersuchung einbezogen. Die Grundgesamtheit wurde somit folgendermaßen definiert: *alle Banken, (Privat)Versicherungen und Unternehmen der Automobilindustrie, die in Österreich mehr als 1000 Mitarbeiter beschäftigen.* Die zu untersuchenden Unternehmen wurden durch eine Datenbankrecherche in der Internetversion der KSV-Datenbank[531] ermittelt. Es wurde nach allen Unternehmen der Branchen „Herstellung von Kraftwagen und Kraftwagenmotoren" (ÖNACE-Code: 34), „Kreditwesen" (ÖNACE-Code: 65)[532] und „Versicherungswesen" (ÖNACE-Code: 66)[533] mit mehr als 1000 Mitarbeitern gesucht. Die Recherche[534] ergab insgesamt 19 Unternehmen.

7.1.3 Fragebogen[535]

Die Anordnung der Fragen erfolgte meist derart, dass allgemeine Fragen speziellen vorausgehen.[536] Weiters wurde auf einen Wechsel von geschlossenen und offenen Fragen geachtet. Neben der Gewinnung von ausführlicheren Erkenntnissen sollte durch die offenen Fragen die Ermüdung des Interviewpartners in Grenzen gehalten werden.[537]

Der Fragebogen setzt sich aus folgenden sechs Themenkomplexen zusammen:

1. Unternehmensdaten[538]
2. Angaben zum Antwortenden
3. Informationen zur jeweiligen Informationsfunktion
4. Selbstverständnis bezüglich Informationsmanagement
5. Implementierung des Informationsmanagements
   A. informationsfunktionsspezifisch (IT-Management)
   B. informationsfunktionsübergreifend
   - Planung/Strategie

---

[531] http://marketing.ksv.at/search.asp?Action=NeueAbfrage (Stand März 2000).
[532] Bei den Unternehmen des Kreditwesens wurden Spezialbanken (Österreichische Nationalbank und Bausparkassen) nicht berücksichtigt. Im Raiffeisen- und Sparkassensektor wurden die Spitzeninstitute in die Untersuchung einbezogen.
[533] Nach Berücksichtigung von Unternehmenszusammenschlüssen verblieben sechs Versicherungsgesellschaften.
[534] Die Datenbankabfrage wurde im März 2000 durchgeführt.
[535] Der Fragebogen befindet sich im Anhang.
[536] Vgl. Friedrichs 1990, S. 197.
[537] Vgl. Friedrichs 1990, S. 238.
[538] Die Unternehmensdaten wurden nur vom ersten Interviewpartner eines Unternehmens erhoben.

- Informationsleitbild/Informationspolitik
- Informations(verarbeitungs)controlling
- Methoden
- Endbenutzermanagement
6. Probleme bei der Implementierung, zukünftige Entwicklung.

7.1.4 Validität und Reliabilität

Um eine möglichst hohe Validität der·Indikatoren und Variablen[539] gewährleisten zu können, erfolgte die Konzeptualisierung, speziell die Operationalisierung auf der Grundlage eines umfassenden Literaturstudiums[540] sowie der Berücksichtigung von bereits durchgeführten empirischen Studien zum Informationsmanagement (siehe dazu Kapitel „Konzeptualisierung"). Darüber hinaus sollte bei der Datenerhebung möglichst vermieden werden, dass einzelne Befragte in bestimmten Bereichen ein vom Forscher abweichendes Begriffsverständnis haben.[541] Dies war mit ein Grund dafür, dass das Interview als Erhebungsmethode eingesetzt wurde.

Um die Konzeptualisierung und das entwickelte Instrument vor der Hauptuntersuchung zu prüfen, wurde ein Pretest durchgeführt.[542] Dazu wurden zwei Informationsmanager aus einem Unternehmen der metallverarbeitenden Industrie befragt. Da beim Pretest keine Problemen zum Vorschein kamen, wurden am Fragebogen keine Änderungen vorgenommen. Der geschätzte Zeitaufwand für ein Interview von einer Stunde konnte sogar noch unterschritten werden.

Die Gültigkeit der Datenerhebung setzt ihre Zuverlässigkeit voraus. Diese bezieht sich auf Stabilität und Genauigkeit der Messungen sowie Konstanz der Messbedingungen.[543] Um dies sicherzustellen, wurden folgende Maßnahmen gesetzt:

- Es wurden strukturierte und standardisierte Interviews geführt.
- Der zweite an der Datenerhebung beteiligte Projektmitarbeiter wurde intensiv eingeschult. Weiters wurde nach den ersten Interviews eine Art Supervision durchgeführt,

---

[539] Vgl. Friedrichs 1990, S. 101.
[540] Ausschlaggebend für die Wahl einer umfassenden IM-Konzeption war aber auch die szientometrische Studie, die Information und Informationstechnologie als die beiden Hauptkomponenten des Informationsmanagements identifizierte.
[541] Vgl. Friedrichs 1990, S. 224.
[542] Vgl. Friedrichs 1990, S. 153.
[543] Vgl. Friedrichs 1990, S. 202.

bei der aufgetretene Probleme besprochen wurden.[544] Da es sich beim zweiten Interviewer um einen Studenten der Informationswissenschaft handelte, war dieser mit der Thematik gut vertraut.

- Zum Teil wurden beim Fragebogen auch Kontrollfragen verwendet. In einem stärkeren Maße wurden aber Vertiefungsfragen eingesetzt, bei denen die bei den unmittelbar vorangegangenen Fragen erhobenen Sachverhalte weiter hinterfragt wurden.

- Schließlich wurden die bei der Datenerhebung „manuell" ausgefüllten Fragebögen EDV-mäßig erfasst und die elektronische Version mit der Bitte an die Interviewpartner gemailt, allfällige Korrekturen vorzunehmen.[545] Insgesamt wurde von einem Viertel der Befragten kleinere Änderungen vorgenommen.

---

[544] Vgl. Friedrichs 1990, S. 222.
[545] Im Hinblick darauf, ob die Antworten der Interviewpartner richtig interpretiert wurden, sollte diese Maßnahme auch zu einer höheren Validität beitragen.

7.2 Ergebnisse

Nachfolgend werden die Ergebnisse der empirischen Untersuchung präsentiert. Dabei werden zunächst die an der Studie teilnehmenden Unternehmen und die untersuchten Informationsfunktionen kurz vorgestellt. Die anschließende Ergebnisdarstellung ist in Anlehnung an die Forschungsfragen folgendermaßen gegliedert:

1. Selbstverständnis,
2. Umsetzung des Informationsmanagements,
3. Verhältnis zwischen informations- und technologieorientierten Informationsfunktionen,
4. Bedeutung des Endbenutzers,
5. externe Einflussfaktoren,
6. Problembereiche,
7. zukünftige Entwicklung.

7.2.1 Angaben über die teilnehmenden Unternehmen

Wie bereits im Unterkapitel „Untersuchungsplan" erwähnt wurde, umfasst die Grundgesamtheit alle Banken, Versicherungen und Unternehmen der Automobilindustrie, die in Österreich mehr als 1000 Mitarbeiter beschäftigten. Nur in einem Unternehmen lehnten alle für die Untersuchung in Frage kommenden Abteilungen ihre Mitarbeit ab. Insgesamt nahmen daher sechs Banken, sieben Versicherungen und fünf Unternehmen der Automobilindustrie an der Studie teil. Ein Branchenvergleich ist aufgrund dieser Zahlen nur dann sinnvoll, wenn sich zwischen den Banken, Versicherungen und KFZ-Unternehmen deutliche Unterschiede ergeben. Die durchschnittliche Beschäftigtenzahl lag in den Banken bei über 4.200, in den Versicherungen bei ca. 3.400 und in den KFZ-Unternehmen bei ungefähr 2.900 Mitarbeiter. Größere branchenspezifische Unterschiede gibt es bei den Eigentumsverhältnissen. Während zum Zeitpunkt der Untersuchung (Stand: Juni 2000) alle Banken in österreichischem Mehrheitseigentum waren, trifft dies auf etwas mehr als die Hälfte der Versicherungen und ca. ein Drittel der KFZ-Unternehmen zu.

7.2.2 Untersuchte Informationsfunktionen (organisatorische Aspekte)[546]

Gegenstand der Untersuchung waren alle jene Stellen/Abteilungen, die in den einzelnen Unternehmen „Informationsdienstleistungen" für andere Abteilungen erbringen. Falls das Informationsmanagement in einem Unternehmen nicht zentral organisiert war, handelte es sich dabei um informations- und/oder technologieorientierte Informationsfunktionen.

Die Kontaktaufnahme erfolgte zunächst schriftlich. Im Anschreiben (siehe Anhang) wurden Ziele und Hauptinhalte der Studie dargelegt. Zirka eine Woche später erfolgte der Kontaktanruf, in dem der Leiter der jeweiligen Informationsfunktion um die Teilnahme an der Untersuchung gebeten wurde. Rückblickend betrachtet hat sich diese Vorgehensweise gut bewährt. Insgesamt haben sich 42 Personen zur Mitarbeit an der Untersuchung bereiterklärt,[547] nur sechs haben ihre Mitwirkung abgelehnt. Das entspricht einer sehr hohen „Beteiligungsquote" von 88 %.

Die Interviews wurden in der Regel am Arbeitsplatz der Befragten durchgeführt. Die durchschnittliche Interviewdauer betrug ca. eineinviertel Stunden.

	Banken	Versicherungen	KFZ	Σ
Anzahl Unternehmen	6	7	5	18
Informationsfunktionen (IF)	19	14	9	42
technologieorientierte IF	6	9	5	20
informationsorientierte IF	13	5	4	22
primär Informationsvermittlung	6	2	2	10
primär Informationsproduktion	7	3	2	12
EDV ausgelagert	3	4	2	9

Tab. 7.1: Informationsfunktionen – branchenweiser Vergleich

Schon bald nach dem Beginn der Untersuchung zeigte sich, dass die Bestimmung der informationsorientierten Stellen mit großen Schwierigkeiten verbunden war. Aus diesem Grund wurde folgende Vorgehensweise gewählt: Zunächst wurden die EDV-Abteilungen (und in jenen seltenen Fällen, in denen informationsorientierte Informationsfunktionen eruiert werden konnten, auch diese) kontaktiert. Die (restlichen) informationsorientierten Informa-

---

[546] Wie im Unterkapitel „Operationalisierung" bereits dargelegt wurde, werden organisatorische Aspekte als ein Indikator für den Ausprägungsgrad des Informationsmanagements betrachtet. Da diese einen ersten grundlegenden Einblick in die untersuchten Informationsfunktionen geben, erfolgt die Ergebnisdarstellung bereits an dieser Stelle (und nicht erst im folgenden Unterkapitel „Umsetzung des Informationsmanagements").

tionsfunktionen wurden dann beim ersten oder gegebenenfalls auch den folgenden Interviews ermittelt. Diese Vorgehensweise erschien insofern erfolgversprechend, da speziell die Leiter der EDV- bzw. Organisationsabteilungen das Unternehmen in der Regel gut kennen. Es kann aber trotzdem nicht ausgeschlossen werden, dass einige Informationsfunktionen nicht identifiziert wurden.

20 der 42 Interviewpartner kamen von technologieorientierten, 22 von informationsorientierten Informationsfunktionen. Bei den *technologieorientierten Informationsfunktionen* handelte es sich großteils um Leiter von EDV-Abteilungen oder Teilbereichen davon. In genau der Hälfte der Unternehmen ist die EDV-Abteilung *ausgelagert*, wobei der Anteil der „outsourcenden" Unternehmen in der Versicherungsbranche über und in der Automobilindustrie unter dem Durchschnitt liegt. Das Outsourcing kann so weit gehen, dass einerseits Anwendungsentwicklung und Rechenzentrumsbetrieb von zwei verschiedenen externen Unternehmen wahrgenommen werden; andererseits zum Beispiel ein ausgelagertes Rechenzentrum seine Dienste zwei oder mehreren Unternehmen anbietet. Fast alle ausgelagerten EDV-Abteilungen sind als Tochtergesellschaft eingerichtet. Die Interviews zeigten aber, dass eine ausgelagerte EDV in der Regel wie eine herkömmliche IT-Abteilung behandelt wird.

In jenen Unternehmen, bei denen die Zuordnung des (der) EDV-Dienstleister(s) nicht eindeutig möglich war,[548] wurden darüber hinaus Interviews mit Mitarbeitern der Organisationsabteilung geführt, die das Bindeglied zwischen ihrem Unternehmen und der ausgelagerten EDV darstellt.

Im Vergleich zu den technologieorientierten Informationsfunktionen vermitteln die *informationsorientierten* ein sehr unterschiedliches Bild. So sind von den 22 informationsorientierten Informationsfunktionen nur zwei Stellen *ausgelagert*. Der Grund für die niedrige „Outsourcing-Quote" dürfte darin liegen, dass es grundsätzlich weniger problematisch ist, das Management der Informationstechnologie außer Haus zu geben. Hingegen ist dies bei Information als entscheidenden Erfolgsfaktor für ein Unternehmen nur beschränkt möglich.

Überraschend ist, dass „traditionelle" Informationsvermittlungsstellen in den untersuchten Unternehmen kaum zu finden sind. In nur zwei Unternehmen gibt es eine (zentrale) Unternehmensbibliothek. Hierin unterscheidet sich die hier vorliegende Studie deutlich von jener von Bergeron, bei der die meisten Interviewpartner der informationsorientierten Informationsfunktionen für Bibliothek sowie Dokumentenmanagement und Archiv zuständig waren.[549]

---

[547] Allen teilnehmenden Personen sei an dieser Stelle noch einmal vielmals für ihre Mitarbeit gedankt.
[548] Bei einem Unternehmen war die ausgelagerte EDV für zwei weitere Firmen tätig. Im zweiten Unternehmen wird die gesamte EDV durch zwei ausgelagerte Gesellschaften wahrgenommen.
[549] Vgl. Bergeron 1995, S. 434.

primär Informationsvermittlung	primär Informationsproduktion
Bibliothek	technische Dokumentation
Information Service	Vorstandssekretariat
Business Information Research (Auskunftei)	Entwicklungsunterstützung und -organisation
Branchendienst	Unternehmensanalyse
Informationsmanagement	strategische Planung
Unternehmensentwicklung	Volkswirtschaft
Mitarbeiterinformation und –kommunikation	Corporate Finance
Information/interne Kommunikation	Aktienfonds-Management
	Marketing

Tab. 7.2: Abteilungsbezeichnungen der informationsorientierten Informationsfunktionen bzw. jener Abteilungen, denen sie zugeordnet sind

Neben der reinen *Informationsvermittlung* erbringen so gut wie alle informationsorientierten Informationsfunktionen einen mehr oder weniger großen informationellen Mehrwert[550] in Form einer stärkeren fachlichen Informationsaufbereitung. Wenn diese Abteilungen nicht direkt der Unternehmensleitung unterstellt sind, sind sie verschiedenen Fachabteilungen zugeordnet. Beispiele für derartige Stellen sind Auskunftei, Branchendienst (Branchendokumentation) oder Mitarbeiterinformation. Während bei diesen Stellen aber immer noch die Informationsvermittlung den primären Fokus bildet, konnte bei der empirischen Studie eine Reihe von weiteren Stellen identifiziert werden, bei denen nicht Beschaffung, formale und inhaltliche Erschließung, Speicherung und Weitervermittlung, sondern Informationsanalyse und *Informationsproduktion* im Vordergrund stehen. Diese Abteilungen haben oft fast den Status einer Fachabteilung.[551]

Ein Beispiel dafür ist im Bankenbereich die volkswirtschaftliche Abteilung. Diese verfügt in der Regel über Anschlüssen an externe Datenbanken und Zeitschriftenabonnements, zum Teil ist auch eine kleine Fachbibliothek vorhanden. Sie erbringt aber stark spezialisierte Informationsdienste und –produkte in Form von Konjunktur-, Länder- und Branchenanalysen für das gesamte Unternehmen, für deren Erstellung volkswirtschaftliches Wissen unbedingt erforderlich ist. Ein weiteres Beispiel für eine derartige Abteilung in der KFZ-Branche ist die Vertriebsdokumentation. Ihre Aufgabe besteht unter anderem darin, Wartungs- und Reparaturanleitungen abzufassen. Dazu müssen die benötigten Informationen von Konstruktions- und Produktionsabteilung beschafft, gefiltert und für den gewünschten Zweck (zum Beispiel

---

[550] Vgl. Kuhlen 1991.
[551] Bergeron bezeichnet diese Abteilungen „knowledge center". Diese wurden bei ihrer Studie nicht berücksichtigt (vgl. Bergeron 1995, S. 82 f.).

Wartungshandbuch) redigiert werden. Auch hier tritt die informationsvermittelnde Tätigkeit hinter jene der Informationsproduktion zurück. Als weitere Stellen mit einer ähnlichen Charakteristik, aber zum Teil einer inhaltlich völlig unterschiedlichen Ausrichtung, wurden unter anderen Unternehmensanalyse, strategische Planung, Produktinformation und Vorstandssekretariat identifiziert.

Die durchschnittliche *Mitarbeiterzahl* der EDV-/Organisationsabteilung[552] beträgt in den Unternehmen der KFZ-Industrie zirka 45. Ihre Ermittlung war für die Banken und Versicherungen nur näherungsweise möglich. Dies deshalb, weil in einigen Unternehmen die EDV von mehreren technologieorientierten Informationsfunktionen (zum Beispiel Organisationsabteilung, ausgelagerte Anwendungsentwicklung und ausgelagertes Rechenzentrum) wahrgenommen wird, von denen nicht alle zur Mitarbeit an der Studie bereit waren. Unter diesem Gesichtspunkt beläuft sich die durchschnittliche Mitarbeiterzahl im EDV-/Organisationsbereich in der Versicherungsbranche auf deutlich mehr als 100 Mitarbeiter. In den Banken liegt der entsprechende Wert wesentlich höher.

Ähnlich schwierig gestaltete sich die Ermittlung einer entsprechenden Kennzahl für die informationsorientierten Informationsfunktionen. Da nicht sichergestellt werden kann, dass in den untersuchten Unternehmen alle Informationsfunktionen identifiziert werden konnten, sind auf Unternehmensebene keine absolut zuverlässigen Angaben möglich. In sechs Unternehmen konnte nicht einmal eine informationsorientierte Informationsfunktion ermittelt werden. In vier davon handelt es sich um ausländische Unternehmen, bei denen die entsprechenden Stellen im Konzernsitz angesiedelt sind. Eine Mittelwertberechnung ist somit nur auf der Ebene der Informationsfunktionen sinnvoll. Eine durchschnittliche informationsorientierte Informationsfunktion umfasst demnach acht Mitarbeiter. Bei einer primär informationsvermittelnden Informationsfunktion sind es vier Beschäftigte.

Ausbildung	Banken	Versicherungen	KFZ	Σ
kaufmännisch	9	2		11
juristisch	2	2		4
technisch		1	4	5
sonstige	2			2

Tab. 7.3: Ausbildung der Leiter der informationsorientierten Informationsfunktionen

Die Heterogenität der informationsorientierten Informationsfunktionen findet ihren Ausdruck in der *Ausbildung* wieder. In der Automobilbranche haben alle Abteilungsleiter eine technische Ausbildung. In den Banken und Versicherungen dürfte hingegen in erster Linie eine betriebswirtschaftliche Ausbildung gefragt sein. Bei den technologieorientierten Informationsfunktionen gibt es keine branchenspezifischen Unterschiede. Der Großteil der Leiter der EDV-/Organisationsabteilungen (zehn) hat eine technische Ausbildung, drei davon haben ein Informatikstudium beendet. Fünf Interviewpartner haben ein abgeschlossenes betriebswirtschaftliches Studium, weitere fünf eine sonstige Ausbildung (AHS oder Kurzstudium). Alle Befragten verfügen über eine höhere Ausbildung: zwölf haben Matura[553], immerhin 30 einen Hochschulabschluss.

Schlussfolgerungen/Thesen[554]:

Aus vorigen Ausführungen lassen sich folgende (im Rahmen einer Folgestudie zu testende) Thesen[555] aufstellen:

These 1:

In fast der Hälfte der österreichischen Großunternehmen[556] ist die EDV-Abteilung „outgesourct". In den meisten Fällen ist die ausgelagerte EDV-Abteilung als Tochtergesellschaft eingerichtet.

These 2:

„Traditionelle" informationsvermittelnde Stellen wie eine Unternehmensbibliothek oder eine (zentrale) Informationsvermittlungsstelle sind in den meisten österreichischen Großunternehmen nur selten zu finden. Aus diesem Grund sind informationsorientierte Informationsfunktionen in der Regel schwer als solche identifizierbar. Sie können ihre Existenz primär dadurch sichern, dass sie einen informationellen Mehrwert erbringen. Dieser besteht

---

[552] Eine ausgelagerte EDV-Abteilung wurde dabei wie eine interne behandelt.

[553] bzw. in einem Fall eine vergleichbare Qualifikation.

[554] An dieser Stelle sei noch einmal ausdrücklich darauf hingewiesen, dass es sich hier um eine explorative, also hypothesen**generierende** Studie handelt. (Mögliche) Hypothesen werden deswegen aufgestellt, um dadurch der Forderung Friedrichs, wonach eine deskriptive Studie methodisch so exakt durchgeführt worden sein sollte, dass sie für eine spätere, theoriegeladene Sekundäranalyse brauchbar ist, gerecht zu werden (vgl. Friedrichs 1990, S. 109).

[555] Auf eine exakte „aussagenlogische" Formulierung der Hypothesen wurde zugunsten einer besseren Lesbarkeit verzichtet.

[556] Es wird davon ausgegangen, dass die Grundgesamtheit einer Folgeuntersuchung österreichische Großunternehmen (mit mehr als 1000 Mitarbeitern) umfasst. Eine Erweiterung auf den gesamten deutschsprachigen Raum sollte problemlos möglich sein. Wie einige Studien zeigten, dürfte sich hingegen der Status quo des Informationsmanagements im angloamerikanischen Raum in einigen Punkten unterscheiden.

oft darin, dass neben Beschaffung, Erschließung, Speicherung und Weitervermittlung eine stärkere fachliche Aufbereitung der Informationsinhalte erfolgt. Dies kann so weit gehen, dass der primäre Tätigkeitsbereich in der Informationsproduktion besteht.

7.2.3 Selbstverständnis

In diesem Kapitel soll untersucht werden, ob informations- und technologieorientierte Informationsfunktionen ein unterschiedliches Selbstverständnis bezüglich Informationsmanagement haben. Dazu soll die Untersuchung von Lewis und Martin weiter verfeinert werden. Diese ergab, dass Informatiker dazu tendieren, einen eher technikorientierten Ansatz zu verfolgen, während Bibliothekare und Dokumentare stärker Erzeugung, Verarbeitung und Aufbereitung bzw. Analyse, Präsentation und zielgerichtete Verteilung von Information betonen. Neben diesen Unterschieden konnten aber auch einige Gemeinsamkeiten festgestellt werden. Es sind dies das Erkennen des Wertes der Ressource Information, der verbreitete Einsatz von Informationstechnologie und die Notwendigkeit, beide zur Unterstützung der Unternehmensziele einzusetzen.[557]

Bei der hier vorliegenden Untersuchung soll das Selbstverständnis anhand von folgenden Indikatoren ermittelt werden:
- Reihung von drei IM-Definitionen,
- Tätigkeitsschwerpunkt der jeweiligen Informationsfunktion: Informationsbereitstellung oder Informationsnutzung,
- von den Informationsfunktionen betrachtete Informationsressourcen,
- primär berücksichtigte Informationsarten.

Darüber hinaus wurde noch erhoben, ob Information als eine Unternehmensressource gesehen wird, wie häufig die Bezeichnung Informationsmanagement im jeweiligen Unternehmen verwendet wird und ob die Interviewpartner einen anderen Begriff bevorzugen.

---

[557] Vgl. Lewis/Martin 1989, S. 238 f.

Bevorzugte Definition

In ihrer Studie zeigten Lewis und Martin auf, dass unterschiedliche Berufsgruppen verschiedene IM-Definitionen bevorzugen.[558] Diese Behauptung sollte in dieser Studie dadurch verifiziert werden, dass die Interviewpartner drei Definitionen reihen mussten. Die erste Definition („effektiver und effizienter Einsatz von Informationstechnologie") berücksichtigt den Technologie-Aspekt stärker. Hingegen stellt die zweite Definition („Beschaffung/Erzeugung, Speicherung, bedarfsgerechte Aufbereitung und Weitervermittlung von Information") mehr den Aspekt der Informationsvermittlung in den Vordergrund. Die dritte Begriffsfestlegung („durch Information/Informationstechnologie für das Unternehmen neue Möglichkeiten erschließen / wettbewerbsorientierter Einsatz von Information bzw. Informationstechnologie") zielt hingegen primär auf die strategische Dimension des Informationsmanagements ab.

Die Gegenüberstellung von Abbildung 7.3 und 7.4 macht die Unterschiede zwischen informations- und technologieorientierten Informationsfunktionen deutlich. Überraschend ist, dass bei den technologieorientierten Informationsfunktionen mehr Befragte Definition 2 gegenüber Definition 1 den Vorzug gaben. Der Kommentar eines EDV-Leiters aus der KFZ-Industrie, der meinte, dass die EDV immer mehr die Funktion habe, die technische Infrastruktur bereitzustellen, über die die Wissensvermittlung erfolgt, könnte diese Reihung plausibel machen. Obwohl dieses Ergebnis hauptsächlich auf die Versicherungsbranche zurückzuführen ist, wo acht der neun Befragten der zweiten Definition den Vorrang einräumten, relativiert dies die verbreitete Ansicht, wonach EDV-Leiter primär technikorientiert denken. Am meisten Zustimmung erhielt demnach auch Definition 3, die die strategische Bedeutung des Informationsmanagements hervorhebt. Ein Interviewpartner ergänzte diese noch: „... und den Unternehmenserfolg maximieren helfen". Ein DV-Leiter aus der KFZ-Industrie gab an, dass er unter Informationsmanagement nicht den operativen EDV-Betrieb, sondern primär die strategische Planungsebene verstehe.

Von den Befragten der informationsorientierten Informationsfunktionen reihten 14 Definition 2 und neun Definition 3 an erste Stelle. Definition 1 wurde nur von zwei Abteilungsleitern als die relevanteste eingestuft.

---

[558] Vgl. Lewis/Martin 1989, S. 238 f.

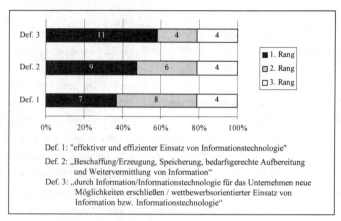

Abb. 7.3: Technologieorientierte Informationsfunktionen - bevorzugte IM-Definitionen

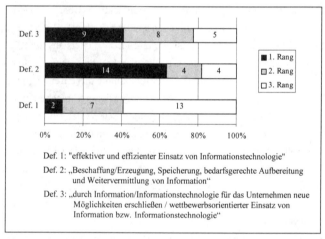

Abb. 7.4: Informationsorientierte Informationsfunktionen - bevorzugte IM-Definitionen

Informationsbereitstellung vs. Informationsnutzung

Wenn man Informationsmanagement im Sinne eines Managements des Informationslebenszyklus sieht, so kann man grob zwischen Bereitstellung und Nutzung der Ressource Infor-

mation unterscheiden.[559] Ein Unterschied im IM-Selbstverständnis zwischen informations- und technologieorientierten Informationsfunktionen könnte nun darin bestehen, dass sie jeweils andere Seiten des Informationslebenszyklus betonen.

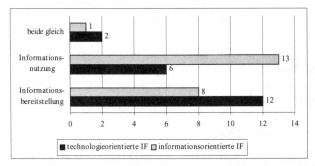

Abb. 7.5: Bevorzugte Seite des Informationslebenszyklus

Dies ist auch tatsächlich der Fall. Technologieorientierte Informationsfunktionen stellen eher die Informationsbereitstellung in den Vordergrund (12 Angaben). Dagegen hat bei den informationsorientierten Informationsfunktionen die Informationsnutzung ein höheres Gewicht (13 Nennungen). Hier muss aber zwischen primär informationsvermittelnden und informationsproduzierenden Stellen unterschieden werden. Während bei Ersteren fast gleich viele Informationsfunktionen beide Alternativen wählten (vier- bzw. fünfmal), überwiegt bei Letzteren eindeutig die Informationsnutzung. Bei den Versicherungsunternehmen fallen obige Ergebnisse noch deutlicher aus.

Objekte des Informationsmanagements (Informationsressourcen)

Unter Informationsressourcen werden hier die wichtigsten Gestaltungsobjekte des Informationsmanagements verstanden. In Anlehnung an Ortner[560] handelt es sich dabei um Hardware[561], Anwendungssoftware, Daten/Informationen, Mitarbeiter der Informationsfunktion(en) und Endbenutzer[562]. Abbildung 7.6 zeigt, dass Daten/Informationen sowohl für

---

[559] Vgl. Daniel 1991, in Anlehnung an Bergeron 1995, S. 439.
[560] Vgl. Ortner 1990, S. 498.
[561] Ortner verwendet den Begriff Technologie, wozu er neben Hardware auch noch die Systemsoftware zählt.
[562] Die entsprechenden Bezeichnungen lauten bei Ortner „Betreiber- und Benutzerorganisation".

technologie- (95 %[563]) als auch für informationsorientierte Informationsfunktionen (100 %) eine Komponente des Informationsmanagements sind. Weitgehende Übereinstimmung, allerdings auf einem niedrigeren Niveau (65 % bzw. 77 %), herrscht bei der Einbeziehung der Endbenutzer in das IM-Konzept. Von den Leitern der informationsorientierten Informationsfunktionen war die Resonanz diesbezüglich etwas größer.

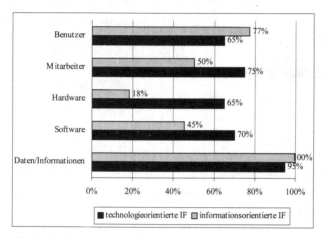

Abb. 7.6: Objekte des Informationsmanagements (Informationsressourcen)

Hingegen sind Hardware und Software, wie zu erwarten war, nur für einen Großteil der technologieorientierten Informationsfunktionen ein Gestaltungsobjekt. Dass die Zustimmung nicht noch höher war, hängt zum einen mit der speziellen Charakteristik von einigen Informationsfunktionen (zum Beispiel Organisationsabteilung, die das Bindeglied zu einer outgesourcten EDV-Abteilung ist; ausgelagertes Rechenzentrum) zusammen. Zum anderen umfasst Informationsmanagement für einige Befragte, wie schon zuvor erwähnt wurde, weniger den operativen EDV-Betrieb, sondern primär die strategische Planungsebene. Überraschend war, dass gar nicht so wenige Befragte von informationsorientierten Informationsfunktionen der Software (45 % bzw. 10 Befragte) eine derart große Bedeutung beimessen. Dies könnte damit zu tun haben, dass computerbasierte Informationssysteme auch bei der Informationsvermittlung eine wichtige Rolle spielen. Vor allem Intranet und Lotus Notes wurden öfters genannt.

---

[563] Nur eine technologieorientierte Informationsfunktion, deren Hauptaufgabenbereich im Informationsverarbeitungs-Controlling liegt, betrachtet Daten nicht als Bestandteil des Informationsmanagements.

Die Mitarbeiter der Informationsfunktion wurden ebenfalls von einem Großteil der EDV-/Organisationsabteilungen als Bestandteil des Informationsmanagements betrachtet. Ein Grund könnte darin bestehen, dass die Mitarbeiterzahlen der EDV-/Organisationsabteilungen wesentlich über denen der informationsorientierten Informationsfunktionen liegen und der Mitarbeiterführung dadurch eine entsprechende Bedeutung zukommt.

Generell traten die Unterschiede zwischen informations- und technologieorientierten Informationsfunktionen bei den Versicherungsunternehmen wieder deutlicher hervor. Im Bereich der technologieorientierten Informationsfunktionen decken sich die Ergebnisse weitgehend mit den Resultaten der Studie von O'Brien und Morgan. Laut dieser Studie, an der 36 EDV-Mitarbeiter (primär EDV-Leiter) aus US-amerikanischen Unternehmen teilnahmen, sind Daten/Information zu 97 % sowie Hardware, Software und EDV-Mitarbeiter zu 94 % ein wichtiges oder zentrales Element des Informationsmanagements.[564]

Informationsart

Auch in Hinblick auf die primär berücksichtigte Informationsart sollen allfällige Unterschiede zwischen informations- und technologieorientierten Informationsfunktionen aufgezeigt werden. Dazu werden folgende Unterscheidungsmerkmale verwendet:
- Bedeutung/zeitlicher Bezug,
- Herkunft,
- Datenträger,
- Strukturiertheitsgrad und
- Verfügbarkeit.

Bezüglich *Bedeutung/zeitlicher Bezug* sind die Ergebnisse von informations- und technologieorientierten Informationsfunktionen relativ ähnlich. In beiden Fällen gaben die meisten Befragten (13 bzw. 10) an, dass sie primär operative/administrative Daten „berücksichtigen". Mehrere Respondenten merkten an, dass strategische Daten ohne operative keinen Sinn machen sowie dass beide Informationsarten in gleichem Ausmaß relevant seien. Branchenmäßige Abweichungen gab es nur bei den EDV-/Organisationsabteilungen der Automobilindustrie, wo sich drei der fünf Interviewpartner für „strategisch" entschieden.

---

[564] Vgl. O'Brien/Morgan 1990, S. 8.

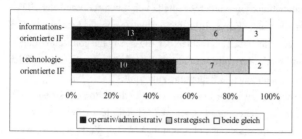

Abb. 7.7: Primär berücksichtigte Informationsart – Bedeutung/zeitlicher Bezug

Was die *Herkunft der Daten* betrifft, gibt es hingegen deutliche Unterschiede zwischen informations- und technologieorientierten Informationsfunktionen. Bei Ersteren haben die meisten Stellen/Abteilungen (13 von 22) mit externen Daten zu tun. Natürlich gibt es aber auch solche, die hauptsächlich interne Daten zum Gegenstand haben, wie zum Beispiel eine Stelle „Mitarbeiterinformation". Beim Großteil der technologieorientierten Stellen bilden interne Daten das Schwergewicht. Aber auch hier ist die Grenze fließend und eine Trennung zwischen internen und externen Daten teilweise künstlich. So sind speziell in der Automobilindustrie die Unternehmen mit Zulieferanten und Kunden EDV-mäßig so stark vernetzt, dass obige Unterscheidung oft schwer möglich ist.

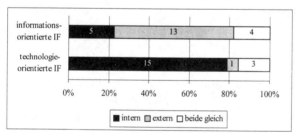

Abb. 7.8: Primär berücksichtigte Informationsart – Herkunft

In fast allen Informationsfunktionen liegen die Daten primär auf elektronischen *Datenträgern* vor. Bei den informationsorientierten Informationsfunktionen spielen papierbasierte Daten in einigen Fällen noch eine ebenso wichtige Rolle. Dies trifft auf Unternehmensbibliotheken und Dokumentationsstellen, die nach wie vor Zeitungen und Zeitschriften archivieren, da die elektronischen Versionen keine Abbildungen enthalten, sowie einige Stellen im Bereich der Informationsproduktion zu.

Bei der Untersuchung von Bergeron wurde papierbasierten Daten eine größere Bedeutung beigemessen.[565] Dies dürfte daran liegen, dass zum einen in angloamerikanischen Ländern ein „records management" in den Unternehmen stärker institutionalisiert ist, zum anderen vor allem infolge des Internet mittlerweile noch mehr Daten in digitaler Form vorliegen.

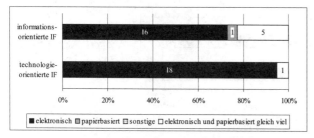

Abb. 7.9: Primär berücksichtigte Informationsart - Datenträger

Bezüglich *Strukturiertheitsgrad* der betroffenen Daten ergeben sich wieder deutlichere Unterschiede. So gaben 15 Befragte von technologieorientierten Informationsfunktionen an, dass sie primär strukturierte Daten verarbeiten. Bei den informationsorientierten Informationsfunktionen haben unstrukturierte Daten (Bücher, Berichte, bibliografische Datenbanken, ...) hingegen eine gleich große Bedeutung. Bei diesen Ergebnissen muss aber berücksichtigt werden, dass informations- und technologieorientierte Informationsfunktionen teilweise ein unterschiedliches Begriffsverständnis bezüglich „Strukturiertheit von Daten" haben dürften.

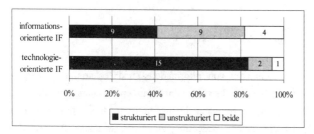

Abb. 7.10: Primär berücksichtigte Informationsart - Strukturiertheitsgrad

---

[565] Vgl. Bergeron 1995, S. 115, 156, 198 f., 246 f., 280 und 399 f.

Hinsichtlich *Verfügbarkeit* kann man zwischen explizitem und implizitem Wissen unterscheiden. Ersteres ist in Form von computerbasierten Informationssystemen, Dokumentationen oder externen Datenbanken allgemein zugänglich. Bei implizitem Wissen handelt es sich zum Beispiel um Know-how oder Erfahrungswissen von einzelnen Mitarbeitern, das in der Regel nicht öffentlich verfügbar ist.

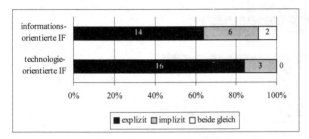

Abb. 7.11: Primär berücksichtigte Informationsart - Verfügbarkeit

Wie zu erwarten war, gab die Mehrheit der Befragten an, dass ihre Abteilungen primär explizites Wissen berücksichtigen. Wenn dies bei den informationsorientierten Informationsfunktionen in einem vergleichsweise etwas geringeren Maße zutrifft, könnte das damit zusammenhängen, dass speziell bei jenen Stellen, die stärker im Bereich der Informationsproduktion tätig sind, Erfahrungen und persönliches Know-how eine wichtige Rolle spielen. Ein wenig dürfte in diese Beurteilung also hineingespielt haben, dass die methodische Unterstützung bei den informationsorientierten Informationsfunktionen relativ gering ist und Erfahrungen und persönlichem Wissen dadurch eine größere Bedeutung zukommt.

Unternehmensressource Information

Nachdem bei obigen Gegenüberstellungen von informations- und technologieorientierten Informationsfunktionen unterschiedliche Selbstverständnisse in einem stärkeren Maße zu Tage traten, soll nun geklärt werden, ob Einigkeit darüber herrscht, dass Information eine Unternehmensressource ist, der die gleiche Bedeutung zukommt, wie zum Beispiel den Ressourcen Arbeit und Kapital.[566]

---

[566] In der klassischen Betriebswirtschaftslehre wird Information im Allgemeinen nicht als eigener Produktionsfaktor bzw. als eine Unternehmensressource betrachtet (vgl. Beuermann 1996; Bloech 1993, Sp. 3412). Einer der Autoren, der diese Behauptung als einer der ersten in der deutschsprachigen Betriebswirtschaftslehre erhob, war Wittmann (1979). In der Wirtschaftsinformatik handelt es sich hingegen um ein Postulat (vgl. Kapitel „Datenmanagement").

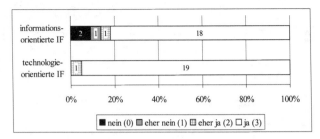

Abb. 7.12: Unternehmensressource Information

Wie Abbildung 7.12 zu entnehmen ist, stimmt der Großteil der Befragten diesem Postulat zu. Besonders hoch ist der Grad der Zustimmung bei den EDV-Abteilungen (ja: 19 Nennungen, eher ja: eine Nennung). Dies dürfte an der mittlerweile großen Bedeutung der EDV liegen. Ohne sie wäre der Fortbestand keines der untersuchten Unternehmen mehr denkbar. In einem etwas geringeren Maße (ja: 18, eher ja: 1, eher nein: 1, nein: 1) herrscht diese Überzeugung bei den informationsorientierten Informationsfunktionen vor, was auf die informationsproduzierenden Stellen zurückzuführen ist.

Bestätigt werden obige Ergebnisse durch die Studie von Bergeron.[567] Zu ähnlichen Resultaten (93 % stimmten der Aussage zu) gelangte auch die Studie von Martin et al., bei der Geschäftsführer von großteils kleineren und mittleren Unternehmen in Großbritannien befragt wurden.[568]

Verwendung der Bezeichnung Informationsmanagement

Am Ende dieses Unterkapitels soll noch offengelegt werden, wie häufig die Bezeichnung Informationsmanagement in den untersuchten Unternehmen verwendet wird. Obwohl sich die entsprechende Frage auf die gesamte Organisation bezog, kam es in einigen Unternehmen (mit mehreren Informationsfunktionen) zu unterschiedlichen Einschätzungen. Zumindest manchmal dürfte daher die Sicht der jeweiligen Abteilung oder des jeweiligen Interviewpartners stärker eingeflossen sein.

---

[567] Vgl. Bergeron 1995, S. 449.
[568] Vgl. Martin/Davis/Titterington 1991, S. 213.

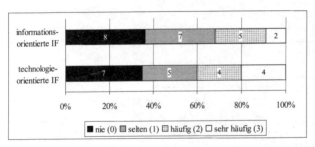

Abb. 7.13: Verwendung der Bezeichnung Informationsmanagement im Unternehmen

Abbildung 7.13 bringt zum Ausdruck, dass die Antworten stark variierten. Dem Median von eins entspricht auf einer Ordinalskala zwischen 0 und 3 eine seltene Verwendung. Im Vergleich zu den informationsorientierten gaben mehr technologieorientierte Informationsfunktionen an, dass die Bezeichnung Informationsmanagement in ihrem Unternehmen verwendet wird. Am häufigsten war dies bei Versicherungen der Fall (Median: 2 bzw. häufig). Am seltensten wird die Bezeichnung von informationsproduzierenden Abteilungen verwendet.

Die Frage, ob sie eine andere Bezeichnung bevorzugen, bejahten neun Interviewpartner der technologieorientierten Informationsfunktionen. Am öftesten wurden „EDV" und/oder „Organisation" genannt. Noch stärker war die Präferenz einer anderen Bezeichnung bei den informationsorientierten Informationsfunktionen (in 16 von 22 Fällen). Je nach der primären Ausrichtung gingen die Angaben entweder in Richtung Informationsvermittlung/-bereitstellung oder Informationsverarbeitung/-analyse/-produktion.

Schlussfolgerungen/Thesen:

Aus obigen Ausführungen lassen sich folgende Schlussfolgerungen ziehen:

These 1:
Verschiedene Informationsfunktionen sehen Informationsmanagement aus ihrer eigenen Perspektive. Teilweise haben informations- und technologieorientierte Informationsfunktionen ein unterschiedliches, teilweise ein ähnliches Selbstverständnis bezüglich Informationsmanagement.
Unterschiede:

- Informationsorientierte Informationsfunktionen haben einen stärkeren Fokus auf der Informationsnutzung. Sie beschäftigen sich intensiver mit externen und unstrukturierten Daten.
- Bei technologieorientierten Informationsfunktionen steht die Informationsbereitstellung eher im Vordergrund. Sie betrachten primär interne und strukturierte Daten. Hardware, Software und Mitarbeitern der Informationsfunktion wird ein höherer Stellenwert eingeräumt.

Gemeinsamkeiten:

- Beiden Typen von Informationsfunktionen ist in einem hohen Maße gemeinsam, dass sie Daten/Information nicht nur als ein Objekt des Informationsmanagements, sondern als einen Produktionsfaktor betrachten. Sie berücksichtigen primär operativ/administrative und digitale Daten (wobei Printmedien bei einigen informationsorientierten Informationsfunktionen noch immer eine gewisse Rolle spielen).

These 2:

Die Bezeichnung Informationsmanagement wird in der Praxis nicht sehr häufig verwendet. In Mehrheit der Unternehmen ist dieser Terminus nicht üblich. Etwas häufiger findet man dieses Etikett nur in der Versicherungsbranche. Von den meisten Informationsfunktionen werden Bezeichnungen bevorzugt, die ihren Tätigkeitsbereich besser zum Ausdruck bringen. Es kann also keine Rede davon sein, dass es sich bei Informationsmanagement um ein „allgemein gültiges" Managementkonzept handelt.

7.2.4 Umsetzung des Informationsmanagements

Nachfolgend werden die Resultate zum Ausprägungsgrad des Informationsmanagements präsentiert. Wie bereits im Unterkapitel „Konzeptualisierung" dargelegt wurde, umfasst die Ergebnisdarstellung hier folgende Komponenten des Informationsmanagements[569]:

- strategische Informations(technologie)planung,
- Informationsrichtlinien,
- Informations(verarbeitungs)controlling,
- methodische Unterstützung und
- IT-Management.

Bei der Ergebnisdarstellung der einzelnen Umsetzungsbereiche erfolgt eine Trennung zwischen informations- und technologieorientierten Informationsfunktionen.[570] Das IT-Management betrifft, wie aus der Bezeichnung hervorgeht, nur technologieorientierte Informationsfunktionen.

7.2.4.1 Strategische Informations(technologie)planung

A) Technologieorientierte Informationsfunktionen

	Banken (n=6 IF)[571]	Versicherungen (n=9 IF)	KFZ-Industrie (n=5 IF)	gesamt (n=20 IF)
Verzeichnis der Informationsressourcen (*Anzahl IF*)	6 (=100 %)	8 (=89 %)	5 (=100 %)	19 (=95 %)
Verzeichnis - Werkzeug (*Anzahl IF*)	5 (=100 %) (n=5)[572]	8 (=100 %) (n=8)	5 (=100 %)	18 (=100 %) (n=18)
schriftlicher Informationstechnologieplan (*Anzahl IF*)	6 (=100 %)	6 (=67 %)	3 (=60 %)	15 (=75 %)
operativer Informationstechnologieplan	6 (=100 %)	5 (=100 %) (n=6)	3 (=100 %) (n=3)	14 (=93 %) (n=15)
strategischer Informationstechnologieplan	4 (=67 %)	6 (=100 %) (n=6)	3 (=100 %) (n=3)	13 (=87 %) (n=15)
Abstimmung des IT-Plans mit Unternehmenszielen / -strategie	6 (=100 %)	6 (=100 %) (n=6)	3 (=100 %) (n=3)	15 (=100 %) (n=15)
direkte Mitarbeit bei Unternehmensplanung (*Anzahl IF*)	5 (=83 %)	4 (=44 %)	2 (=40 %)	11 (=55 %)
wettbewerbsor. Einsatz von IT (*Anzahl IF*)	6 (=100 %)	9 (=100 %)	5 (=100 %)	20 (=100 %)
Produktdifferenzierung	3 (=50 %)	7 (=78 %)	0 (=0 %)	10 (=50 %)
Kundendienst/Service	5 (=83 %)	8 (=89 %)	3 (=60 %)	16 (=80 %)
neue Produkte	6 (=100 %)	8 (=89 %)	1 (=20 %)	15 (=75 %)
Lieferantenbeziehungen	2 (=33 %)	0 (=0%)	4 (=80 %)	6 (=30 %)
Kostensenkung	5 (=83 %)	9 (=100 %)	5 (=100 %)	19 (=95 %)
Marktnischen	6 (=100 %)	3 (=33 %)	0 (=0 %)	9 (=45 %)

---

[569] Die Ergebnisse zu den strukturorganisatorischen Aspekten des Informationsmanagements wurden bereits im Kapitel 7.2.2 vorgestellt.

[570] Bei einem direkten Vergleich muss natürlich die unterschiedliche Größe (Mitarbeiterzahl und Budgethöhe) dieser beiden Typen von Informationsfunktionen berücksichtigt werden.

[571] Diese Angabe (n=6 Informationsfunktionen) bezieht sich auf die Anzahl der „normalerweise" vorliegenden Aussageeinheiten (vgl. Friedrichs 1990, S. 126).

[572] Falls die Anzahl der Aussageeinheiten bei einzelnen Fragen abweicht (weil zum Beispiel die jeweilige Frage nicht für alle Interviewpartner relevant war), wurde dies explizit aufgezeigt.

Zusammenarbeit mit ande- ren Unternehmen	3 (=50 %)	3 (=33 %)	4 (=80 %)	10 (=50 %)

Tab. 7.4: Strategische Informationstechnologieplanung – Ergebnisse technologieorientierte Informationsfunktionen (IF)

In Tabelle 7.4 sind die wichtigsten Ergebnisse zusammengefasst. Wie leicht zu erkennen ist, werden die Kriterien – es handelt sich ausschließlich um dichotome Variable – von einem Großteil der untersuchten Unternehmen erfüllt. Dies trifft besonders auf das Vorhandensein von *Verzeichnissen* zu, in denen die *Informationsressourcen* verwaltet werden. Bei den technologieorientierten Informationsfunktionen handelt es sich dabei primär um Hardware, Software, Lizenzen, Daten und Endbenutzer. Derartige Verzeichnisse sind in allen Unternehmen und bis auf einer in allen Informationsfunktionen vorhanden. Es werden von allen Informationsfunktionen, die Angaben dazu machten, Werkzeuge dafür verwendet. Es handelt sich oft um Data-Dictionarys, zum Teil werden selbst erstellte Informationssysteme, die zum Beispiel mit Lotus Notes entwickelt wurden, eingesetzt.

In immerhin einem Viertel der EDV-/Organisationsabteilungen gibt es keinen schriftlichen *Informationstechnologieplan*. Dies wurde mit „(Zwang zur) Orientierung an den gerade aktuellen Bedürfnissen" und „Zeitmangel" begründet. Im Falle einer IT-Planung wird diese aber ernsthaft betrieben: In 14 Informationsfunktionen gibt es einen operativen, in 13 einen strategischen Informationsplan. Ein Leiter einer ausgelagerten EDV-Abteilung merkte an, dass die Strategien der Muttergesellschaft nicht ausreichend seien. Aufgrund der raschen Änderungen bei den Informationstechnologien könne man im jeweiligen Unternehmen daher von keiner strategischen IT-Planung sprechen. Änderungen im Bereich der Informationstechnologien und vor allem im Kerngeschäft des jeweiligen Unternehmens stellen hohe Anforderungen an die Flexibilität der Informationsverarbeitung. Ein EDV-Leiter betonte in diesem Zusammenhang auch die Bedeutung einer Informationsarchitektur, um diese Flexibilität im Bereich der EDV gewährleisten zu können.

In allen 15 Informationsfunktionen (für die diese Frage relevant war) basiert der IT-Plan auf den Unternehmenszielen und der Unternehmensstrategie. Geringer ist das Ausmaß, in dem die Leiter direkt an der Unternehmensplanung mitwirken: bei 11 der 20 Informationsfunktionen bzw. 9 der 16 Unternehmen. Bei der Studie von O'Brien/Morgan war die Zustimmung bei einer ähnlich gestellten Frage etwas höher (68 %). In den Banken waren obige Indikatoren deutlich stärker ausgeprägt.

Was sich bereits im Unterkapitel „Selbstverständnis" (Reihung der IM-Definitionen) herauskristallisiert hatte, wurde bei der Frage, ob die Unternehmen versuchen, durch den Einsatz von *Informationstechnologie Wettbewerbsvorteile* zu erreichen, klar bestätigt. Alle Interviewpartner bejahten diese Frage. Bezüglich des Schwerpunkts gibt es aber erhebliche Abweichungen vor allem zwischen Dienstleistungs- und Industrieunternehmen.

In der Automobilindustrie gibt es traditionell eine enge Kooperation mit Lieferanten und sonstigen Unternehmen. Es ist daher nicht überraschend, dass in diesen beiden Punkten die Zustimmung von KFZ-Unternehmen hoch war. Banken und Versicherungen lassen sich dadurch charakterisieren, dass die Informationsintensität des Produkts hoch ist. Dadurch ist die Hebelwirkung des Informationsmanagements hier höher als in der Automobilindustrie.[573] Das ist eine mögliche Erklärung dafür, dass bei den Dienstleistungsunternehmen dem EDV-Einsatz bei der „Produktdifferenzierung", der „Besetzung von Marktnischen" und der „Einführung von neuen Produkten" (zum Beispiel „Internet-Banking") eine größere strategische Bedeutung zukommt.

Insgesamt (über alle Branchen) am meisten Nennungen erhielten „Kostensenkung" (19 bzw. 95 %) und „Kundendienst/Service" (16 bzw. 80 %). Dies deckt sich auch mit der Untersuchung von Olaisen[574] und zeigt, dass bei den technologieorientierten Informationsfunktionen Kostenreduktion gegenüber anderen strategischen Maßnahmen noch immer die größte Bedeutung zukommt.

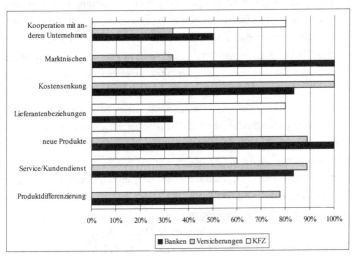

Abb. 7.14: Wettbewerbsorientierter Einsatz von Informationstechnologie – Schwerpunkte in den einzelnen Branchen

---

[573] Vgl. zum Beispiel Picot/Franck 1992, S. 888.
[574] Vgl. Olaisen 1990, S. 208 ff.

B) Informationsorientierte Informationsfunktionen

	Banken (n=13 IF)	Versicherungen (n=5 IF)	KFZ-Industrie (n=4 IF)	gesamt (n=22 IF)
Verzeichnis der Informationsressourcen (*Anzahl IF*)	11 (=92 %) (n=12)	2 (=40 %)	4 (=100 %)	17 (=81 %)
Verzeichnis - Werkzeug (*Anzahl IF*)	10 (=100 %) (n=10)	0 (=0 %) (n=2)	4 (=100 %)	14 (=88 %) (n=16)
schriftlicher Informationsplan (*Anzahl IF*)	6 (=46 %)	1 (=20 %)	4 (=100 %)	11 (=50 %)
operativer Informationsplan	6 (=100 %)	1 (n=1)	4 (=100 %)	11 (=100 %) (n=11)
strategischer Informationsplan	3 (=50 %) (n=6)	0 (n=1)	2 (=50 %)	5 (=45 %) (n=11)
Abstimmung des Informationsplans mit Unternehmenszielen/-strategie	4 (=67 %) (n=6)	1 (n=1)	4 (=100 %)	9 (=82 %) (n=11)
direkte Mitarbeit bei Unternehmensplanung (*Anzahl IF*)	4 (=31 %)	2 (=40 %)	3 (=75 %)	9 (=41 %)
wettbewerbsor. Einsatz von Information (*Anzahl IF*)	12 (=92 %)	5 (=100 %)	3 (=75 %)	20 (=91 %)
Produktdifferenzierung	8 (=67 %) (n=12)	2 (=40 %)	1 (=33 %) (n=3)	11 (=55 %) (n=20)
Kundendienst/Service	9 (=75 %) (n=12)	4 (=80 %)	3 (=100 %) (n=3)	16 (=80 %) (n=20)
neue Produkte	7 (=58 %) (n=12)	4 (=80 %)	3 (=100 %) (n=3)	14 (=70 %) (n=20)
Lieferantenbeziehungen	1 (=8 %) (n=12)	0 (=0%)	1 (=33 %) (n=3)	2 (=10 %) (n=20)
Kostensenkung	6 (=50 %) (n=12)	1 (=20 %)	2 (=67 %) (n=3)	9 (=45 %) (n=20)
Marktnischen	9 (=75 %) (n=12)	1 (=20 %)	2 (=67 %) (n=3)	12 (=60 %) (n=20)
Zusammenarbeit mit anderen Unternehmen	2 (=17 %) (n=12)	1 (=20 %)	2 (=67 %) (n=3)	5 (=25 %) (n=20)

Tab. 7.5: Strategische Informationsplanung – Ergebnisse informationsorientierte Informationsfunktionen

Aus der Gegenüberstellung von Tabelle 7.4 und 7.5 geht hervor, dass die Merkmalsausprägungen bei den informationsorientierten Informationsfunktionen geringer sind. Ein *Verzeichnis*, in dem die *Informationsressourcen* „beschrieben" werden, gibt es in 17 der 22 Informationsfunktionen. Aufgrund der Heterogenität der informationsorientierten Informationsfunktionen sind die Inhalte teilweise recht unterschiedlich. Beispiele dafür sind Verweise auf Experten, Datenbanken, Kundendaten, Handbücher, Zeitschriften, Bücher, Akte, selbst erstellte Dokumente oder „Inhaltsverzeichnisse" zu in digitaler Form vorliegenden Daten.

13 Informationsfunktionen setzen ein Werkzeug zur Verwaltung der Informationsressourcen ein. Öfters handelt es sich um mit Lotus Notes oder MS Access selbst erstellte
Informationssysteme bzw. sind die „Informationsquellen" (zum Beispiel elektronische
Forschungsberichte) direkt im Intranet abgelegt. Mitunter werden die Informationsressourcen
mit einem Tabellenkalkulationsprogramm verwaltet.

Einen schriftlich ausformulierten *Informationsplan* gibt es in genau 50 % (elf) der Informationsfunktionen. In jedem dieser Fälle wird ein operativer Informationsplan erstellt, in
weniger als der Hälfte davon (fünf) ein strategischer Informationsplan. Neun Interviewpartner
gaben an, dass die Informationsplanung auf den Unternehmenszielen basiert; ebenso viele,
dass sie bei der Unternehmensplanung direkt mitarbeiten. Im Falle einer fehlenden
Informationsplanung wurden folgende Gründe genannt: „Stelle erst im Aufbau begriffen",
„zu wenig Zeit und Ressourcen", „fehlende Struktur im Unternehmen", „Schwerpunkt liegt
bei Informationsanalyse und –aufbereitung", „alles im Kopf" sowie „Stelle von der Auflösung
bedroht".

Bei den meisten Indikatoren liegen, relativ gesehen, die Unternehmen der KFZ-Industrie
besser als die Banken und diese wiederum besser als die Versicherungen.

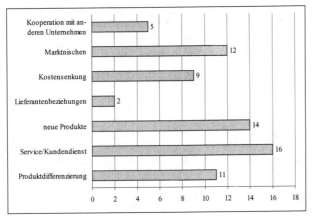

Abb. 7.15: Wettbewerbsorientierter Einsatz von Information

Fast alle Befragten (20 bzw. 91 %) stimmten zu, dass in ihrem Unternehmen aktiv versucht
wird, durch den Einsatz von *Information Wettbewerbsvorteile* zu erreichen. Am öftesten (16-
mal) wurde, wie auch bei der Studie von Olaisen[575], „Kundendienst/ Service" genannt.
„Kostensenkung" wird eine geringere Bedeutung beigemessen. Auch die hier vorliegende

---

[575] Vgl. Olaisen 1990, S. 210.

Untersuchung kommt somit zum Schluss, dass es Unterschiede zwischen dem strategischen Einsatz von Information und jenem von Informationstechnologie gibt.

Schlussfolgerungen/Thesen:

These 1:

In den meisten österreichischen Großunternehmen gibt es einen (in schriftlicher Form vorliegenden) operativen und strategischen IT-Plan. Dieser basiert auf den Unternehmenszielen und der Unternehmensstrategie. In ungefähr der Hälfte dieser Unternehmen arbeitet der Leiter der EDV-/Organisationsabteilung direkt bei der Unternehmensplanung mit. In Dienstleistungsunternehmen, speziell in Banken, wird die IT-Planung stärker wahrgenommen als in Industrieunternehmen.

These 2:

In zirka der Hälfte der informationsorientierten Informationsfunktionen werden operative Informationspläne erstellt. Es erfolgt dabei in der Regel eine Abstimmung mit den Unternehmenszielen und der Unternehmensstrategie. Ein strategischer Informationsplan wird nur von ungefähr einem Viertel aller informationsorientierten Informationsfunktionen erarbeitet.

These 3:

In fast allen Großunternehmen wird versucht, durch den Einsatz von Information und Informationstechnologie Wettbewerbsvorteile zu erreichen. Je nach Branche und ob es sich um Information oder Informationstechnologie handelt, werden dabei unterschiedliche Strategien gewählt:

- Unabhängig von der Branche hat beim strategischen Einsatz von Informationstechnologie „Kostenreduktion" die höchste Priorität. „Kundendienst/Service" wird eine ähnlich große Bedeutung zugeschrieben.

- Die „Einführung neuer Produkte", „Produktdifferenzierung" oder eine „Marktnischen-Strategie" werden durch den wettbewerbsorientierten Einsatz von Informationstechnologie vor allem dann bzw. in jenen Branchen unterstützt, in denen die Informationsintensität des Produktes hoch ist.

- Beim strategischen Einsatz von Information liegt der Fokus nicht auf Kosteneinsparung. Eine größere Rolle spielt Information bei der „Verbesserung von Kundendienst/Service", bei der „Einführung neuer Produkte" sowie beim Verfolgen einer „Marktnischen-" oder „Produktdifferenzierungs-Strategie".

7.2.4.2 Informationsrichtlinien

Informationsrichtlinien sind eine weitere wichtige Komponente eines IM-Konzepts.[576] Es handelt sich dabei um in einem Unternehmen gültige Grundsätze für den Bereich der Informationsverarbeitung.[577] Informationsrichtlinien sind also sowohl für technologie- als auch informationsorientierte Informationsfunktionen relevant.

A) Technologieorientierte Informationsfunktionen

	Banken (n=6 IF)	Versicherungen (n=9 IF)	KFZ-Industrie (n=5 IF)	gesamt (n=20 IF)
Informationsrichtlinien (*Anzahl IF*)	schriftlich: 5 „im Kopf": 1	schriftlich: 9	schriftlich: 5	schriftlich: 19 „im Kopf": 1
Bekanntheitsgrad (0 – 3) (*Median*)	großteils (2)	überall (3)	großteils (2)	überall (3)
Bindung daran (0 – 3) (*Median*)	großteils (2)	großteils (2)	großteils (2)	großteils (2)

Tab. 7.6: Informationsrichtlinien – Ergebnisse technologieorientierte Informationsfunktionen (IF)

Bis auf eine gibt es in allen technologieorientierten Informationsfunktionen schriftliche Informationsrichtlinien. Dies kann als ein Indikator für die Professionalität dieser Abteilungen angesehen werden. Die Informationsrichtlinien können sehr umfangreich sein, was auch durch die große Breite der Antworten zum Ausdruck kam. Unter anderem wurden folgende Inhalte genannt: Datenschutz und –sicherheit, Beschaffungsrichtlinien, Abschreibungsdauer für Hardware, PC-Einsatz, Internet-Verwendung, Umgang mit Daten oder Anwendungsentwicklung. Die Informationsrichtlinien sind in unterschiedlichen Dokumenten festgehalten. Es kann sich dabei zum Beispiel um Dienstverträge, Arbeitsanweisungen, Organisationshandbücher, ISO-Dokumente, Handbücher für die Softwareentwicklung, Werksnormen oder Bereichsrichtlinien der Informatik handeln. Oft sind die Richtlinien im Internet oder in Lotus Notes-Datenbanken veröffentlicht.

In der Regel sind die Richtlinien großteils oder sogar beim gesamten dafür in Frage kommenden Personenkreis bekannt. Die Einhaltung der Informationsrichtlinien ist zwar etwas geringer, aber immer noch hoch (Median: großteils). Ein Befragter, in dessen Unternehmen die Bindung an Informationsrichtlinien geringer ist, wies auf das Problem hin, dass es nach einer erfolgten Fusion Probleme mit unterschiedlichen „Standards" geben kann.

---

[576] Vgl. zum Beispiel Horton 1985, S. 227; Lytle 1988b, S. 11; Orna 1990; Ray 1986, S. 9 f.; Rieke 1986, S. 26.
[577] Vgl. Vogel 1992b, S. 76.

B) Informationsorientierte Informationsfunktionen

	Banken (n=13 IF)	Versicherungen (n=5 IF)	KFZ-Industrie (n=4IF)	gesamt (n=22 IF)
Informationsrichtlinien (*Anzahl IF*)	schriftlich: 6 „im Kopf": 5 keine: 2	schriftlich: 3 keine: 2	schriftlich: 4	schriftlich: 13 „im Kopf": 5 keine: 4
Bekanntheitsgrad (0 – 3) (*Median*)	überall (3) (n=8)	überall (3) (n=3)	großteils/überall (2,5)	überall (3)
Bindung daran (0 – 3) (*Median*)	großteils (2) (n=8)	großteils (2) (n=3)	großteils (2)	großteils (2)

Tab. 7.7: Informationsrichtlinien – Ergebnisse informationsorientierte Informationsfunktionen (IF)

Von nur 59 % der informationsorientierten Informationsfunktionen werden schriftliche Informationsrichtlinien herausgegeben. Vor allem Abteilungen, deren Aufgabenschwerpunkt stärker im Bereich der Informationsproduktion liegt, gaben öfters (viermal) an, dass die Informationsrichtlinien nur „im Kopf" existent seien. Die Inhalte der Informationsrichtlinien unterscheiden sich klarerweise von jenen der technologieorientierten Informationsfunktionen. Sie betreffen unter anderem Bibliotheksbenutzung, kostengünstige Durchführung von Datenbankrecherchen, Geheimhaltung von Daten, Umgang mit vertraulichen Daten, Berechtigungen bezüglich Informationsverteilung und dazu zu verwendende Medien, Zeitpunkt ab wann neue Informationen jeden Tag im Intranet verfügbar sein müssen, Erscheinungsbild der Dokumente, Abstimmung von interner und externer Kommunikation oder Kriterien, die bei der Informationsproduktion zu beachten sind. Die Bedeutung von Informationsrichtlinien ist im Bankenwesen am Bankgeheimnis erkennbar. Nicht zuletzt deshalb herrscht in dieser Branche eine eher restriktive Informationskultur vor. Falls vorhanden, ist der Bekanntheitsgrad der Informationsrichtlinien sehr hoch (Median: 3 bzw. überall bekannt), die Bindung daran naturgemäß etwas niedriger (Median: 2 bzw. großteils eingehalten).

Jene Abteilungen, in denen es keine schriftlichen Informationsrichtlinien gibt, begründeten dies damit, dass die wesentlichen Vorschriften auch so bekannt sind, das Unternehmen nicht sehr bürokratisch ist, es sich um eine kleine Abteilung handelt, in der die Informationsproduktion in standardisierter Weise erfolgt, sowie dass es schwierig sei derartige Richtlinien festzulegen - es würden aber bestimmte Modelle/Standards verwendet, um bestimmte Ergebnisse zu erzielen.

Schlussfolgerungen/Thesen:

These 1:

In österreichischen Großunternehmen gibt es in fast allen technologieorientierten Informationsfunktionen schriftliche Informationsrichtlinien. Dies trifft aber nur auf etwas mehr als die Hälfte der informationsorientierten Informationsfunktionen zu. Informationsrichtlinien beziehen sich auf verschiedene Bereiche der Datenverarbeitung und des Informationswesens. Die inhaltliche Vielfalt ist bei den informationsorientierten Informationsfunktionen primär auf deren Heterogenität zurückzuführen.

These 2:

Bei vorhandenen Informationsrichtlinien sind der Bekanntheitsgrad und die Bindung daran (aus der Sicht der Informationsfunktionen) relativ hoch.

7.2.4.3 Informations(verarbeitungs)controlling

A) Technologieorientierte Informationsfunktionen

	Banken (n=6 IF)	Versicherungen (n=9 IF)	KFZ-Industrie (n=5 IF)	gesamt (n=20 IF)
Cost/Profit Center, Sonstiges (*Anzahl IF*)	Cost Center: 4 Sonstiges: 2	Cost Center: 9	Cost Center: 3 Profit Center: 2	Cost Center: 16 Profit Center: 2 Sonstiges: 2
Kennzahlen (*Anzahl IF*)	6 (=100 %)	8 (=89 %)	4 (=80 %)	18 (=90 %)
Kostenplanung und –steuerung (*Anzahl IF*)	6 (=100 %)	8 (=80 %)	3 (=60 %)	17 (=85 %)
Kostenverrechnung (*Anzahl IF*)				
Verrechnungspreise	4 (=67 %)	3 (=33 %)	4 (=80 %)	11 (=55 %)
zu Vollkosten	3 (=50 %)	3 (=33 %)	4 (=80 %)	10 (=50 %)
zu Teilkosten	1 (=17 %)	0	0	1 (=5 %)
Kostenstellenumlage	0	2 (=22 %)	0	2 (=10 %)
unternehmensfixe Kosten	0	1 (=11 %)	1 (=20 %)	2 (=10 %)
Mischsysteme	2 (=33 %)	3 (=33 %)	0	5 (=25 %)

Tab. 7.8: Informationsverarbeitungs-Controlling: Ergebnisse technologieorientierte Informationsfunktionen (IF)

Informationstechnologie ist ein bedeutender Kostenfaktor. Dies kommt in der hier vorliegenden Studie dadurch zum Ausdruck, dass in einigen Unternehmen ein *EDV-Budget* von mehreren hundert Millionen Schilling erhoben wurde. Ein exakter Branchenvergleich ist aber nicht möglich, da aufgrund von Ausreißern bei den Banken und Versicherungen die

Anonymität aller Unternehmen nicht gewährleistet hätte werden können und nur die Hälfte der Unternehmen dieser beiden Branchen ihr EDV-Budget bekannt gab. Hingegen machten alle Unternehmen der KFZ-Industrie dazu eine Angabe. Demnach beläuft sich das durchschnittliche EDV-Budget hier auf zirka 100 Millionen Schilling. Ein Mehrfaches davon dürften die EDV-Budgets in der Banken- und Versicherungsbranche betragen, wobei die Banken am meisten Geld für Informationstechnologie ausgeben.

Es stellt sich nun die Frage, wie die technologieorientierten Informationsfunktionen die von ihnen erbrachten Leistungen an ihre Empfänger weiterverrechnen. Das schließt auch die Frage ein, ob eine Absicht auf Gewinnerzielung besteht. Was Letzteres betrifft sind 16 EDV-Abteilungen als *Cost Center* und nur zwei als *Profit Center* eingerichtet. Es handelt sich dabei um zwei ausgelagerte EDV-Abteilungen. Zwei Interviewpartner wählten die Alternative „Sonstiges". Dieses Ergebnis entspricht ziemlich genau jenem von Schellmann, wonach 91 % der EDV-Abteilungen als Cost Center geführt werden.[578]

In der Literatur wird eine möglichst verursachungsgerechte *Verrechnung* der Kosten der Informationsverarbeitung gefordert.[579] Die untersuchten Informationsfunktionen versuchen, dem Rechnung zu tragen. Genau die Hälfte verwendet Verrechnungspreise zu Vollkosten, eine Informationsfunktion verrechnet ihre Leistungen zu Teilkosten. Eine Kostenstellenumlage gibt es nur in zwei Unternehmen. In einem Viertel der Informationsfunktionen kommen Mischsysteme aus obigen Kostenverrechnungsverfahren zum Einsatz. In nur zwei Unternehmen werden die anfallenden Kosten als unternehmensfix betrachtet.

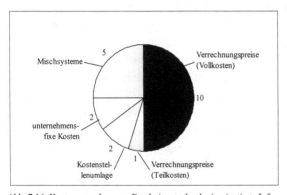

Abb. 7.16: Kostenverrechnung – Ergebnisse technologieorientierte Informationsfunktionen

---

[578] Vgl. Schellmann 1997, S. 97.
[579] Vgl. Horvath 1998; Spitta 1998, S. 429.

Auch hier werden die Ergebnisse von Schellmann großteils bestätigt. Laut dieser Studie sind in 58 % der Unternehmen Verrechnungspreise üblich. In 19 % erfolgte eine Gemeinkostenumlage, 14 % verwendeten Mischsysteme.[580]

17 Interviewpartner (85 %) gaben an, dass sie die Kosten ihrer Informationsfunktion *nach Kostenarten planen und steuern*. Ein Respondent merkte an, dass die Kostenplanung nicht nach Kostenarten, sondern nach Leistungen erfolge. Obwohl die einzelnen Informationsfunktionen teilweise von unterschiedlichen Kostensystematiken ausgehen, lässt sich sagen, dass die Personalkosten normalerweise den höchsten Kostenfaktor bilden. Bei jenen Unternehmen, die ihre EDV-Abteilung ausgelagert haben, sind dies hingegen die IT-Dienstleistungskosten. In den meisten technologieorientierten Informationsfunktionen machen Kosten für Hardware und Anwendungssoftware ebenfalls einen größeren Anteil an den IT-Gesamtkosten aus.

Kennzahlen sind ein wichtiges Controlling-Instrument. Dieses wird von fast allen Informationsfunktionen (90 %) eingesetzt. Im Bereich des Infrastruktur-Controlling sind dies unter anderem Bestandskennzahlen wie Anzahl Computer, Anzahl Applikationen, Anzahl Endbenutzerwerkzeuge, Datenbankanzahl, Terminalanzahl oder EDV-Aufwand je Mitarbeiter. Die Prozesskennzahlen beziehen sich hauptsächlich auf herkömmliche Rechenzentrumsstatistiken: durchgeführte Transaktionen, Datenbankzugriffe, Antwortzeiten, Durchlaufzeit von EDV-Aufträgen, Ausfallsstatistiken oder Rechnerauslastung. Stärker am Endbenutzer oder Unternehmen orientierte Kennzahlen, zum Beispiel Mitarbeiterzufriedenheit oder Beschleunigung der Durchlaufzeit von Aufträgen (durch den EDV-Einsatz), werden seltener ermittelt. Ein EDV-Leiter meinte in diesem Zusammenhang, dass es primär diese Kennzahlen sind, die für ihn von Interesse sind.

Wie schon im Unterkapitel „Strategische Informations(technologie)planung" herausgearbeitet wurde, wird Kosteneinsparungen beim wettbewerbsorientierten Einsatz von Informationstechnologie ein hoher Stellenwert eingeräumt. Dies bestätigte auch die Auswertung der Frage, wie die Interviewpartner den *Nutzen* der von ihnen erbrachten Leistungen *ermitteln*. Die Antworten gingen im Wesentlichen in zwei Richtungen. Viele Befragte antworteten, dass die Einsparungen an Personal- und Sachkosten projektbezogen ermittelt werden. In der Regel werden Kosten- und zum Teil auch Nutzenanalysen aber nur im Vorhinein[581] durchgeführt. Eine zweite Gruppe von Antworten betraf die Nutzenermittlung anhand der Erhebung der Benutzerzufriedenheit. Dies erfolgt in Form von Gesprächen oder Befragungen.

---

[580] Vgl. Schellmann 1997, S. 17.
[581] Zu ähnlichen Ergebnissen kam die Untersuchung von Bergeron. Demnach wurde der Nutzen in den meisten Unternehmen im Vorhinein geschätzt. Zu einer Ermittlung des tatsächlich erbrachten Nutzens kam es aber nicht (vgl. Bergeron 1995; S. 458).

B) Informationsorientierte Informationsfunktionen

	Banken (n=13 IF)	Versicherungen (n=5 IF)	KFZ-Industrie (n=4 IF)	gesamt (n=22 IF)
Cost/Profit Center, Sonstiges (*Anzahl IF*)	Cost Center: 9 Profit Center: 1 Sonstiges: 3	Cost Center: 4 (n=4)	Cost Center: 3 Sonstiges: 1	Cost Center: 16 Profit Center: 1 Sonstiges: 4 (n= 21)
durchschnittliches Budget (*Mittelwert*)	15 Mio öS (n=10)	2,4 Mio öS (n=1)	24 Mio öS	16 Mio öS (n=15)
Kennzahlen (*Anzahl IF*)	7 (=54 %)	2 (=40 %)	4 (= 100 %)	13 (= 59 %)
Kostenplanung und –steuerung (*Anzahl IF*)	7 (=58 %) (n=12)	2 (=40 %)	3 (= 75 %)	12 (=57 %) (n=21)
Kostenverrechnung (*Anzahl IF*)				
Verrechnungspreise	2 (=15 %)	0	2 (=50 %)	4 (=18 %)
zu Vollkosten	2 (= 15 %)	0	1 (=25 %)	3 (= 14 %)
zu Teilkosten	1 (= 8 %)	0	1 (= 25 %)	2 (= 9 %)
Kostenstellenumlage	3 (= 23 %)	0	2 (=50 %)	5 (= 23 %)
unternehmensfixe Kosten	7 (=54 %)	5 (=100 %)	0	12 (=50 %)
Mischsysteme	1 (= 8 %)	0	0	1 (= 5 %)

Tab. 7.9: Informationscontrolling - Ergebnisse informationsorientierte Informationsfunktionen (IF)

Bei den informationsorientierten Informationsfunktionen macht das *Budget* mit durchschnittlich 16 Millionen Schilling nur einen Bruchteil des Budgets der EDV-Abteilungen aus. Dabei ist das Informationsbudget jener Stellen, die im Bereich der Informationsproduktion tätig sind, mit 21 Millionen Schilling doppelt so hoch wie jenes der primär „informationsvermittelnden" Stellen (11 Millionen Schilling).

Der Großteil der informationsorientierten Informationsfunktionen (16) wird wiederum als *Cost Center* geführt. Bei einer Abteilung handelt es sich um ein *Profit Center*. Diese bietet spezialisierte Informationsdienste an, die über die traditionelle Informationsvermittlung weit hinausgehen. Ein weiterer Interviewpartner hatte ebenfalls die Präferenz in Richtung Profit Center. Demnach sollten die für das Unternehmen erzielten Einnahmen der Informationsfunktion gutgeschrieben werden. Auf die damit verbundenen Quantifizierungsprobleme ging der Leiter dieser Abteilung aber nicht ein.

Bei der *Weiterverrechnung* der anfallenden *Kosten* ergeben sich wieder große Unterschiede zu den technologieorientierten Informationsfunktionen: In etwas mehr als der Hälfte der informationsorientierten Informationsfunktionen (12) werden die anfallenden Kosten als unternehmensfix betrachtet. Eine Informationsfunktion wechselte aus Gründen der Verwaltungsvereinfachung auf diese Form der Kostendeckung. Gemeinkostenumlage, Verrechnungspreise[582] und Mischsysteme spielen eine geringere Rolle. Den Forderungen in der Literatur nach einer möglichst verursachungsgerechten Leistungsverrechnung wird in den untersuchten Unternehmen also nicht entsprochen.[583] In diesem Punkt unterscheidet sich diese Studie von jener von Bergeron. Demnach haben die meisten Organisationen die Durchführbarkeit und Erwünschtheit einer verursachungsgerechten Verrechnung der erbrachten Leistungen erkannt.[584]

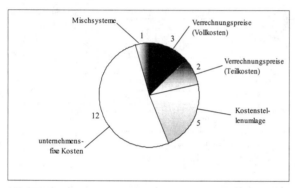

Abb. 7.17: Kostenverrechnung – Ergebnisse informationsorientierte Informationsfunktionen

Ebenfalls in zirka der Hälfte der informationsorientierten Informationsfunktionen wird eine *Kostenplanung und –steuerung* durchgeführt. Bis auf einen Interviewpartner identifizierten alle anderen die Personalkosten als den höchsten Kostenfaktor. Im Gegensatz zu den EDV-Abteilungen wurden die Informationsbeschaffungskosten von den meisten Abteilungen an die zweite Stelle gereiht.

In immerhin 18 Informationsfunktionen (90 %) werden *Kennzahlen* ermittelt, wenn auch die Detailliertheit der Kennzahlensysteme in den einzelnen Abteilungen stark variieren dürfte. Beispiele für verwendete Bestandskennzahlen sind Anzahl Zeitschriftenabonnements, Literaturbestand, Anzahl lizenzierte Datenbanken oder Bestand an Datensätzen bei elektronischen Datenbeständen. Übliche Prozesskennzahlen sind Benutzeranzahl, Benutzerstruktur nach Abteilungen, durchgeführte Anfragen/Aufträge (Anzahl, Zeitdauer, inhaltliche Verteilung nach Themen, Form der Beantwortung, durchschnittliche Kosten, ...), durchgeführte Datenbankrecherchen oder Anzahl der erstellten Dokumente. Ein Interviewpartner, der

---

[582] Eine Abteilung verrechnet die von ihr erbrachten Leistungen unternehmensintern zu Teilkosten und unternehmensextern zu Vollkosten.
[583] Vgl. Horton 1985, S. 197; Marchand/Horton 1986, S. 212 ff.; Taylor 1986, S. 195 ff.
[584] Vgl. Bergeron 1995, S. 458.

Informationskennzahlen nicht aktiv ermittelt, merkte an, dass diese nicht viel bringen. Stattdessen werden Benutzerbefragungen durchgeführt.

Prozesskennzahlen werden oft dazu eingesetzt, um den *Nutzen* der jeweiligen Abteilung zu rechtfertigen. Versuche, den für das Unternehmen erbrachten Nutzen zu quantifizieren (zum Beispiel Einsparungen aufgrund von rationelleren Prozessen, niedrigere Summe an nicht einbringbaren Außenständen, weniger Reklamationen, besseres Unternehmensergebnis, etc.) dürften nur die Ausnahme darstellen. Weitere Formen zur Ermittlung des Nutzens sind Benutzerfeedback und/oder Befragungen. Ein Interviewpartner gab an, dass keine Nutzenermittlung erfolge, da die Abteilung keine Akzeptanzprobleme hat und daher kein Zwang dazu besteht.

Schlussfolgerungen/Thesen

These 1:
Der Großteil der informations- und technologieorientierten Informationsfunktionen wird als Cost Center geführt. Nur sehr wenige Informationsfunktionen sind als Profit Center eingerichtet.

These 2:
In den meisten Unternehmen erfolgt eine Kostenplanung und –steuerung. Bei fast allen Informationsfunktionen – mit Ausnahme jener Unternehmen, deren EDV-Abteilung ausgelagert ist – sind die Personalkosten am höchsten. Meist folgen bei den technologieorientierten Informationsfunktionen Kosten für Hardware und Anwendungssoftware, bei den informationsorientierten die Informationsbeschaffungskosten.

These 3:
In österreichischen Großunternehmen werden die von den technologieorientierten Informationsfunktionen erbrachten Leistungen in mehr als der Hälfte der Fälle in Form von Verrechnungspreisen „fakturiert". Ebenfalls häufig anzufinden sind Mischsysteme aus Verrechnungspreisen, Gemeinkostenumlage und/oder unternehmensfixen Kosten.
Bei den meisten informationsorientierten Informationsfunktionen werden die anfallenden Kosten hingegen als unternehmensfix betrachtet.

These 4:

Bei der Nutzenermittlung stehen bei den EDV-Abteilungen nach wie vor Einsparungen von Personal- und Sachkosten im Vordergrund. Diese werden projektbezogen und oft nur im Vorhinein ermittelt.

Bei den informationsorientierten Informationsfunktionen werden verschiedene Formen der Nutzenermittlung durchgeführt. Eher qualitativ erfolgt die Nutzenerhebung in Form von persönlichen Gesprächen oder Befragungen. Zur quantitativen Nutzenbestimmung werden oft (herkömmliche) Nutzungskennzahlen eingesetzt. Diese haben mitunter auch die Funktion, das Vorhandensein der jeweiligen Abteilung zu rechtfertigen. Hingegen wird kaum der Versuch unternommen, den für das Unternehmen erbrachten Nutzen zu errechnen.

7.2.4.4 Methoden

Im „Methodenteil" des Fragebogens mussten die Respondenten aus einer Reihe von vorgegebenen Methoden jene auswählen, die sie einsetzen. Darüber hinaus bestand die Möglichkeit, zusätzlich verwendete Methoden zu nennen. Aus Gründen einer besseren Übersicht wurden die Methoden in folgende Klassen eingeteilt:

- strategische Informations(system)planung,
- Informations(verarbeitungs)controlling,
- allgemeine und sonstige Methoden.

Wie aus Abbildung 7.18 ersichtlich ist, ist der Methodeneinsatz in den informationsorientierten Informationsfunktionen deutlich geringer als in den technologieorientierten, wodurch die ursprüngliche Annahme (siehe Unterkapitel „Konzeptualisierung") bestätigt wird. Ein Grund dürfte darin liegen, dass vom EDV-Einsatz großteils besser strukturierbare Bereiche betroffen sind bzw. eine gute Strukturier- und Formalisierbarkeit eine Voraussetzung für traditionelle Formen des EDV-Einsatzes sind. Dies ist aber ebenfalls eine Bedingung für den Einsatz einer Methode.[585] Weiters dürfte es einen Zusammenhang zwischen Abteilungsgröße und Methodeneinsatz geben, was ebenfalls für einen stärkeren Methodeneinsatz durch die technologieorientierten Informationsfunktionen sprechen würde.

Im Großen und Ganzen gibt es beim Methodeneinsatz keine branchenspezifischen Unterschiede. Hingegen dürften umfangreiche Methodenpakete vor allem in größeren internationalen Konzernen zur Anwendung kommen.

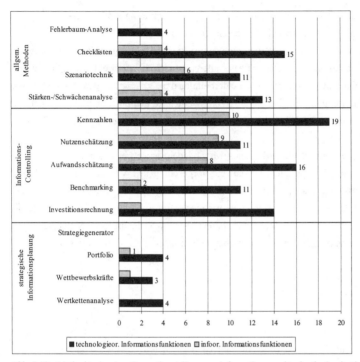

Abb. 7.18: Methodeneinsatz – Gegenüberstellung von informations- und technologieorientierten Informationsfunktionen

Große Unterschiede bestehen zwischen den verschiedenen Methodenklassen. Dass Methoden zur strategischen Informationsplanung in den informationsorientierten Informationsfunktionen kaum Verwendung finden, überrascht deshalb nicht, weil diese primär aus dem Bereich von Wirtschaftsinformatik/MIS stammen. Aus Abbildung 7.18 ist jedoch zu ersehen, dass auch bei den technologieorientierten Informationsfunktionen ein gewisses Anwendungsdefizit herrscht. [586] Das kann daran liegen, dass in den Unternehmen das Bewusstsein vorherrscht, dass der strategische Planungsprozess durch eine methodische Unterstützung alleine noch nicht zu den gewünschten Ergebnissen führen muss. Berücksichtigt werden muss auch, dass nur 15 technologieorientierte (75 %) und 11 informationsorientierte Infor-

---

[585] So wird zum Beispiel eine Methode laut Heinrich und Roithmayr definiert als ein „auf einem System von Regeln aufbauendes Problemlösungsverfahren" (Heinrich/Roithmayr 1992, S. 347).

[586] Beim „Strategiegenerator" von Wiseman (vgl. Wiseman 1985) dürfte es sich primär um eine „akademische" Methode handeln.

mationsfunktionen (50 %) schriftliche Informations (technologie)pläne erstellen (siehe Unterkapitel „Strategische Informations(technologie)planung").

Im Rahmen des Informations(verarbeitungs)controlling und für allgemeine Zwecke ist der Einsatz von Methoden häufiger. Das trifft vor allem auf technologieorientierte Informationsfunktionen zu, wo mit Ausnahme der Fehlerbaumanalyse die jeweiligen Methoden von mindestens der Hälfte aller Abteilungen eingesetzt werden. In den untersuchten Unternehmen keine praktische Bedeutung haben hingegen „Business System Planning" und „Kommunikationssystem-Studie".

Dass das geringe Ausmaß des erhobenen Methodeneinsatzes bei den informationsorientierten Informationsfunktionen nicht nur auf die vorgeschlagenen Methoden zurückzuführen ist, ist daran zu erkennen, dass kaum zusätzliche Methoden genannt wurden. Im Gegensatz dazu wurden von den Leitern der technologieorientierten Informationsfunktionen unter anderem folgende Ergänzungen vorgenommen: Potential- und Risikoanalyse, SWOT-Analyse, Prozessmodellierung, Netzplantechnik, Entscheidungstabellen und „Root Causes Analysis".

Schlussfolgerungen/Thesen:

These 1:

Das Ausmaß der methodischen Unterstützung ist bei den technologieorientierten Informationsfunktionen wesentlich höher als bei den informationsorientierten. Im Bereich der strategischen Planung ist der Methodeneinsatz aber auch von Seiten der EDV-/Organisationsabteilungen gering.

These 2:

Vor allem in größeren internationalen Konzernen wird das Informationsmanagement durch umfangreiche Methodenpakete unterstützt.

7.2.4.5 IT-Management

In Tabelle 7.10 sind die wichtigsten Ergebnisse zum IT-Management zusammengestellt.

	Banken (n=4 Unternehmen)	Versicherungen (n=7 Unternehmen)	KFZ-Industrie (n=5 Unternehmen)	gesamt (n=16 Unternehmen)
IT-Standards (*Anzahl Unternehmen*)	4 (=100 %)	7 (=100 %)	5 (=100 %)	16 (=100 %)
Standards eingehalten (0 – 3 bzw. nein – ja) (*Median*)	eher ja (2)	ja (3)	ja (3)	ja (3)

Informationsarchitektur (*Anzahl Unternehmen*)	4 (=100 %)	7 (=100 %)	4 (=100 %) (n=4)	15 (=100 %)
Datenarchitektur (0 – 3 bzw. keine, teilweise, großteils, vollständig) (*Median*)	großteils (2)	großteils (2)	großteils (2)	großteils (2)
Funktionsarchitektur (*Median*)	großteils (2)	teilweise (1)	teilweise (1)	teilweise (1)
Prozessarchitektur (*Median*)	teilweise (1)	großteils (2)	großteils (2)	teilweise (1)
Stelle Datenmanagement (*Anzahl Unternehmen*)	4 (=100 %)	5 (=71 %)	4 (=80 %)	13 (=81 %)
Anteil Standardsoftware (*Mittelwert*)	29 % (n=3)	34 %	42 %	36 %
IT-Monitoring und Ausnutzen neuer Möglichkeiten (*Anzahl Unternehmen*)	3 (=75 %)	5 (=71 %)	4 (=80 %)	12 (=75 %)

Tab. 7.10: IT-Management - Ergebnisse

Unternehmensweite *IT-Standards* sind in allen Unternehmen vorhanden (bei denen der Leiter der EDV-/Organisationsabteilung befragt wurde). Sie werden auch großteils von dem sie betreffenden Personenkreis eingehalten. Etwas geringer ist die Bindung daran im Bankenbereich. Ein EDV-Leiter merkte dazu an, dass in seinem Unternehmen die Kundenanforderungen an oberster Stelle stehen und damit auch eine höhere Priorität als die IT-Standards haben.

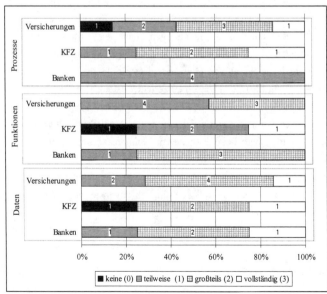

Abb. 7.19: Realisierungsgrad der Informationsarchitektur

In der Literatur wird der *Informationsarchitektur* ein breiter Raum geschenkt (siehe dazu auch Unterkapitel „IT-Management" im Theorieteil). Wie die Studien von Brancheau/ Wetherbe und Niederman et al. zeigen, wird sie aber auch von der Praxis als ein Kernpunkt des Informationsmanagements betrachtet.[587] Dies wird durch die vorliegende Untersuchung bestätigt. Demnach verfügen alle Unternehmen (ein Befragter machte keine Angabe) über eine Informationsarchitektur, wenn auch die einzelnen Komponenten in einem unterschiedlichen Maße realisiert sind. Am stärksten ausgebaut ist die Datenarchitektur (Median: großteils). Beim Realisierungsgrad ergeben sich kaum branchenmäßige Unterschiede. Lediglich die Prozessarchitektur ist in der Automobilindustrie vor allem im Vergleich zu den Banken weiter fortgeschritten. Da in der KFZ-Industrie Produktionsprozesse und –abläufe naturgemäß eine zentrale Rolle spielen, erscheint dieses Ergebnis plausibel.

Vier Interviewpartner nannten als weitere Komponenten ihrer Informationsarchitektur Systemarchitektur (Hardware und Software), Kommunikationsarchitektur, Endbenutzerarchitektur und Entwicklungstool-Landschaft.

Neben einer Datenarchitektur ist die strukturorganisatorische Verankerung nicht nur ein wichtiger Indikator des Datenmanagements (siehe dazu Unterkapitel „Datenmanagement" im Theorieteil), sondern auch des Informationsmanagements. Dem wird von den meisten Unternehmen auch entsprochen. Nur in einem Unternehmen der KFZ-Industrie und in zwei Versicherungen gibt es weder eine Stelle noch eine (Sub)Abteilung für das *Datenmanagement*. Die Ergebnisse anderer Studien sind uneinheitlich. Laut der Untersuchung von Gemünden und Schmitt besitzen 82 % der Unternehmen eine Organisationseinheit Datenmanagement.[588] Hingegen ergab die Studie von Guimares, dass nur 13 der untersuchten 41 Unternehmen eine Stelle/Abteilung für Datenagenden eingerichtet hatten.[589] In der Studie von O'Brien und Morgan war die Resonanz höher (54 %).[590] Ein direkter Vergleich mit den letzten beiden Studien ist aber vor allem aufgrund von unterschiedlicher Unternehmensgröße[591] und geografischer Region sowie, bei der Studie von Guimares, des unterschiedlichen Untersuchungszeitraums nicht zulässig.

Der *Standardsoftware-Anteil* (durchschnittlicher Abdeckungsgrad der einzelnen Unternehmensfunktionen) wurde deshalb erhoben, weil ursprünglich davon ausgegangen wurde,

---

[587] Vgl. Brancheau/Wetherbe 1987; Niederman/ Brancheau/Wetherbe 1991.
[588] Vgl. Gemünden/Schmitt 1991, S. 29.
[589] Vgl. Guimares 1985, S. 134.
[590] Vgl. O'Brien/Morgan 1991, S. 9.
[591] Zum Beispiel hatten bei der Studie von Guimares nur 17 % der Unternehmen mehr als 1000 Mitarbeiter (vgl. Guimares 1985, S. 132).

dass zwischen ihm und den Datenmanagement-Indikatoren ein Zusammenhang besteht. Diese Annahme konnte aber nicht bestätigt werden.

Überraschend ist der allgemein relativ geringe Anteil, in dem die Unternehmen Standardsoftware einsetzen. Dieser wurde in den Banken auf 29 %, in den Versicherungen auf 34 % und in der KFZ-Branche auf 42 % geschätzt. Zu ähnlichen Ergebnissen kam auch Schlögl bei einer 1996 durchgeführten Gegenüberstellung. Laut dieser betrug der Standardsoftware-Anteil in Banken 20 %, in Versicherungen 21 % und in steirischen Industrieunternehmen 50 %.[592] Obige Angaben liegen auch im Rahmen der Ergebnisse einer Studie von Hildebrand. Diese ergab, dass Banken und Versicherungen zu 23 % und die Industrie zu 41 % Standardsoftware einsetzen (Erhebungszeitraum: 1991). Die geplanten (zukünftigen) Werte beliefen sich auf 30 % bzw. 59 %.

Eine weitere wichtige Aufgabe des IT-Managements besteht darin, die Entwicklung der Informationstechnologie laufend zu verfolgen und zu versuchen, die sich daraus ergebenden Chancen für das eigene Unternehmen zu nutzen.[593] Von Dreiviertel der Unternehmen wird ein derartiges *Monitoring des IT-Marktes* durchgeführt. Ein EDV-Leiter gab sogar an, dass es sich dabei um eine seiner Hauptaufgaben handelt.

Intensität und Form sind von Fall zu Fall verschieden und hängen unter anderem von Größe und Internationalität des Unternehmens ab. In einem Unternehmen wurde sogar eine eigene Stelle dafür eingerichtet. In den meisten Unternehmen erfolgt die laufende Beobachtung des IT-Marktes „nebenbei". Mitunter werden auch Studien durchgeführt. Ein Interviewpartner eines kleineren Unternehmens betonte, dass dieses aufgrund seiner Größe bei der Einführung von neuen Innovationen keine Vorreiterrolle spielen könne. Umso mehr sei aber die Wahl des richtigen Einstiegszeitpunkts in neue Technologien von großer Bedeutung.

Als weitere Vorgehensweisen wurden noch „regelmäßiges Brainstorming mit den Benutzern", „konzernweite Treffen der EDV-Leiter" und „Beobachtung der Mitbewerber im EDV-Bereich" genannt. Jene Befragten, die kein permanentes Monitoring des IT-Marktes praktizieren, gaben an, dass der Anstoß für technologische Neuerungen von den Endbenutzern ausgehe bzw. dass Neuentwicklungen immer am letzten Stand der Technik erfolgen.

---

[592] Vgl. Schlögl 1996, S. 357.
[593] Vgl. Heinrich 1999, S. 156 f.; Lewis/Snyder/Rainer 1995, S. 211.

Schlussfolgerungen/Thesen

Für das IT-Management lassen sich aus obigen Ausführungen folgende Thesen aufstellen:

These 1:
Unternehmensweite IT-Standards sind in allen österreichischen Großunternehmen vorhanden und werden großteils eingehalten.

These 2:
Alle Großunternehmen verfügen über eine Informationsarchitektur, deren Komponenten in einem unterschiedlichen Ausmaß realisiert sind. Am weitesten fortgeschritten ist die Datenarchitektur.

These 3:
In den meisten österreichischen Großunternehmen gibt es eine eigene Stelle/(Sub)Abteilung Datenmanagement.

These 4:
Der Anteil an Standardsoftware ist in Banken und Versicherung mit ca. 30 % relativ gering. Er liegt in Industrieunternehmen deutlich höher.

These 5:
Von den meisten Großunternehmen wird ein Monitoring des IT-Marktes praktiziert. Hinsichtlich Intensität und Form werden unterschiedliche Vorgehensweisen beschritten. In der Regel erfolgt die Beobachtung des IT-Marktes hinsichtlich neuerer technologischer Entwicklungen nur nebenbei.

7.2.5 Verhältnis zwischen informations- und technologieorientierten Informationsfunktionen

Ein wesentlicher Aspekt dieser Studie bestand darin, das Verhältnis zwischen informations- und technologieorientierten Informationsfunktionen zu untersuchen. Das war auch einer der Hauptgründe dafür, warum der Studie ein umfassendes IM-Verständnis zugrunde lag.
Zum Teil wurden Unterschiede zwischen informations- und technologieorientierten Informationsfunktionen bereits im vorigen Unterkapitel bei der Gegenüberstellung der einzelnen Umsetzungsbereiche des Informationsmanagements aufgezeigt. An dieser Stelle soll nun das

direkte Verhältnis zwischen informations- und technologieorientierten Informationsfunktionen herausgearbeitet werden. Folgende Indikatoren werden dazu herangezogen:

- organisatorische Integration: zentral bzw. dezentral,
- Ausmaß der beruflichen Kontakte zwischen informations- und technologieorientierten Informationsfunktionen,
- die von den Informationsfunktionen empfundenen Unterschiede und Gemeinsamkeiten.

Die bisherigen Ausführungen lassen auf größere Unterschiede zwischen informations- und technologieorientierten Informationsfunktionen schließen. Es ist daher nicht überraschend, dass es in keinem Unternehmen ein *zentrales Informationsmanagement* gibt, bei dem alle informations- und technologieorientierten Informationsfunktionen in einer Abteilung vereint sind.[594] Dem Konzept des Informationsressourcen-Managements (siehe dazu das entsprechende Unterkapitel im Theorieteil) wird in den untersuchten Unternehmen also eine eindeutige Absage erklärt. Dies wird auch durch die Studie von Bergeron großteils bestätigt.[595] Zu einem etwas anderen Befund kommen Lewis und Martin. Demnach ist das Informationsmanagement in immerhin 29 % der Unternehmen zentral organisiert.[596]

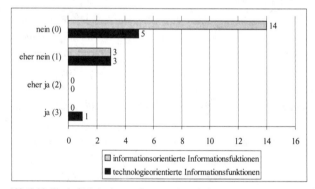

Abb. 7.20: Sinnhaftigkeit einer strukturorganisatorischen Integration zwischen informations-
und technologieorientierten Informationsfunktionen

Der Großteil der Interviewpartner (19: nein, 6: eher nein) sprach sich auch gegen die Sinnhaftigkeit einer *strukturorganisatorischen Integration von informations- und technologie-*

---

[594] Diese Frage war nur für jene Unternehmen relevant, in denen mindestens eine informations- und eine technologieorientierte Informationsfunktion existierten.
[595] Vgl. Bergeron 1995, S. 457 und S. 495.
[596] Vgl. Lewis/Martin 1989, S. 232 f.

orientierten Informationsfunktionen aus. Dabei war der Grundtenor bei den EDV-Abteilungen etwas weniger negativ.

Als Hauptgrund wurde angeführt, dass informations- und technologieorientierte Informationsfunktionen andere Aufgaben wahrnehmen, für die unterschiedliche Fachkenntnisse erforderlich sind. Ebenfalls öfters wurde ins Treffen geführt, dass bei informationsvermittelnden Stellen die Nähe zum Fachbereich wichtig ist. Eine unnötige Bürokratisierung sei nicht erwünscht und könne sogar mit negativen Folgen verbunden sein. Von einem Befragten wurde ein konkreter Fall genannt, wonach die zentrale Verwaltung von externen Datenbanken durch die EDV-Abteilung den Geschäftsablauf gebremst hat. Die Ursache lag vor allem darin, dass die konkreten Anforderungen der einzelnen Fachabteilungen oft nicht bekannt waren. Einige Male wurde angemerkt, dass eine funktionierende Kommunikation im Unternehmen wichtiger sei. Dazu ist aber keine strukturorganisatorische Integration erforderlich, noch dazu, wo die „Informationen" durch die Technologie (Intranet) zentral vorliegen. Ein Befragter führte an, dass die EDV nur ein Hilfsmittel sei. Das alleine rechtfertige noch keine Zusammenlegung. Und schließlich wurde in einem Fall angegeben, dass Unternehmensspezifika, vor allem Größe und Unternehmensorganisation, gegen eine Zentralisierung aller Informationsfunktionen sprechen.

Etwas anders stellt sich die Situation zwischen informationsorientierten Informationsfunktionen[597] dar. Jene Respondenten, die sich dazu äußerten, vertreten bezüglich *organisatorischer Integration der informationsorientierten Informationsfunktionen* unterschiedliche Standpunkte. Dabei halten sich Befürworter und Gegner in etwa die Waage. Als Gründe für eine gemeinsame Zentralstelle wurden angeführt:

- Mehrgleisigkeiten können vermieden werden, zum Beispiel das Führen von redundanten Datenbeständen;
- Synergien können genutzt werden, beispielsweise durch einen gemeinsamen Internet-Auftritt;
- bessere Positionierung der informationsvermittelnden Stellen, nur eine Anlaufstelle für den Benutzer;
- stärkere Arbeitsteilung zwischen Informationsbeschaffung und Informationsanalyse/-produktion möglich.

Gegen eine zentrale Informationsvermittlungsstelle wurde eingebracht, dass es zwischen einzelnen Informationsfunktionen fachliche Unterschiede gibt. Dadurch sind Informationsquellen, Kunden sowie Mittel der Informationsbeschaffung und –verteilung verschieden.

---

[597] in jenen Unternehmen, in denen es mehrere derartige Stellen gab.

Wenn, dann scheint nur eine Zusammenlegung von „fachlich verwandten" Informations-vermittlungsstellen sinnvoll.

Laut Meinung der meisten Respondenten sind die *Unterschiede* zwischen informations- und technologieorientierten Informationsfunktionen größer als die *Gemeinsamkeiten*. Nur in einem konkreten Fall gibt es eine sehr enge Zusammenarbeit zwischen der EDV-Abteilung und einer informationsorientierten Informationsfunktion und dementsprechend starke Gemeinsamkeiten. Dies hat aber auch mit der speziellen Rolle der betreffenden Informa-tionsfunktion zu tun.

Folgende Unterschiede wurden genannt:

- anderer Fokus: bei informationsorientierten Informationsfunktionen steht Information im Vordergrund, Informationstechnologie stellt nur ein Werkzeug dar;
- verschiedene Aufgaben und Anforderungen;
- Wirkungskreis der informationsorientierten Informationsfunktionen ist begrenzter.

Bei den Gemeinsamkeiten wurden folgende Punkte erwähnt:

- Informations- und technologieorientierte Informationsfunktionen tragen zur Erfüllung der Unternehmensziele bei.
- Beide Typen von Informationsfunktionen haben eine Dienstleistungsfunktion: Sie stel-len entweder Information oder computerbasierte Informationssysteme (Entwicklung und/oder Betrieb) bereit.
- Es handelt sich in beiden Fällen um Gemeinkostenstellen.

Auch ohne strukturorganisatorische Integration sind die *beruflichen Kontakte* zwischen den informations- und den technologieorientierten Informationsfunktionen ausreichend. In der Regel ergeben sich wöchentliche oder noch häufigere Berührungspunkte. Eine Intensivierung wurde von der Mehrheit der Befragten als (eher) nicht notwendig erachtet. Nur in einigen Unternehmen besteht ein Bedarf, die Kommunikation zwischen den Informationsfunktionen zu verbessern, das gegenseitige Verständnis zu fördern und Synergien zu nutzen.

Schlussfolgerungen/Thesen:

Aus vorigen Ausführungen lassen sich folgende Thesen ableiten:

These 1:
Ein zentrales Informationsmanagement ist kaum in einem Unternehmen existent. In fast allen Unternehmen wird das Informationsmanagement von mehreren internen und zum Teil auch externen (outgesourcten) Abteilungen wahrgenommen. Eine strukturorganisatorische Inte-

gration von informations- und technologieorientierten Informationsfunktionen wird nicht als sinnvoll erachtet.

These 2:

Zwischen informations- und technologieorientierten Informationsfunktionen bestehen sowohl Unterschiede als auch Gemeinsamkeiten. Die Hauptunterschiede ergeben sich aus den differierenden Anforderungen und den daraus resultierenden Aufgaben. Bei informationsorientierten Informationsfunktionen steht Information, bei technologieorientierten Informationstechnologie im Vordergrund. Aus der Sicht der informationsorientierten Informationsfunktionen stellt Informationstechnologie nur ein Werkzeug dar. Beide Typen von Informationsfunktionen haben gemeinsam, dass sie innerhalb des Unternehmens eine Dienstleistungsfunktion ausüben und einen Beitrag zur Erreichung der Unternehmensziele leisten.

7.2.6 Endbenutzermanagement

Im Unterkapitel „Konzeptualisierung" wurde der Benutzer neben Information und Informationstechnologie als dritte Dimension des Informationsmanagements identifiziert. Dadurch sollte der dem Endbenutzer in der Literatur zugewiesenen Bedeutung Rechnung getragen werden. Dieser Sachverhalt wurde bei der empirischen Untersuchung anhand der Indikatoren benutzergesteuerte Informationsverarbeitung und Benutzerbeteiligung (nur für technologieorientierte Informationsfunktionen) überprüft.

A) Technologieorientierte Informationsfunktionen

	Banken (n=4 Unternehmen)	KFZ-Industrie (n=5 Unternehmen)	Versicherungen (n=7 Unternehmen)	gesamt (n=16 Unternehmen)
Benutzerbeteiligung (*Anzahl Unternehmen*)	4 (= 100 %)	3 (= 60 %)	6 (= 86 %)	13 (= 81 %)
Führungsausschüsse	4 (=100 %)	2 (67 %) (n=3)	3 (= 50 %) (n=6)	9 (=69 %) (n=13)
Lenkungsausschüsse	4 (= 100 %)	3 (=100 %) (n=3)	6 (= 100 %) (n=6)	13 (= 100 %) (n=13)
Benutzerservice (*Anzahl Unternehmen*)	4 (= 100 %)	5 (= 100 %)	7 (= 100 %)	16 (= 100 %)
Schulungen (*Anzahl Unternehmen*)	4 (= 100 %)	5 (= 100 %)	7 (= 100 %)	16 (= 100 %))
direkte Datenabfrage (*Anzahl Unternehmen*)	4 (=100 %)	3 (=60 %)	6 (=86 %)	13 (= 81 %)

Tab. 7.11: Berücksichtigung des Endbenutzers - Ergebnisse technologieorientierte Informationsfunktionen

Bei der *Benutzerbeteiligung* wird der zukünftige Anwender in den Systemplanungsprozess mit dem Zweck einbezogen, eine bessere Benutzerzufriedenheit und letztlich eine höhere Systemnutzung zu erreichen. In den untersuchten Unternehmen ist dies großteils (in 13 von 16 Firmen) üblich, wenn auch in unterschiedlichen Ausprägungen. Ein Interviewpartner wies darauf hin, dass die Benutzerbeteiligung dann zu Problemen führen kann, wenn sich die Anwender zu stark durchsetzen. Dies könnte einen Wildwuchs bei den EDV-Anwendungen zur Folge haben. Die Benutzerbeteiligung wird in der Regel in Form von Lenkungsausschüssen organisiert, die zwecks Projektkontrolle für die Dauer der EDV-Projekte eingesetzt werden. Großteils werden auch sogenannte Führungsausschüsse eingesetzt. Diese dienen insbesondere der Abstimmung von strategischer IV-Planung und Ressourcenfreigabe. Der erhobene Verbreitungsgrad dieser temporären Organisationselemente deckt sich relativ genau mit den Ergebnissen der Studie von Schellmann, laut der Lenkungsausschüsse in 81 % und Führungsausschüsse in 58 % der untersuchten Unternehmen existierten.[598]

Der Stellenwert des Endbenutzers im Rahmen des Informationsmanagements ist nicht nur daran erkennbar, in wie weit er an der Systemgestaltung mitwirkt, sondern in welchem Ausmaß er EDV selbständig, ohne Einbeziehung der EDV-Abteilung zur Problemlösung einsetzt. Zu diesem Zweck muss sichergestellt werden, dass die Benutzer über die erforderlichen Qualifikationen verfügen. Dazu ist ein gewisses *Schulungs- und Weiterbildungsangebot* notwendig. Dieser Anforderung wird von allen 16 Unternehmen nachgekommen; in einem davon wurde die Abwicklung der PC-Schulungen aus Kostengründen ausgelagert. Der Schulungsbedarf kann zum Teil sehr hoch sein. Ein Befragter aus der KFZ-Industrie bezifferte ihn für das gesamte Unternehmen mit 220 Tagen pro Jahr.

Neben dem entsprechenden Qualifizierungsbedarf muss für Problemfälle Sorge getragen werden. Dies erfolgt in der Regel in Form eines *Benutzerservice* bzw. „Information Center", das die Benutzer bei auftretenden Problemen unterstützt.[599] Ein Benutzerservice ist ebenfalls in allen Unternehmen eingerichtet. Weitere Aufgaben, die neben dem „Help-Desk" wahrgenommen werden, sind Bereitstellung von Hardware, Installation von PC-Software, Netzwerkadministration, Schulung und projektspezifische Tätigkeiten.

Eine anspruchsvollere Tätigkeit im Rahmen der benutzergesteuerten Datenverarbeitung ist die direkte Abfrage der (zentralen) Unternehmensdaten. Diese Möglichkeit besteht in 13 Unternehmen. Ein ähnlicher Verbreitungsgrad wurde in der steirischen Großindustrie erho-

---

[598] Vgl. Schellmann 1997, S. 84 ff.
[599] Vgl. zum Beispiel Schellmann 1997, S. 103.

ben, wo in zehn von elf Unternehmen die Unternehmensdaten direkt abgefragt werden konn-ten.[600] Die Angaben, wie groß der Anteil jener Mitarbeiter des Verwaltungsbereiches ist, für die diese Möglichkeit besteht, schwankte zum Teil stark. Schätzungen, wonach 70 % der Mitarbeiter einen direkten Zugriff auf die Unternehmensdaten haben, sind aber unglaub-würdig. Realistischer dürfte ein Wert zwischen 2 % und 5 % sein, der auch dem Median entspricht.

Klasse (Mitarbeiteranteil in %)	Häufigkeit (Anzahl Interviewpartner)
]0% ; 1%]	4
]1% ; 5%]	6
]5% ; 10%]	2
]10% ; 70%]	3

Tab. 7.12: Direkter Zugriff auf die Unternehmensdaten (Anteil der Mitarbeiter des Verwaltungsbereichs, in Prozent)

Was die Form der direkten Datenabfrage betrifft, gibt es laut Auskunft der Interviewpartner in acht Unternehmen ein Data Warehouse bzw. befindet sich ein solches im Aufbau, und in drei Unternehmen ein Management-Informationssystem (MIS, EIS, Führungsinformations-system, etc.). In den übrigen Unternehmen werden die Daten mit Hilfe von Endbenutzerwerk-zeugen abgefragt, teilweise erfolgt zuvor ein Herunterladen der gewünschten Daten durch die EDV-Abteilung. Gegenüber den Untersuchungen von Hayek und Schlögl[601] zeigt sich ein gewisser Wandel weg von der Verwendung von anspruchsvolleren Abfragewerkzeugen wie SQL oder Focus hin zu benutzerfreundlicheren Lösungen in Form eines Data Warehouse.

Generell wird also auch durch diese Studie bestätigt, dass die Anwender im Bereich des IT-Managements eine zunehmend aktive Rolle spielen.[602]

B) Informationsorientierte Informationsfunktionen

Alleine aufgrund der Abteilungsgröße kommt ein *Benutzerservice* bei den informations-orientierten Informationsfunktionen nicht in Frage. In den Abteilungen, in denen dies sinnvoll ist, ist meist ein Mitarbeiter neben seiner normalen Tätigkeit auch für Benutzerauskünfte zuständig.

---

[600] Vgl. Schlögl 1994, S. 533.
[601] Vgl. Hayek/Schlögl 1996, S. 37; Schlögl 1996, S. 356.
[602] Vgl. Heinzl 1995, S. 18.

	Banken (n=4 Unternehmen)	KFZ-Industrie (n=5 Unternehmen)	Versicherungen (n=7 Unternehmen)	gesamt (n=16 Unternehmen)
Recherche in externen Datenbanken *(Anzahl Unternehmen)*	4 (= 100 %)	5 (=100 %)	6 (=86 %)	15 (=94 %)
Literaturbeschaffung durch Fachabteilungen *(Anzahl Unternehmen)*	3 (=75 %)	4 (=80 %)	7 (=100 %)	14 (=88 %)
Dokumentationen in Fachabteilungen *(Anzahl Unternehmen)*	4 (= 100 %)	3 (=80 %)	7 (= 100 %)	14 (= 88 %)

Tab. 7.13: Berücksichtigung des Endbenutzers - Ergebnisse informationsorientierte Informationsfunktionen

Endbenutzerschulungen werden meist von jenen informationsorientierten Informationsfunktionen durchgeführt, bei denen dies zweckmäßig ist. Zum Beispiel macht es Sinn, wenn die Benutzer einer Dokumentationsstelle mit der verwendeten Klassifikation oder dem eingesetzten elektronischen Dokumentenmanagementsystem vertraut gemacht werden. Bei einer volkswirtschaftlichen Abteilung, in der Datenbank-Recherchen nur durch Mitarbeiter der Abteilung durchgeführt werden, und die primär nur volkswirtschaftliche Berichte erstellt, ist eine Schulung der „Endbenutzer" hingegen in der Regel nicht erforderlich.

Ein weiteres Indiz für die Stellung des Endbenutzers ist die Möglichkeit, in *externen Datenbanken selbständig recherchieren* zu können. Dies ist fast schon zur Selbstverständlichkeit geworden: Bis auf ein Unternehmen können in allen anderen Mitarbeiter aus den Fachabteilungen auf externe Datenbanken zugreifen. Laut Auskunft eines Befragten handelt es sich dabei oft um frei zugängliche und einfach recherchierbare Datenbanken. Der Kreis dieser Mitarbeiter kommt aus fast allen Abteilungen, besonders aber jenen, die einen hohen externen Informationsbedarf haben. Ein Interviewpartner merkte dazu an, dass diese Entwicklung vor allem durch das Internet gefördert worden sei.

Auch die *Literaturbeschaffung* erfolgt in einem Großteil (in 14 von 16) der Unternehmen durch die Fachabteilungen. Die einzige Ausnahme bilden jene beiden Unternehmen, die eine Bibliothek haben. Die Frage, ob in einigen Fachabteilungen *Dokumentationen* „betrieben" werden, wurde von den Interviewpartnern eines Unternehmens widersprüchlich beantwortet. Möglicherweise liegt das daran, dass diese Bezeichnung einen breiten Interpretationsspielraum zulässt. Insgesamt kann aber der Schluss gezogen werden, dass es in den meisten Unternehmen (!) kleinere Dokumentationen (auch) in den Fachabteilungen gibt. In zumindest zwei Unternehmen wird aktiv versucht, möglichst alle Dokumente elektronisch anzubieten. Dadurch soll der Zugriff auf die benötigte Information wesentlich verbessert werden.

Aus obigen Ausführungen geht klar hervor, dass das betriebliche Informationswesen in fast allen Unternehmen zu einem großen Teil von den Fachabteilungen selbst wahrgenommen wird. Es stellt sich nun die Frage, ob ein Teil der informationsbezogenen Tätigkeiten nicht doch stärker zentralisiert werden sollte. Die Ansichten der Interviewpartner gingen in diesem

Punkt weit auseinander, wobei aber die Mehrheit (sieben Befragte) ein zentrales Informationswesen bevorzugt. Die Zustimmung war dabei von den primär informationsvermittelnden Stellen deutlich höher als von jenen, die stärker im Bereich der Informationsproduktion tätig sind.

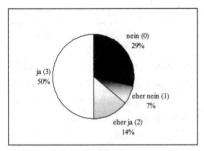

Abb. 7.21: (Teilweise) Zentralisierung der informationsbezogenen Tätigkeiten

Obwohl die Endbenutzer im betrieblichen Informationswesen bereits eine wichtige Rolle spielen, sehen die Leiter der informationsorientierten Informationsfunktionen keine Gefahr, dass durch die Abgabe von weiteren Informationstätigkeiten letztlich ihre Existenz gefährdet ist. Alle Respondenten, die dazu Stellung bezogen (19), entschieden sich auf einer vierstufigen Skala („nein", „eher nein", „eher ja", „ja") für „nein" bzw. „keine Gefahr".

Unter anderem wurden folgende Gründe dafür angeführt:

- die Mitarbeiter der Fachabteilungen werden von der zeitraubenden Informationssuche freigeschaufelt;
- die fachliche Kompetenz, zum Beispiel das Beherrschen komplexer Abfragesprachen, sei nicht ersetzbar;
- eine zentrale Stelle ist für die Koordination notwendig;
- durch die Informationsflut ist es noch schwieriger, die relevanten Informationen zu finden; zu diesem Zweck bedarf es einer professionellen Informationsselektion.

Dem letzten Argument kann entgegen gehalten werden, dass gerade für eine erfolgreiche Informationsselektion Anwendungswissen besonders wichtig ist. Zu diesem Zweck muss aber gewährleistet werden, dass die notwendige Information dort zur Verfügung gestellt wird, wo aufgrund des fachlichen Bezugs die Relevanz beurteilt werden kann.

Eine sinnvolle Lösung könnte in einem Nebeneinander von zentraler Informationsabteilung und einer teilweisen Übernahme der Informationsarbeit durch die Mitarbeiter der Fachabteilungen bestehen. Während Erstere primär für die zentrale Planung und Koordination des Informationswesens, die Bereitstellung der (zentralen) Informationsinfrastruktur sowie die Beratung und Unterstützung der Mitarbeiter der Fachabteilungen zuständig ist, nehmen

Letztere einen Großteil der restlichen Informationstätigkeiten, zum Beispiel den direkten Zugriff auf die im Unternehmen vorhandenen elektronischen Informationen selbständig wahr. Herget spricht in diesem Zusammenhang vom emanzipierten Benutzer bzw. einer Neuorientierung im betrieblichen Informationsmanagement.[603]

Schlussfolgerungen/Thesen:

These 1:

In fast allen österreichischen Großunternehmen wirken die (zukünftigen) Endbenutzer bei EDV-Projekten mit. Das Ausmaß der Benutzerbeteiligung ist von Fall zu Fall verschieden. Lenkungsausschüsse, die der Projektkontrolle dienen, gibt es beim Großteil der Unternehmen. Führungsausschüsse, die mit der Abstimmung von strategischer IV-Planung und Ressourcenfreigabe betraut sind, werden in mehr als der Hälfte der Unternehmen eingerichtet.

These 2:

In allen Großunternehmen gibt es ein Benutzerservice, dessen Hauptaufgabe, neben einer Reihe von weiteren Tätigkeiten, darin besteht, die Endbenutzer bei EDV-Problemen zu unterstützen.

These 3:

In den meisten Großunternehmen besteht für einen Teil der Mitarbeiter außerhalb der EDV-Abteilung die Möglichkeit, die Unternehmensdaten direkt, das heißt ohne die Verwendung von herkömmlichen Anwendungsprogrammen, abzufragen. Der Anteil der Mitarbeiter mit direktem Zugriff auf die Unternehmensdaten ist aber gering (im Durchschnitt unter 5 %).

These 4:

Die Mitarbeiter der Fachabteilungen spielen im betrieblichen Informationswesen eine aktive Rolle. Sie nehmen in fast allen Unternehmen eine Reihe von informationsbezogenen Tätigkeiten, wie Recherchieren in externen Datenbanken, Literaturbeschaffung oder Verwalten von kleineren Dokumentationen, wahr.

---

[603] Vgl. Herget 1995.

These 5:

Obwohl die Endbenutzer in einem stärkeren Maße Informationsarbeit leisten, sehen sich die Leiter der informationsorientierten Informationsfunktionen durch die Abgabe weiterer Informationstätigkeiten in ihrer Existenz nicht gefährdet.

7.2.7 Externe Einflussfaktoren

Eine Zielsetzung der Studie bestand darin zu untersuchen, welche externen Faktoren Auswirkungen auf das Informationsmanagement haben. Dabei wurde die Vermutung angestellt, dass Unternehmensgröße (Mitarbeiterzahl[604]), Branche und Konzernsitz (inländisches oder ausländisches Unternehmen) einen Einfluss darauf haben, in welchem Umfang das Informationsmanagement im jeweiligen Unternehmen praktiziert wird. Als (abhängige) Variablen wurden dafür Höhe des Budgets und Anzahl der Mitarbeiter des EDV-/Organisationsbereichs sowie Anzahl der Mitarbeiter, die in den informationsorientierten Informationsfunktionen tätig sind, gewählt. Weiters wurde davon ausgegangen, dass die Endbenutzer bei (eher) autoritär geführten Unternehmen im Rahmen des Informationsmanagements eine geringere Rolle spielen.

Zusammenhänge mit der Unternehmensgröße

Zwischen Mitarbeiterzahl und Höhe des EDV-Budgets, Anzahl der Mitarbeiter des EDV-/Organisationsbereichs sowie Anzahl der Mitarbeiter aller informationsorientierten Informationsfunktionen einer Organisation konnte ein starker Zusammenhang ermittelt werden. Die jeweiligen Korrelationskoeffizienten betragen 0.88, 0.92 bzw. 0.86. Dies würde den Schluss nahe legen, dass die Mitarbeiterzahl der informationsorientierten Informationsfunktionen sowie personelle und finanzielle Ausstattung der EDV-Abteilungen maßgeblich von der Unternehmensgröße abhängen.

Bei obigem Ergebnis muss aber berücksichtigt werden, dass die Wahl der abhängigen Variablen nicht ganz unproblematisch ist. So ist das EDV-Budget zwar eine geeignete Größe für das Ausmaß des Ressourcen-Einsatzes im EDV-Bereich. Es ist aber nicht zulässig, direkt auf die Effektivität des Informationsmanagements (und dadurch auch auf den Unter-

---

[604] Da in den drei Branchen der Output der Unternehmen unterschiedlich gemessen wird (Banken: Bilanzsumme, Versicherungen: Prämiensumme, KFZ-Industrie: Umsatz) wurde die Mitarbeiterzahl als Messgröße für die Unternehmensgröße verwendet.

nehmenserfolg) zu schließen.[605] Einige Studien belegten sogar einen negativen Zusammenhang zwischen diesen beiden Größen.[606] Ein weiteres Problem bestand darin, Variable zu finden, für die genügend Werte erhoben werden konnten. Zum Beispiel waren mehrere Interviewpartner der Banken- und Versicherungsbranche nicht bereit, das EDV-Budget ihrer Informationsfunktion bzw. ihres Unternehmens bekannt zu geben. Aus diesem Grund wurde auch die Mitarbeiterzahl des EDV-/Organisationsbereichs als Variable verwendet. Bei den informationsorientierten Unternehmen machten sogar sieben Respondenten bei der Frage nach dem Informationsbudget keine Angabe, weshalb nur die Zahl der in diesen Abteilungen Tätigen als Kenngröße verwendet wurde. Zusätzlich muss noch berücksichtigt werden, dass nicht sichergestellt werden kann, ob in den einzelnen Unternehmen auch alle informationsorientierten Informationsfunktionen identifiziert wurden.

Zusammenhänge mit der Branche

Auch zwischen Branche und Höhe des EDV-Budgets bzw. Beschäftigtenzahl im EDV-/Organisationsbereich konnten, wenn auch schwächere Zusammenhänge[607] (Eta = 0,49 bzw. 0,55) festgestellt werden. Dies kommt auch bei einem Vergleich des durchschnittlichen EDV-Budgets der drei Branchen zum Ausdruck. Dieses liegt bei den Unternehmen der KFZ-Branche bei knapp unter 100 Millionen Schilling. Jenes der Versicherungsbranche beträgt ein Mehrfaches davon. Das IT-Budget der Banken übersteigt Letzteres wiederum deutlich.[608] Da es zwischen Branche und Unternehmensgröße so gut wie keinen Zusammenhang gibt (Eta = 0,17), kann der Schluss gezogen werden, dass Budget und Größe des EDV-/Organi-

---

[605] Vgl. Weitzendorf 2000, S. 6.

[606] Dieser Sachverhalt erlangte unter den Bezeichnungen "Produktivitätsparadoxon der Informationstechnologie" und Solow-Paradoxon allgemeine Bekanntheit. Öfters zitiert wird in diesem Zusammenhang folgende Aussage von Solow: „You can see the computer age everywhere but in the productivity statistics" (vgl. OECD 1996). Mittlerweile liegen zahlreiche Studien zu diesem Phänomen vor (vgl. zum Beispiel Baily/Gordon 1988; Brynjolfsson/Hitt 1994; Byrd/Marshall 1997; Loveman 1990; Mitra/Chaya 1996; Morrison/Berndt 1990; Rauch 1991; Roach 1991; Strassman 1988; Weill 1990; Wilson 1995). Diese ergeben aber kein einheitliches Bild (vgl. zum Beispiel die Gegenüberstellung in Brynjolfsson 1993). Laut Weitzendorf dominieren sogar die Arbeiten, die eine positive Beziehung zwischen dem Einsatz von Informationstechnologie und dem Unternehmenserfolg nicht unterstützen können (vgl. Weitzendorf 2000, S. 21).

[607] Da es sich bei der Branche um eine nominalskalierte Variable handelt, wurde das Assoziationsmaß Eta verwendet.

[608] Wie bereits im Unterkapitel Informations(verarbeitungs)controlling erwähnt wurde, ist ein exakter Branchenvergleich nicht möglich, da jeweils nur in der Hälfte der Banken und Versicherungen das EDV-Budget

sationsbereichs neben der Unternehmensgröße, wenn auch zu einem geringeren Teil, von der Branche bestimmt werden. Kein nennenswerter Zusammenhang (Eta = 0,28) wurde zwischen der Branche und den Mitarbeiterzahlen der informationsorientierten Informationsfunktionen ermittelt.

Zusammenhang mit dem Konzernsitz

Eine schwache Beziehung (Eta = 0,41) konnte auch zwischen Konzernsitz (Inland oder Ausland) und der Anzahl der in den informationsorientierten Informationsfunktionen Tätigen berechnet werden. Tatsächlich konnte in vier der sechs ausländischen Konzerne keine informationsorientierte Informationsfunktion identifiziert werden. Dies deutet darauf hin, dass informationsorientierte Informationsfunktionen (neben Forschung und Entwicklung) oft in der Konzernzentrale angesiedelt sind. Bei einem der beiden Unternehmen, auf die das nicht zutrifft, wird das Informationswesen von den einzelnen Standorten arbeitsteilig wahrgenommen. Beim zweiten Unternehmen ist der Standort Wien insofern aufgewertet, da von hier aus der osteuropäische Markt bearbeitet wird.

Zusammenhang mit dem Führungsstil

Weiters sollte untersucht werden, ob es einen Zusammenhang zwischen dem Führungsstil im Unternehmen und dem Ausmaß der Einbeziehung der Endbenutzer im Rahmen des Informationsmanagements gibt. Dieses Vorhaben erwies sich aber aus folgenden Gründen als nicht durchführbar: Zum einen waren die Antworten zum Führungsstil relativ homogen. – 60 % der Interviewpartner schätzte diesen "eher kooperativ" ein. Zum anderen war die Operationalisierung jenes Teils der Studie, der die Rolle des Endbenutzers im Informationsmanagement zum Gegenstand hatte, nicht tiefgehend genug, um zwischen den einzelnen Unternehmen stärker differenzieren zu können.

---

ermittelt werden konnte und bei der Bekanntgabe des durchschnittlichen EDV-Budgets die Anonymität aller Angaben nicht mehr hätte gewährleistet werden können.

Schlussfolgerungen/Thesen

These 1:

Zwischen Unternehmensgröße (Mitarbeiterzahl) und Höhe des Budgets sowie Anzahl der Mitarbeiter des EDV-/Organisationsbereichs gibt es eine starke Beziehung. In einem geringeren Maße werden diese beiden Variablen von der Branche beeinflusst.

These 2:

Ein Zusammenhang besteht auch zwischen Unternehmensgröße und der personellen Ausstattung der informationsorientierten Informationsfunktionen.

These 3:

Bei internationalen Konzernen ist der Großteil der informationsorientierten Informationsfunktionen oft in der Konzernzentrale angesiedelt.

7.2.8 Problembereiche des Informationsmanagements

In diesem Kapitel sollen die Problembereiche des Informationsmanagements herausgearbeitet werden. Zu diesem Zweck wurde auf der Grundlage eines umfassenden Literaturstudiums[609] ein Katalog an möglichen Problembereichen zusammengestellt. Bei der Beantwortung dieser Frage konnten die Interviewpartner aber auch noch Ergänzungen vornehmen. Insgesamt durften die Befragten maximal fünf Optionen auswählen bzw. angeben.

Wie aus Abbildung 7.22 hervorgeht, wurden folgende vier Probleme von mindestens einem Drittel der Befragten der *EDV-/Organisationsabteilungen* genannt:
- die sich rasch ändernde Informationstechnologie (13-mal),
- Bewusstsein ist nicht vorhanden, dass Information mit Kosten verbunden ist (11-mal),
- mangelnde Bewertbarkeit des Nutzens von Information (9-mal),
- Bedeutung von Information als wesentlicher Beitrag zum Unternehmenserfolg wird großteils nicht erkannt (7-mal).

---

[609] Vgl. Auster/Choo 1996, S. ix; Bergeron 1996; Guimares 1985; Lewis/Martin 1989; Lewis/Snyder / Rainer 1995; Lytle 1986; Martin/Davies/Titterington 1991; Olaisen 1990, S. 210 ff.; Pfeiffer 1990, S. 273; Schellmann 1997.

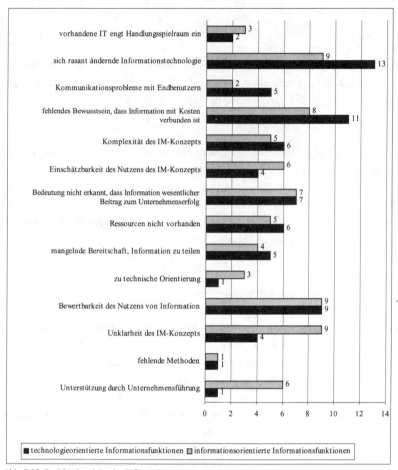

Abb. 7.22: Problembereiche des Informationsmanagements

Es ist bemerkenswert, dass nur der erste Punkt technische Probleme anspricht. Diese bestehen aber hauptsächlich im, durch die rasante technologische Entwicklung bedingten, großen Anpassungsdruck und den sich daraus ergebenden Flexibilitätsanforderungen. Selbst die Anwender haben mit dem Innovationstempo im IT-Bereich zu kämpfen. Ein Befragter gab dazu an, dass die Endbenutzer durch die zunehmenden Möglichkeiten überfordert sind. Dies habe teilweise einen hohen Schulungsbedarf selbst bei den „stehenden" Anwendungen zur Folge. Die drei nächstgereihten Problembereiche sprechen hingegen Kosten-/Nutzenaspekte bzw. das in diesem Zusammenhang fehlende Bewusstsein an. Vor allem die Quantifizierung des Nutzens dürfte allgemeine Probleme bereiten, wie auch durch die Studie von Bergeron bestätigt wird. Die Autorin zieht diesbezüglich die Schlussfolgerung, dass es noch größerer Anstrengungen bedarf, um Messinstrumente zur Beurteilung des Nutzens von Information und ihrer Auswirkungen auf eine Organisation zu entwickeln.[610]

Als größere Probleme wurden noch die in den einzelnen Unternehmen immer größer werdende Komplexität der Informationsverarbeitung sowie die nicht in ausreichendem Maße vorhandenen Ressourcen empfunden. Kommunikationsprobleme mit dem Endbenutzer wurden nur von einem Viertel der Leiter der EDV-/Organisationsabteilungen als ein Hauptproblem genannt. Die mangelnde Bereitschaft, Informationen im Unternehmen zu teilen, wurde interessanterweise fast nur von Versicherungen thematisiert. Die Unterstützung durch die Unternehmensleitung dürfte in den meisten Unternehmen ausreichend sein. Auch das Fehlen von bewährten Methoden wurde nur von einem Interviewpartner als Hauptproblem gesehen.

Bei den Ergebnissen der *informationsorientierten Informationsfunktionen* fällt auf, dass sich zwischen den einzelnen Problembereichen keine so großen Unterschiede ergaben. Jene Probleme, denen durch die EDV-/Organisationsabteilungen die größte Bedeutung beigemessen wurde, rangieren auch bei den informationsorientierten Informationsfunktionen ganz oben. Darüber hinaus fand die empfundene Unklarheit des IM-Konzepts am meisten Resonanz. Dies ist primär auf die „informationsproduzierenden" Abteilungen zurückzuführen und dürfte damit zu tun haben, dass sich diese mehr mit den fachlichen Anwendungsbereichen als mit dem Informationsmanagement identifizieren.

Ein wenig überraschend erscheint, dass auch viele informationsorientierte Informationsfunktionen mit der sich rasch ändernden Informationstechnologie zu kämpfen haben. Das ist aber dann plausibel, wenn man bedenkt, dass Informationstechnologie für diese Abteilungen ein wichtiges Werkzeug ist und auch ein Großteil der Informationsprodukte und –dienste in elektronischer Form angeboten wird (siehe Unterkapitel „Selbstverständnis"). Probleme treten hier vor allem bei der Anwendung von Informationstechnologie auf. Von den Befragten explizit genannt wurden Kompatibilitätsprobleme und Probleme bei der Datenübernahme aufgrund von unterschiedlichen Dateiformaten. Weniger zutreffend ist hingegen, dass Informationstechnologie den Handlungsspielraum zu sehr einengt (3 Nennungen), und dass das Informationsmanagement zu technisch orientiert ist (ebenfalls 3 Angaben).

Von mehr als einem Viertel der Interviewpartner wurden unzureichende Unterstützung durch die Unternehmensführung und Schwierigkeiten, den Nutzen des IM-Konzepts einschätzen zu können, angeführt. Ein wenig überraschend ist jedoch, dass nur vier Respondenten die

---

[610] Vgl. Bergeron 1995, S. 458.

mangelnde Bereitschaft im Unternehmen, Information zu teilen, als Hauptproblem des Informationsmanagements betrachten. Interessant ist auch der Sachverhalt, dass nur ein Interviewpartner das Fehlen von bewährten Methoden aufzeigte, wo doch im Unterkapitel „Methoden" herausgearbeitet wurde, dass in den informationsorientierten Informationsfunktionen relativ wenige Methoden zum Einsatz kommen. Eine mögliche Erklärung wäre, dass bei den informationsorientierten Informationsfunktionen nur eine geringe methodische Unterstützung möglich ist.

Unter den sonstigen Problemen wurden sowohl von den informations- als auch den technologieorientierten Informationsfunktionen „starre Unternehmensorganisation", „Wartungsprobleme aufgrund von Gesetzesänderungen", „Hardware Releases", „Informationsbereitschaft von Seiten des Vorstandes nicht immer gegeben", „Informationsflut aufgrund von nicht bedarfsgerechter Informationsaufbereitung" und „mangelnde Aktualität der Informationen" genannt.

Die Studie von Bergeron ergab eine unterschiedliche Reihung der Hauptproblembereiche. „Informationsmacht" („politics and power"), „fehlende Ressourcen" und „nicht vorhandene Informationskompetenz" wurden noch öfters genannt als Kosten-/Nutzenprobleme.[611]

Schlussfolgerungen/Thesen:

Sowohl informations- als auch technologieorientierte Informationsfunktionen empfinden die sich rasant (weiter)entwickelnde Informationstechnologie als eines der Hauptprobleme des Informationsmanagements. Kosten-/Nutzenaspekte, und speziell das in diesem Zusammenhang im Unternehmen oft fehlende Bewusstsein, zählen ebenfalls zu den primären Problembereichen des Informationsmanagements.

7.2.9 Zukünftige Entwicklung

Am Ende der Befragung sollten die Interviewpartner bekannt geben, wie sie die Entwicklung des Informationsmanagements in ihren Unternehmen in den nächsten Jahren sehen. Bei der Präsentation der zahlreichen gemachten Vorschläge erfolgt wieder eine Trennung in technologie- und informationsorientierte Informationsfunktionen.

---

[611] Vgl. Bergeron 1995, S. 467.

A) Technologieorientierte Informationsfunktionen

Aus der Sicht vieler Interviewpartner werden Internet und eBusiness in den nächsten Jahren eine zentrale Rolle spielen und starke, zum Teil noch gar nicht absehbare Auswirkungen auf die Unternehmen haben. Vor allem der „elektronische Vertrieb" wird an Bedeutung gewinnen. So wird laut Meinung eines Befragten die Kombination aus Internet und mobiler Telekommunikation zu einer starken Veränderung des Bankgeschäftes führen. Für die KFZ-Industrie erwartet sich ein Respondent die deutliche Verringerung des „order-delivery"-Zyklus von zur Zeit ca. 35 Tagen. Wenn man diesen Wert der durchschnittlichen Produktionsdurchlaufzeit von nur drei Tagen gegenüberstellt, wird offensichtlich, dass hier noch ein beträchtliches Rationalisierungspotential besteht. Durch die allgemein kostengünstige Verfügbarkeit von Telekommunikationsdiensten wird auch die Verbreitung von Telearbeit weiter zunehmen. Vergleichsweise geringere Auswirkungen wird hingegen die Internet-Telefonie haben.

Mehrere Respondenten gaben an, dass in ihren Unternehmen durch das Schaffen einer einheitlichen Informationsplattform ein unternehmensweiter Zugriff auf die Daten ermöglicht werden soll. Darunter fallen Maßnahmen wie Beseitigung von Insellösungen, die Verwendung von elektronischen Dokumentenmanagementsystemen, der Einsatz von Groupware und Intranet-Technologie oder der Aufbau eines Data Warehouse.

Aber auch die Verwendung von externen (elektronischen) Daten wird zunehmen. Dies ist vor allem durch den einfacheren und, infolge von höheren Bandbreiten, rascheren Zugriff auf Informationen und der damit steigenden Bedeutung bedingt. Gleichzeitig dürfte die EDV-Kompetenz der Anwender weiter zunehmen, wodurch auf diese mehr Verantwortung, wie zum Beispiel die selbständige Recherche in Datenbanken, übertragen werden kann.

Einige Respondenten gaben an, dass sie sich in Zukunft um eine stärkere Kundenorientierung bemühen wollen. Diese soll unter anderem durch eine intensivere Kommunikation mit den Endbenutzern erreicht werden.

Folgende Anmerkungen wurden nur einmal gemacht:
- die Rolle der EDV verändert sich zusehens in Richtung Wissensvermittlung über die Verfahren der Abwicklung;
- die Beherrschbarkeit der Komplexität wird immer schwieriger;
- von Seiten der Anwender wird ein stärkerer Druck ausgeübt werden, da es durch Großprojekte wie Jahr-2000-Problem und Euro-Umstellung zu einem großen Anwendungsrückstau gekommen ist.

B) Informationsorientierte Informationsfunktionen

Die Einschätzung der zukünftigen Entwicklung verlief bei den informationsorientierten Informationsfunktionen in eine andere Richtung, wodurch die Ergebnisdarstellung von jener der technologieorientierten Informationsfunktionen getrennt wurde.

Am stärksten wurde von den Interviewpartnern die weiter zunehmende Datenflut thematisiert. Um dieser wirksam begegnen zu können, kommt der Informationsselektion in Zukunft eine noch größere Bedeutung zu. Speziell in Hinblick auf die Endbenutzer ist darüber hinaus eine maßgeschneiderte Informationsaufbereitung wichtig. Bei der Lösung der „overnewsed-underinformed"-Problematik gibt es verschiedene Ansichten. Ein Befragter sieht dezentrale Strukturen als eine Strategie gegen die Datenüberflutung, da spezielle Anforderungen, die die Grundlage für die Informationsselektion bilden, auch dezentral auftreten. Ein anderer Interviewpartner sieht hingegen eine große Chance für seine Stelle, da zur Bewältigung der Datenflut eine entsprechende Informationskompetenz erforderlich ist, über die die Endbenutzer oft nicht verfügen. Natürlich kann eine Informationsstelle aber auch nicht alle Inhalte abdecken, eine gewisse Spezialisierung ist auf jeden Fall notwendig.

Mehrere informationsorientierte Informationsfunktionen wollen sich in Zukunft nicht nur um eine bessere Unterstützung der Endbenutzer, sondern auch um eine stärkere Geschäftsorientierung bemühen. Zur Verbesserung des Kundenkontakts soll unter anderem die Internet-Technologie beitragen. Von transparenteren Informationen bis zum Einrichten von kundenspezifischen Web-Seiten bietet diese dazu eine Reihe von Möglichkeiten. Mit der noch weiter zunehmenden Bedeutung der Informationstechnologie wird Papier weiter zurückgedrängt bzw. Information noch stärker in digitaler Form angeboten werden. Die zunehmende Informatisierung wird den gesamten Bereich der Informationsvermittlung stark ändern.

Weniger oft als erwartet wurde die Bezeichnung „Wissensmanagement" angesprochen, allerdings oft in einer anderen Bedeutung als in den ursprünglich vorgestellten Konzepten.[612] So möchte eine informationsvermittelnde Stelle ein Wissensmanagement „in einem umfassenden Sinn" einführen. Am weitesten dürften die Versicherungsunternehmen in diesem Bereich sein. Ein Interviewpartner aus dieser Branche sprach das Problem an, dass vor allem bei Führungskräften noch der Grundsatz „Wissen ist Macht" gilt. Er rechnet aber damit, dass sich Führungskräfte zu „Informationsmanagern" weiterentwickeln werden, die ihre Macht ab- und ihr Wissen weitergeben. Ein Unternehmen will überhaupt in diesem Bereich führend

---

[612] Vgl. zum Beispiel Krickl/Milchrahm 1988; Nonaka/Takeuchi 1997; Probst/Raub/Romhardt 1998.

werden. Dazu sollen ein Forschungsnetz aufgebaut und Anreizsysteme für die Weitergabe von Wissen geschaffen werden.

Auffallend ist, dass mehrere Respondenten die Entwicklung des betrieblichen Informationswesens im Allgemeinen und ihrer Informationsfunktion im Besonderen positiv sehen. Einige Befragte orteten in diesem Zusammenhang ein steigendes Informationsbewusstsein im Unternehmen. Zumindest teilweise dürfte dies auf das Internet zurückzuführen sein.

Eine Reihe von Anmerkungen wurde nur einmal gemacht; unter anderem folgende:

- Eine informationsvermittelnde Stelle möchte zu einer Informationsdrehscheibe werden. Dazu soll bei den Benutzern das Bewusstsein geweckt werden, dass die Abteilung nicht nur dem Abrufen von Informationen dient, sondern dass es auch wichtig ist, Wissen einzubringen.

- Neben den höheren Anforderungen an die Endbenutzer ist mit einem weiteren Anstieg der Ansprüche von Seiten der Kunden zu rechnen. Dadurch nimmt auch die Gefahr der Überforderung weiter zu.

- Eine Informationsfunktion möchte in Zukunft mehr Informationsprodukte mit einem höheren informationellen Mehrwert anbieten.

- In einem Unternehmen sollen die Informations- und Kommunikationsstandards auf den gesamten Konzern ausgedehnt werden. Endziel ist eine offene Informations- und Kommunikationskultur im gesamten Konzern.

- Als Folge des Internet wird auch mit einem Sinken der Datenbankkosten gerechnet.

- Weiters wird eine stärkere Integration der Daten angestrebt, die früher in verschiedenen Systemen gehalten wurden.

- Ein Interviewpartner aus der KFZ-Branche vertrat die Meinung, dass der Informationsgehalt der Daten weiter zunimmt. Zum Beispiel waren früher 2D-Darstellungen üblich, nunmehr setzen sich aber 3D-Grafiken durch.

- Von einem Befragten wurde auch auf die wachsende Bedeutung des eBusiness hingewiesen. Dadurch erwartet er eine Kostenreduktion für das gesamte Unternehmen.

Schlussfolgerungen/Thesen:

These 1:
In Hinblick auf ihre zukünftige Entwicklung unterscheiden sich die Ansichten von informations- und technologieorientierten Informationsfunktionen in den wesentlichen Punkten.

Aus der Sicht der Leiter der EDV-/Organisationsabteilungen werden Internet und eBusiness in den nächsten Jahren eine zentrale Rolle spielen, und zum Teil starke Auswirkungen auf ihre Unternehmen haben.

Von den Befragten der informationsorientierten Informationsfunktionen wurde die weiter zunehmende Datenflut am stärksten thematisiert. Dadurch wird die Informationsselektion zu einer der wichtigsten Informationskompetenzen.

These 2:

Beide Typen von Informationsfunktionen wollen sich in Zukunft um eine stärkere Kundenorientierung bemühen. Dies soll unter anderem durch eine intensivere Kommunikation mit den Kunden erreicht werden. Bei den informationsvermittelnden Stellen spielt dabei das Internet eine wichtige Rolle.

7.3 Problembereiche der Untersuchung

Bei der empirischen Untersuchung traten in folgenden Bereichen Probleme auf:
- Operationalisierung,
- Fragebogen und
- Datenerhebung.

Operationalisierung

Wie schon mehrmals betont wurde, lag der hier vorliegenden Studie ein umfassendes IM-Verständnis zugrunde. Dadurch wurden die Komponenten des Informationsmanagements so festgelegt, dass sowohl informations- als auch technologieorientierte Informationsfunktionen auf deren Umsetzung hin untersucht werden konnten (Forschungsfrage 2). Im Laufe der Untersuchung stellte sich aber heraus, dass die Operationalisierung speziell im Bereich der EDV-/Organisationsabteilungen noch „feinkörniger" hätte sein können. Dies trifft speziell auf dichotome Variablen zu. Dadurch hätten die Unterschiede zwischen den einzelnen EDV-Abteilungen stärker herausgearbeitet werden können.

Ein Beispiel dafür ist die Frage, ob es in der jeweiligen Informationsfunktion ein Verzeichnis der Informationsressourcen gibt (Frage 5.B.a1). Vor allem wenn man die Größe der EDV-Abteilungen bedenkt – diese sind zum Teil mit mittelgroßen österreichischen Unternehmen vergleichbar – erscheint es nur schwer vorstellbar, dass eine EDV-Abteilung über kein derartiges Verzeichnis verfügt.

Ähnliches gilt auch für die Fragen zur Benutzerbeteiligung. Hier konnten die Respondenten nur angeben, ob und in welcher Form diese in ihrem Unternehmen praktiziert wird (Führungsausschuss/Lenkungsausschuss/Sonstige).

Für die informationsorientierten Informationsfunktionen war die Operationalisierung hingegen zum Teil zu detailliert. Beispielsweise erwies sich die Frage nach einem „Information Service"/Benutzerzentrum als hinfällig. Da die informationsorientierten Informationsfunktionen in der Regel klein sind, gibt es in keinem Unternehmen eine organisatorische „Untereinheit", die die Mitarbeiter der Fachabteilungen bei Informationsproblemen berät bzw. unterstützt. Vielmehr wird diese Aufgabe von einem (oder mehreren) Mitarbeiter(n) der Informationsfunktion neben seinen (ihren) herkömmlichen Tätigkeiten wahrgenommen.

Fragebogen

Durch den explorativen Charakter der Studie war damit zu rechnen, dass beim Fragebogen einige Schwachstellen zutage treten würden. Diese werden nachfolgend genauer diskutiert. Bei einigen Fragen kam es zu *Unklarheiten*. So konnten sich einige Interviewpartner aus EDV-Abteilungen nicht vorstellen, dass auch informationsvermittelnde Stellen am Informationsmanagement mitwirken, vice versa. Diese Respondenten verbanden mit einem zentralen Informationsmanagement ein dementsprechend engeres Begriffsverständnis. Derartige semantische „Unstimmigkeiten" konnten aber in der Regel beim Interview ausgeräumt werden.

Im Laufe der Befragung stellte sich heraus, dass es auch bei der Frage, ob es sich bei Informationsmanagement um ein klar definiertes Managementkonzept handelt (Frage 4.3), zu Mehrdeutigkeiten kam. Die Interviewpartner, die diese Frage bejahten, dürften damit das Informationsmanagement in ihrem Unternehmen gemeint haben, bei dem Kompetenzen, Aufgaben und Tätigkeiten im Normalfall genau geregelt sein sollten. Hingegen dürften jene Befragten, die die Gegenposition einnahmen, damit mehr die uneinheitliche Begriffsverwendung assoziiert haben.

Auch bezüglich Strukturiertheitsgrad und Verfügbarkeit des Wissens (Frage 4.7) herrschte zum Teil ein unterschiedliches Begriffsverständnis. Aus der Sicht der informationsorientierten Informationsfunktionen kann es sich auch bei Texten um strukturierte Informationen handeln, wenn diese eine bestimmte Gliederung aufweisen. Ein Beispiel dafür wäre ein Geschäftsbericht oder eine Mahnung. Aus der Sicht der EDV handelt es sich bei Texten auf jeden Fall um unstrukturierte Daten. Strukturierte Daten liegen dagegen in „atomisierter" Form vor (Kundennummer, Firma, Postleitzahl, ...) und werden in der Regel mit relationalen Datenbankmanagementsystemen verwaltet.

Die Frage nach der Verfügbarkeit zielte darauf ab herauszuarbeiten, ob die jeweilige Informationsfunktion im Unternehmen primär mit der Bereitstellung von explizitem Wissen beschäftigt ist, oder ob das Schwergewicht auf der Erschließung von implizitem Wissen (z. B. Erfahrungswissen, nichtdokumentiertes Know-how der Mitarbeiter) liegt. Einige Interviewpartner dürften darunter aber verstanden haben, in wie weit Erfahrungswissen und Know-how für ihre eigene Tätigkeit von Bedeutung sind.

Die Fragen nach der berücksichtigten Informationsart (Frage 4.7) und der unterstützten Phase des Informationslebenszyklus (Frage 4.5) wurden bewusst so gestellt, dass sich die Interviewpartner für eine Alternative (zum Beispiel: *primär* interne Daten oder *primär* externe Daten) entscheiden mussten. Dadurch sollten die Unterschiede zwischen den Informationsfunktionen stärker herausgearbeitet werden. Einige Befragte ließen sich dennoch nicht auf eine Alternative festlegen (zum Beispiel: „interne *und* externe Daten *im gleichen Umfang*"). Bei den Auswertungen wurden diese Antworten als eigene Klasse berücksichtigt. Einige Fragen waren möglicherweise *suggestiv* bzw. so gestellt, dass die Antworten vorhersehbar waren. Ein Beispiel dafür ist die Frage, ob Information eine Unternehmensressource ist, der die gleiche Bedeutung zukommt wie den Ressourcen Arbeit oder Kapital (Frage 4.8). Sie wurde immerhin von zwei Befragten mit nein und von zwei weiteren mit eher nein beantwortet. Bei der Einschätzung des Führungsstils (Frage 1.6) ist nicht auszuschließen, dass einige Respondenten ihr Unternehmen in einem besseren Licht erscheinen lassen wollten und daher für einen (eher) kooperativen Führungsstil „votierten".

Einige Sachverhalte der Untersuchung waren nur schwer quantifizierbar und mussten daher geschätzt werden. *Schätzung* wurden deshalb als ausreichend empfunden, weil eine genauere Datenerhebung viel zu aufwendig gewesen wäre. Zu Problemen kam es nur bei der Ansetzung des Mitarbeiteranteils, der einen direkten Zugriff auf die Unternehmensdaten (Frage 5B.e2.4) hat. Dies äußerte sich an einigen Ausreißern.

Als generell *verbesserungsbedürftig* stellten sich jene Fragen heraus, die das direkte Verhältnis zwischen den Informationsfunktionen zum Gegenstand hatten (Fragen 3.9 bis 3.13). Mit diesen Fragen sollte die Beziehung zwischen informations- und technologieorientierten Informationsfunktionen untersucht werden. Das Problem bestand nun darin, dass es in den einzelnen Unternehmen eine unterschiedliche Anzahl von informations- und technologieorientierten Informationsfunktionen gab. Die Antworten bezogen sich daher nicht nur auf das Verhältnis zwischen informations- und technologieorientierten sondern auch zwischen verschiedenen informationsorientierten Informationsfunktionen. Bei der Auswertung musste daher eine entsprechende Trennung vorgenommen werden.

Ein Problem könnte auch darin bestanden haben, dass *für informations- und technologieorientierte Informationsfunktionen der gleiche Fragebogen* verwendet wurde. Dadurch mussten einige Fragen so allgemein formuliert werden[613], dass diese dadurch zum Teil falsch interpretiert worden sein könnten. Es wird daher empfohlen, bei einer ähnlich gelagerten Untersuchung zwei „Fragebogenversionen" zu verwenden.

---

[613] Zum Beispiel: „Basiert die Informations*(technologie)*planung auf der Unternehmensstrategie und den Unternehmenszielen? Oder: „Wird in Ihrem Unternehmen versucht, durch den Einsatz von *Information bzw. Informationstechnologie* Wettbewerbsvorteile zu erreichen?"

Datenerhebung

Das größte Problem bestand bei der Datenerhebung darin, dass die *informationsorientierten Informationsfunktionen nur schwer lokalisierbar* waren. In den meisten Unternehmen wurden daher die Interviews zunächst mit den Leitern der EDV-/Organisationsabteilung geführt. Da diese das Unternehmen im Normalfall gut kennen, konnten bei den Erstinterviews in der Regel die (weiteren) informationsorientierten Informationsfunktionen identifiziert werden. Es kann aber trotzdem nicht ausgeschlossen werden, dass einige informationsorientierte Informationsfunktionen nicht ausfindig gemacht wurden.

Bei einigen Fragen, bei denen ein bestimmter Sachverhalt das gesamte Unternehmen betraf (zum Beispiel Fragen 1.6, 4.2, 5A.1 bis 5A.4, ...), wurden von Interviewpartnern derselben Organisation mitunter *inkonsistente Antworten* gegeben. Mögliche Gründe wären ein unterschiedlicher Informationsstand oder verschiedene Sichtweisen der Interviewpartner oder aber Unterschiede in einer Organisation. Zum Beispiel kann im EDV-Bereich ein kooperatives Klima vorherrschen, während die Unternehmensleitung eher zu einem autoritären Führungsstil neigt. Wenn diese Fragen auf Unternehmensebene ausgewertet wurden, wurde bei inkonsistenten Antworten der Mittelwert angesetzt.

Aufgrund der dezentralen Struktur war es manchmal auch schwierig, *Kennzahlen für das gesamte Informationsmanagement* (zum Beispiel Mitarbeiterzahl, Budget, ...) zu ermitteln, da die Daten von allen Informationsfunktionen eines Unternehmens oft nicht vorlagen. Zum einen war nicht immer jede Informationsfunktion bereit, alle Fragen zu beantworten bzw. überhaupt an der Studie mitzuarbeiten. Zum anderen kann nicht gewährleistet werden, dass alle informationsorientierten Informationsfunktionen tatsächlich identifiziert wurden.

Wie bereits erwähnt wurde, ist die *EDV* in der Hälfte der Unternehmen *ausgelagert.* Zwischen den ausgelagerten EDV-Abteilungen und den outsourcenden Unternehmen bestehen in der Regel sehr enge Beziehungen, wobei es sich in fast allen Fällen um Tochtergesellschaften handelt. Da es de facto kaum Unterschiede gibt, wurden die ausgelagerten IT-Abteilungen wie herkömmliche EDV-Abteilungen behandelt.

7.4 Schlussfolgerungen

7.4.1 Zusammenfassung

Generelles Ziel der hier vorliegenden Studie war es, das Wissen zum Informationsmanagement in der Praxis zu erhöhen. Im Gegensatz zu vielen früheren Untersuchungen lag der Studie ein umfassendes IM-Verständnis zugrunde. Zu diesem Zweck wurden alle Stellen/Abteilungen in die Studie einbezogen, die in einem Unternehmen mit dem Management von Information (informationsorientierte Informationsfunktionen) und/oder Informationstechnologie (technologieorientierte Informationsfunktionen) betraut waren. Die Grundgesamtheit umfasste alle Banken, Versicherungen und Unternehmen der Automobilindustrie, die in Österreich mehr als 1000 Mitarbeiter beschäftigen.

Insgesamt nahmen 20 technologie- und 22 informationsorientierte Informationsfunktionen aus 18 Unternehmen (sechs Banken, sieben Versicherungen und fünf Unternehmen der KFZ-Industrie) an der Studie teil. Dies entspricht einer Beteiligungsquote von 88 %. Bei den technologieorientierten Informationsfunktionen handelte es sich hauptsächlich um EDV-Abteilungen. Drei Interviewpartner kamen von Organisationsabteilungen. Bemerkenswert ist, dass die EDV-Abteilungen in der Hälfte der Unternehmen ausgelagert wurden, wobei sie in der Regel in Form einer Tochtergesellschaft eingerichtet sind. Zu „herkömmlichen" EDV-Abteilungen ergeben sich aber sonst kaum Unterschiede.

Im Gegensatz zu den technologieorientierten Informationsfunktionen sind die informationsorientierten wesentlich heterogener. Aus diesem Grund wurde eine weitere Unterteilung in primär informationsvermittelnde und primär informationsproduzierende Informationsfunktionen vorgenommen. Überraschend war, dass „traditionelle" informationsvermittelnde Stellen wie zum Beispiel eine Unternehmensbibliothek oder eine Dokumentationsstelle in den untersuchten Unternehmen nur selten zu finden waren. Das war auch ein Hauptgrund dafür, dass informationsorientierte Informationsfunktionen nur schwer lokalisierbar waren. Die informationsorientierten Informationsfunktionen sichern ihre Existenz primär dadurch, dass sie einen informationellen Mehrwert erbringen. Dieser besteht meist darin, dass neben Beschaffung, Erschließung, Speicherung und Weitervermittlung eine stärkere Analyse und fachliche Aufbereitung der Informationsinhalte erfolgt.

Im Folgenden werden die wichtigsten Ergebnisse der empirischen Studie, den Forschungsfragen folgend, zusammengefasst.

1) Selbstverständnis

Informations- und technologieorientierte Informationsfunktionen haben zum Teil ein ähnliches, zum Teil ein unterschiedliches Selbstverständnis bezüglich Informationsmanagement. Unterschiede bestehen darin, dass informationsorientierte Informationsfunktionen stärker mit unstrukturierten und externen Daten befasst sind und die Informationsnutzung stärker betonen. Technologieorientierte Informationsfunktionen betrachten primär strukturierte und interne Daten. Ihr Fokus liegt stärker auf der Informationsbereitstellung.

Beide Typen von Informationsfunktionen haben gemeinsam, dass sie Information als eine Unternehmensressource ansehen. Trotzdem berücksichtigen beide primär operative/administrative, in digitaler Form vorliegende Daten.

Die Bezeichnung Informationsmanagement wird zwar sowohl von informations- als auch von technologieorientierten Informationsfunktionen verwendet, dies aber eher selten. Die meisten Informationsfunktionen präferieren Bezeichnungen, die ihren Tätigkeitsbereich besser zum Ausdruck bringen. Es kann also keine Rede davon sein, dass es sich bei Informationsmanagement um ein „allgemein gültiges" Managementkonzept handelt.

2) Umsetzung des Informationsmanagements

A) Strategische Informations(technologie)planung

Der Bereich der strategischen Informations(technologie)planung wird in den untersuchten Unternehmen ernst genommen. In den meisten Unternehmen gibt es einen operativen und strategischen Informationstechnologieplan. In ungefähr der Hälfte der Unternehmen arbeitet der Leiter der EDV-/Organisationsabteilung bei der Unternehmensplanung mit. Hingegen erstellt nur zirka die Hälfte der informationsorientierten Informationsfunktionen einen operativen und ein Viertel einen strategischen Informationsplan.

In fast allen Unternehmen wird versucht, durch den Einsatz von Information und Informationstechnologie Wettbewerbsvorteile zu erreichen. Dabei gibt es deutliche Unterschiede zwischen informations- und technologieorientierten Informationsfunktionen. Während bei EDV-/Organisationsabteilungen neben einer Verbesserung von Kundendienst bzw. Servicequalität vor allem Kosteneinsparungen dominieren, liegt der Fokus bei informationsorientierten Informationsfunktionen stärker auf der Verbesserung von Kundendienst/Service, der Einführung von neuen Produkten sowie dem Verfolgen einer Marktnischen bzw. Differenzierungsstrategie.

B) Informationsrichtlinien

Bis auf eine geben alle technologieorientierten Informationsfunktionen schriftliche Informationsrichtlinien heraus. Dies trifft allerdings nur auf etwas mehr als die Hälfte der informationsorientierten Informationsfunktionen zu. Bei vorhandenen Richtlinien sind Bekanntheitsgrad und Bindung daran relativ hoch.

C) Informations(verarbeitungs)controlling

Der Großteil der Informationsfunktionen wird als Cost Center geführt. Nur in zwei Fällen wurde ein Profit Center eingerichtet. Eine Kostenplanung und –steuerung erfolgt bei fast allen technologieorientierten und bei mehr als der Hälfte der informationsorientierten Informationsfunktionen.

Deutliche Unterschiede gibt es auch bei der Leistungsverrechnung. Während bei den EDV-Abteilungen das Bemühen nach einer möglichst verursachungsgerechten Kostenverrechnung (Verrechnungspreise, Mischsysteme) besteht, werden die anfallenden Kosten bei den meisten informationsorientierten Informationsfunktionen als unternehmensfix betrachtet. Der mit der Kostenverrechnung verbundene Aufwand ist natürlich bei einem hohen Informationsbudget eher gerechtfertigt. Während dieses bei informationsorientierten Informationsfunktionen bei 16 Millionen Schilling liegt, beläuft es sich bei den EDV-Abteilungen im Durchschnitt auf mehrere hundert Millionen Schilling.

Die Nutzenermittlung wird bei den EDV-Abteilungen von Einsparungen bei den Personal- und Sachkosten dominiert. Diese werden projektbezogen und oft nur im Vorhinein ermittelt. Bei den informationsorientierten Informationsfunktionen dürfte eine quantitative Nutzenermittlung eher die Ausnahme sein.

D) Methodische Unterstützung

Das Ausmaß der methodischen Unterstützung ist bei den technologieorientierten Informationsfunktionen wesentlich höher als bei den informationsorientierten. Bei der strategischen Informationsplanung ist der Methodeneinsatz aber auch von Seiten der EDV-/Organisationsabteilungen gering.

E) IT-Management

Unternehmensweite IT-Standards sind in allen Unternehmen vorhanden und werden großteils eingehalten. Eine Informationsarchitektur gibt es ebenfalls in allen Unternehmen, wobei aber die einzelnen Komponenten in einem unterschiedlichen Ausmaß realisiert sind. Am weitesten ausgebaut ist die Datenarchitektur. Zu ihrer Betreuung ist in den meisten Unternehmen eine Stelle/(Sub)Abteilung Datenmanagement eingerichtet.

In vielen Unternehmen erfolgt eine laufende Beobachtung des IT-Marktes hinsichtlich technologischer Neuerungen. Form und Intensität variieren von Unternehmen zu Unternehmen. Meistens erfolgt das Monitoring des IT-Marktes aber nur nebenbei.

Wie obige Ausführungen darlegten, sind die einzelnen Bereiche des Informationsmanagements bei den technologieorientierten Informationsfunktionen deutlich stärker ausgeprägt als bei den informationsorientierten. Eine Hauptursache dürfte in ihrer unterschiedlichen Größe liegen. Zum Beispiel beträgt das Budget der informationsorientierten Informationsfunktionen im besten Fall ein Zehntel von jenem der EDV-/Organisationsabteilungen. Wenn man zusätzlich die schwache organisatorische Positionierung der informationsorientierten Informationsfunktionen berücksichtigt, die sich unter anderem daran äußert, dass diese in den einzelnen Unternehmen nur schwer identifizierbar sind, zeigt das die starke Betonung der technologieorientierten Informationsfunktionen im Rahmen des Informationsmanagements auf.[614]

Im Großen und Ganzen werden die an ein Informationsmanagement gestellten Anforderungen von den EDV-/Organisationsabteilungen erfüllt. Es wurden aber auch einige Punkte aufgezeigt, bei denen Defizite bestehen. Vor allem die Nutzenproblematik und die strategische Informationsplanung (sowie ihre methodische Unterstützung) dürften zu den Schwachstellen zählen.

3) Verhältnis zwischen informations- und technologieorientierten Informationsfunktionen

In keinem der untersuchten Unternehmen liegt eine strukturorganisatorische Integration von informations- und technologieorientierten Informationsfunktionen und somit ein zentrales Informationsmanagement vor. Eine solche wird auch nicht als sinnvoll erachtet.

---

[614] Zu einer ähnlichen Schlussfolgerung kommt auch Bergeron (vgl. Bergeron 1995, S. 456 f.).

Auch ohne strukturorganisatorische Integration werden die Kontakte zwischen informations- und technologieorientierten Informationsfunktionen als ausreichend empfunden. In der Regel ergeben sich wöchentliche oder noch häufigere Berührungspunkte. Laut Meinung der meisten Respondenten sind die Unterschiede größer als die Gemeinsamkeiten. Erstere bestehen vor allem darin, dass beide Typen von Informationsfunktionen unterschiedliche Aufgaben und Anforderungen zu erfüllen haben.

4) Bedeutung des Endbenutzers

So gut wie alle Indikatoren sprechen dafür, dass die Endbenutzer im betrieblichen Informationsmanagement eine aktive Rolle spielen: In 13 von 16 Unternehmen wirken die Benutzer bei der Planung/Auswahl bzw. Einführung neuer Informationssysteme mit. In ebenso vielen Unternehmen gibt es Lenkungsausschüsse, in knapp mehr als der Hälfte der Unternehmen Führungsausschüsse. Ein Benutzerservice, das die Anwender unter anderem bei EDV-Problemen unterstützen soll, ist in allen Unternehmen vorhanden.

Auch im betrieblichen Informationswesen nehmen die Mitarbeiter der Fachabteilungen eine aktive Rolle ein. In fast allen Unternehmen werden kleinere fachspezifische Dokumentationen in den Fachabteilungen gehalten und die Literaturbeschaffung von diesen durchgeführt. Darüber hinaus hat ein Teil der Mitarbeiter beinahe in jedem Unternehmen die Möglichkeit, in externen Datenbanken zu recherchieren.

5) Externe Einflussfaktoren

Die personelle Ausstattung der informations- und technologieorientierten Informationsfunktionen ist von der Unternehmensgröße (Mitarbeiterzahl) stark abhängig. Dies trifft auch auf die Höhe des Budgets des EDV-/Organisationsbreichs zu. Geringer ist hingegen der Einfluss der Branche auf Budgethöhe und Mitarbeiterzahl der technologieorientierten Informationsfunktionen. Bei internationalen Konzernen ist der Großteil der informationsorientierten Funktionen oft in der Konzernzentrale angesiedelt.

6) Problembereiche des Informationsmanagements

Von Seiten der informations- und technologieorientierten Informationsfunktionen ergeben sich im Rahmen des Informationsmanagements folgende Hauptprobleme:
- die sich rasch ändernde Informationstechnologie,
- fehlendes Bewusstsein, dass Information mit Kosten verbunden ist,
- mangelnde Bewertbarkeit des Nutzens von Information,
- großteils nicht erkannter Zusammenhang, das Information ein wesentlicher Beitrag zum Unternehmenserfolg ist.

Wie diese Aufzählung zeigt, zählen Kosten-/Nutzenaspekte bzw. das in diesem Zusammenhang oft fehlende Bewusstsein zu den primären Problembereichen des Informationsmanagements.

7) Zukünftige Entwicklung

Bezüglich der künftigen Entwicklung des Informationsmanagements wurden von den Interviewpartnern teilweise unterschiedliche Einschätzungen vorgenommen. Bei ihrer Gewichtung ergeben sich deutliche Unterschiede zwischen informations- und technologieorientierten Informationsfunktionen.

Aus der Sicht der EDV-/Organisationsabteilungen werden Internet und eBusiness in den nächsten Jahren eine zentrale Rolle spielen und zum Teil starke Auswirkungen auf ihre Unternehmen haben. Von den Leitern der informationsorientierten Informationsfunktionen wurde der weiter zunehmenden Datenflut am meisten Raum geschenkt. Dadurch kommt der Informationsselektion in Zukunft eine zentrale Bedeutung zu.

7.4.2 Weiterführende Untersuchungen

Die hier durchgeführte Studie hatte primär explorativen Charakter. Das Hauptziel bestand also darin, den Wissensstand zum Informationsmanagement zu erweitern und gegebenenfalls allfällige Folgestudien vorzubereiten. Auf der Grundlage der Ergebnisse und der bei der Studie aufgetretenen Problembereiche sollen nun einige Vorschläge für weiterführende Untersuchungen gemacht werden.

Folgende Forschungsstrategien erscheinen sinnvoll:
- Durchführung dieser Studie in anderen Branchen,
- stärkere Berücksichtigung des Endbenutzers,

- Durchführung einer analytischen Studie zum IT-Management.

Die hier vorliegende Untersuchung hatte das Informationsmanagement in Banken, Versicherungen und in der KFZ-Industrie zum Gegenstand. Durch die *Einbeziehung weiterer Branchen* könnten die Ergebnisse auf eine breitere Basis gestellt werden. Dabei sollte allerdings versucht werden, die im Rahmen dieser Untersuchung aufgetretenen Problembereiche möglichst zu umgehen.

Wie diese Untersuchung zu Tage brachte, spielen die Endbenutzer speziell im Bereich des informationsorientierten Informationsmanagements eine aktive Rolle und nehmen eine Fülle von Informationstätigkeiten wahr. Eine *Folgestudie* könnte daher auch primär beim *Endbenutzer* ansetzen und speziell seine Rolle im Informationsmanagement untersuchen.

Aufgrund ihrer Heterogenität erscheint eine *analytische Studie* im Bereich der informationsorientierten Informationsfunktionen wenig sinnvoll. Hingegen unterscheidet sich die Situation bei den EDV-Abteilungen grundlegend. Dadurch wäre eine analytische Folgestudie zum *IT-Management* möglich. Wegen der hohen Arbeitsbelastung dieser Abteilungen könnte es allerdings schwierig sein, eine hohe Rücklaufquote zu erreichen.

Literaturverzeichnis

Ahituv N., Zif J., Machlin I. (1998): Environmental Scanning and Information Systems in Relation to Success in Introducing New Products. In: Information and Management, 33(1998)4[615], S. 201 – 211.

Allaire Y., Firsirotu M. E. (1984): Theories of Organizational Culture. In: Organization Studies 1(1984)5, S. 193 – 226.

Anthony R. (1988): The Management Control Function. Harvard Business School Press, Boston, Mass.

Auster E., Choo C. W. (Hrsg.) (1996): Managing Information for the Competitive Edge. Neal Schuman, New York.

Backhaus K., Erichson B., Plinke W., Weiber R. (1996): Multivariate Analysemethoden. 8. Auflage. Springer, Berlin.

Baily M., Gordon R. (1988): The Productivity Showdown, Measurement Issues and the Explosion of Computer Power. In: Brookings Papers on Economic Activity, (1988)2, S. 347 – 422.

Bamberg G., Coenenberg A. G., Kleine-Doepke R. (1976): Zur entscheidungsorientierten Bewertung von Information. In: Zeitschrift für betriebswirtschaftliche Forschung, 28(1976), S. 30 – 42.

Barki H., Hartwick J. (1994): Measuring User Participation, User Involvement, and User Attitude. In: MIS Quarterly, (1994) März, S. 59 – 82.

Baroudi J. J., et al. (1986): An Empirical Study of the Impact of User Involvement on System Usage and Information Satisfaction. In: Communications of the ACM, (1986)3, S. 232 – 238.

Bayer A. E., Smart J. C., McLaughlin G. W. (1990): Mapping Intellectual Structure of a Scientific Subfield through Author Cocitations. In: Journal of the American Society for Information Science, 41(1990)6, S. 444 – 452.

Becker J. (1994a): Informationsmanagement und Controlling. Vogel, Würzburg.

Becker L. (1994b): Integrales Informationsmanagement als Funktion einer marktorientierten Unternehmensführung. Eul, Bergisch Gladbach.

---

[615] Wenn es sich bei der Literaturquelle um einen Zeitschriftenaufsatz handelt, wird folgende Notation verwendet: „Bandnummer (Jahr) Heftnummer".

Behme W., Muksch H. (1999): Auswahl und Klassifizierung externer Informationen zur Integration in ein Data Warehouse. In: Wirtschaftsinformatik, 41(1999)5, S. 443 – 448.

Behme W., Ohlendorf T. (1992): Informationsmanagement in deutschen Unternehmen: Ergebnisse einer empirischen Untersuchung. Interner Bericht. Universität Hildesheim: Institut für Betriebswirtschaftslehre, Hildesheim.

Bergeron P. (1995): An Examination of the Perceptions and Practices of Information Resources Management in Large Organizations from the Canadian Private Sector. Dissertation. Syracuse University, Syracuse.

Bergeron P. (1996): Information Resources Management. In: Annual Review of Information Science and Technology, 31(1996), S. 263 – 300.

Bergeron P. (1997): A Qualitataive Case-Study Aproach to Examine Information Resources Management. In: Canadian Journal of Information and Library Science, 22(1997)3-4, S. 1 – 19.

Berthel J. (1992): Informationsbedarf. In: Frese E. (Hrsg.): Handwörterbuch der Organisation. 3. Auflage. Poeschel, Stuttgart, S. 872 - 888.

Bertot J., McClure C. (1997): Key Issues Affecting the Development of Federal IRM - A View from the Trenches. In: Government Information Quarterly, 14(1997)3, S. 271 – 290.

Beuermann G. (1996): Produktionsfaktoren. In: Kern/Schröder/Weber 1996, Sp. 1494 – 1506.

Biethahn J. (1998): Ganzheitliches Informationsmanagement. In: WiSt (Wirtschaftswissen-schaftliches Studium), (1998)8, S. 412 – 414.

Biethahn J., Mucksch H., Ruf W. (1996): Ganzheitliches Informationsmanagement. 4. Auf-lage. Oldenbourg, München.

Bishop A., Doty P., McLure C. R. (1989): Federal Information Resources Management (IRM): A Policy Review and Assessment. In: Katzer J., Newby G. B. (Hrsg.): Manag-ing Information and Technology. ´89 ASIS Annual Meeting. Learned Information, Medford, S. 40 – 47.

Bleicher K. (1992): Führung. In: Enzyklopädie der Betriebswirtschaftslehre. Band 2, Hand-wörterbuch der Organisation, hrgs. von Frede E., et al., 3. Auflage. Poeschel, Stuttgart, S. 1270 – 1284.

Bloech J. (1993): Produktionsfaktoren. In: Wittmann 1993, Sp. 3406 – 3415.

Bode J. (1997): Der Informationsbegriff in der Betriebswirtschaftslehre. In: Zeitschrift für betriebswirtschaftliche Forschung, 45(1997)5, S. 449 – 468.

Bonitz M. (1982): Scientometrie, Bibliometrie, Informetrie. In: Zentralblatt für Bibliothekswesen, 96(1982)1, S. 19 - 24.

Borgman C. L. (Hrsg.) (1990): Scholarly Communication and Bibliometrics. Sage, Newbury Park, USA.

Brancheau J. C., Brown C. V. (1993): The Management of End-User Computing: Status and Directions. In: Computing Surveys, 25(1993)4, S. 437 – 482.

Brancheau J. C., Janz B. D., Wetherbe J. C. (1996): Key Issues in Information Systems Management: 1994-95 SIM Delphi Results. In: MIS Quarterly, (1996) Juni, S. 225 – 242.

Brancheau J. C., Wetherbe J. C. (1987): Key Issues in Information Systems Management. In: MIS Quarterly, (1987) März, S. 23 - 45.

Brenner W. (1994): Grundzüge des Informationsmanagements. Springer, Berlin.

Brinberg H. R. (1989): Valuing Information. In: Information Management Review, 4(1989) 3, S. 59 - 63.

Broadbent M., Koenig M. E. D. (1988): Information and Information Technology Management. In: Annual Review of Information Science and Technology, 23(1988), S. 237 – 270.

Broadus R. N. (1983): An Investigation of the Validity of Bibliographic Citations. In: Journal of the American Society for Information Science, 34(1983)2, S. 132 - 135.

Brombacher R., Hars A., Scheer A.-W.: Informationsmodellierung. In: Scheer 1993, S. 173 - 188.

Brooks T. A. (1985): Private Acts and Public Objects: An Investigation of Citer Motivations. In: Journal of the American Society for Information Science, 36(1985)4, S. 223 - 229.

Brumm E. K. (1990): Chief Information Officers in Service and Industrial Organisation. In: Information Management Review, 5(1990)3, S. 31-45.

Brumm E. K. (1991): Optical Disk Technology for Information Management. In: Annual Review of Information Science and Technology, 26(1991), S. 197 – 240.

Brynjolfsson E. (1993): The Productivity Paradox of Information Technology. In: Communications of the ACM, (1993) Dezember, S. 67 – 77.

Brynjolfsson E.; Hitt L. (1994): New Evidence on the Returns of Information Systems. Arbeitspapier #3571-93. MIT, Sloan School of Management, Cambridge, Massachusetts.

Buder M., Rehfeld W., Seeger T. (Hrsg.) (1990): Grundlagen der praktischen Information und Dokumentation. 3. Auflage, Band 1. Saur, München et al.

Buder M., Rehfeld W., Seeger T., Strauch D. (Hrsg.) (1997): Grundlagen der praktischen Information und Dokumentation. 4. völlig neu gefasste Auflage, Band 1. Saur, München.

Burk C., Horton F. W. (1988): InfoMap: A Complete Guide to Discovering Corporate Information Resources. Prentice Hall, Englewood Cliffs.

Burn J., et al. (1993): Critical Issues of IS Management in Hong Kong: A Cultural Comparison. In: Journal of Global Information Management, 1(1993)4, S. 28 – 37.

Burton P. F. (1988): Information Technology and Organisational Structure. In: Aslib Proceedings, 40(1988)3, S. 57 – 68.

Bush V. (1945): As We May Think. In: Atlantic Monthly, 176(1945)1, S. 101 – 108.

Busowietz M. (1987): Informationsarbeit in der Informationsgesellschaft: Ein Übersichtsbericht. In: Nachrichten für Dokumentation, 38(1987), S. 185 – 188.

Büttner S. (1990): Schriftgutverwaltung und Archiv. In: Buder/Rehfeld/Seeger 1990, S. 472 - 486.

Byrd T., Marshall T. (1997): Relating IT Investment to Organizational Performance: A Causal Model Analysis. In: Omega, 25(1997)1, S. 43 – 56.

Cash J. I., Konsynski B. R. (1985): IS Redraws Competitive Boundaries. In: Harvard Business Review, (1985) März/April, S. 134 – 142.

Cavaye A. L. M. (1995): User Participation in System Development Revisited. In: Information and Management, 28 (1995)5, S. 311 – 323.

Chen R. (1998): The Eighth Stage of Information Management: Information Resources Management (IRM) vs. Knowledge Management (KM), and The Chief Information Officer (CIO) vs. The Chief Knowledge Officer (CKO). In: International Forum on Information and Documentation, 23(1998)1, S. 18 – 24.

Choe J. M. (1998): The Effects of User Participation on the Design of Accounting Information Systems. In: Information and Management, 34(1998)3, S. 185 – 198.

Choo C. W. (1998): Information Management for the Intelligent Organisation: The Art of Scanning the Environment. Information Today Inc., Medford.

Choo C. W., Auster E. (1993): Environmental Scanning - Acqustion and Use of Information by Managers. In: Annual Review of Information Science and Technology, 28(1993), S. 279 – 314.

Commission on Federal Paperwork (1987): The Paperwork Problem. In: Horton/Marchand 1987, S. 28 – 44.

Conklin J. (1987): Hypertext: A Survey and Introduction. In: IEEE Computer 20(1987) 9, S. 17 - 41.

Cortez E. M, Kazlauskas E. J. (1996): Information Policy Audit: A Case Study of an Organizational Analysis Tool. In: Special Libraries, (1996) Frühling, S. 88 – 97.

Cottrill C. A., Rogers E. M., Mills T. (1989): Co-Citation Analysis of the Scientific Literature of Innovation Research Traditions. In: Knowledge: Creation, Diffusion, Utilization, 11(1989), S. 181 – 208.

Cronin B. (1984): The Citation Process: The Role and Significance of Citations in Scientific Communication. Taylor Graham, London.

Cronin B., Davenport E. (1991): Elements of Information Management. Scarecrow Press, Metuchen, NJ.

Cronin B., Gudin M. (1986): Information and Productivity: A Review of Research. In: International Journal of Information Management, 6(1986), S. 85 – 101.

Culnan M. J. (1986): The Intellectual Development of Management Information Systems, 1972 - 1982: A Co-Citation Analysis. In: Management Science 32(1986) 2, S. 156 - 172.

Culnan M. J. (1987): Mapping the Intellectual Structure of MIS, 1980 - 1985: A Co-Citation Analysis. In: MIS Quarterly, (1987) September, S. 341 – 354.

Culnan M. J., O'Reilly Ch., Chatman J. (1990): Intellectual Structure of Research in Organizational Behavior, 1972-1984: A Cocitation Analysis. In: Journal of the American Society for Information Science, 41(1990)6, S. 453 – 458.

Daniel E. H. (1981): Information Resources Management: An Overview for Educators. ERIC Clearinghouse, Syracuse.

Daniel H.-D., Fisch R. (Hrsg.) (1988): Evaluation von Forschung: Methoden – Ergebnisse – Stellungnahmen. Universitätsverlag Konstanz, Konstanz.

Daniel H.-D. (1988a): Methodische Probleme institutsvergleichender Analysen der Forschungsproduktivität. In: Daniel/Fisch 1988, S. 215 – 241.

Daniel H.-D. (1988b): Evaluation der biotechnologischen und molekulargenetischen Forschung in der Bundesrepublick Deutschland anhand des ISI® Atlas of Science. In: Daniel/Fisch 1988, S. 121 – 150.

Davenport T. (1994): Saving IT's Soul - Human Centered Information Management. In: Harvard Business Review, 72(1994)2, S. 119 – 131.

Davenport T. (1997): Information Ecology. Mastering the Information and Knowledge Enviromment. Oxford University Press, New York.

Davenport T., Prusak L. (1993): Blow up the Corporate Library. In: International Journal of Information Management, 13(1993)6, S. 405 – 412.

Davis G. B., Olson M. H. (1985): Management Information Systems: Conceptual Foundations, Structure, and Development. McGraw Hill, New York.

Dearstyne B. W. (1999): Records Management of the Future: Anticipate, Adapt, and Succeed. In: The Information Management Journal. (1999) Oktober, S. 4 – 16.

Diamond S. (1995): Records Management: A Practical Approach. AMACOM, New York.

Dichtl E., Issing O. (Hrsg.) (1993): Vahlens Großes Wirtschaftslexikon. Band 1, A – K, 2. Auflage. Vahlen, München.

Ding Y., Chowdhury G., Foo S. (1999): Mapping the Intellectual Structure of Information Retrieval Studies: An Author Co-Citation Analysis, 1987-1997. In: Journal of Information Science, 25(1999)1, S. 67 – 78.

Dobrov G. M. (1980): Wissenschaft: Grundlagen ihrer Organisation und Leitung. Akademie-Verlag, Berlin.

Donohue J. C. (1985): Information Resources Management: Passing Fad or New Paradigm. In: Information Management Review, 1(1985)2, S. 67 – 77.

Dué R. T. (1996): The Value of Information. In: Information Systems Management, 13(1996) Winter, S. 69 – 72.

Durell (1985): Data Administration. A Practical Guide to Successful Data Management. McGraw-Hill, New York.

Eaton J. J., Bawden D. (1991): What Kind of Resource is Information? In: International Journal of Information Management, 11(1991), S. 156 – 165.

Eberhard E. (1989): Externe Datenbanken als Bestandteil künftigen Informationsmanagements - Anbieter-, Entwicklungs- und Vermittlungsaspekte. Dissertation. Wirtschaftsuniversität Wien, Wien.

Edelman R. (1981): Management of Information Resources. In: MIS Quarterly, 5(1981) 1, S. 17 – 28.

Ellis D. (1986): Information Management and Information Work. In: International Journal of Information Management, 6(1986)2, S. 115 - 116.

English L. P. (1996): Redefining Information Management. In: Information Systems Management, (1996) Winter, S. 65 –67.

Esser H., Klenovits K., Zehnpfennig H. (1977): Wissenschaftstheorie - Teil 1: Grundlagen und Analytische Wissenschaftstheorie. Teubner, Stuttgart.

Everest G.: Database Management - Objectives, System Functions and Administration. New York 1986

Finke W. (1988): Informationsmanagement: Ausbildung für einen neuen Funktionsbereich. In: Information Management, (1988)1, S. 45 – 60.

Finkelstein C. (1992): Information Engineering. Strategic Systems Development. Addison-Wesely, Sydney.

Friedrichs J. (1990): Methoden empirischer Sozialforschung. 14. Auflage. Westdeutscher Verlag, Opladen.

Fröhlich G. (1981): Kumulativer Erkenntniszuwachs? Inkonsistenz empirischer Befunde und Barrieren der wissenschaftlichen Kommunikation in der Geschwisterpositionsforschung. Dissertation. Universität Wien, Grund- und Integrativwissenschaftliche Fakultät, Wien.

Fröhlich G. (1999): Das Messen des leicht Meßbaren. Output-Indikatoren, Impact-Maße: Artefakte der Szientometrie? In: Becker J., Göhring W. (Hrsg.): Kommunikation statt Markt. Zu einer alternativen Theorie der Informationsgesellschaft. GMD Report 61. Forschungszentrum Informationstechnik GmbH, St. Augustin, S. 27 - 38.

Gabler Wirtschaftslexikon (1997). Band 3, L – SO, 14. Auflage. Gabler, Wiesbaden.

Gallegos F. (1999): Data Warehousing: A Strategic Approach. In: Information Strategy, (1999), 41 - 46.

Garfield E. (1974): Journal Citation Reports – Introduction. In: Essays of an Information Scientist, 2(1974-76), S. 558 – 571.

Garfield E. (1979): Is Citation Analysis a Legitimate Evaluation Tool? In: Scientometrics, 1(1979)4, S. 359 - 375.

Garfield E. (1983): Citation Indexing – Its Theory and Application in Science, Technology, and Humanities. Nachdruck. ISI® Press, Philadelphia.

Garfield E. (1985): Uses and Misuses of Citation Frequency. In: Current Contents, 43(1985), 28. Oktober, S. 403 – 409.

Garfield E. (1989): Citation Classics and Citation Behavior Revisited. In: Current Contents, 12(1979)4, S. 3 - 8.

Garfield E. (1994a): The Impact Factor. In: Current Contents, 20. Juni 1994. Elektronische Version unter: http://www.isinet.com/hot/essays/7.html (Stand: September 1999).

Garfield E. (1994b): Using the Impact Factor. In: Current Contents, 18. Juli 1994. Elektronische Version unter: http://www.isinet.com/hot/essays/8.html (Stand: September 1999).

Garfield E. (1994c): The Relationship Between Citing and Cited Publication: A Question of Relatedness. In: Current Contents, 15. April 1994. Elektronische Version unter: http://www.isinet.com/hot/essays/5.html (Stand: September 1999).

Garfield E. (1995): Monitoring Complex Literature: The Advantages of Using a Multidisciplinary Database. http://www.isinet.com/hot/essays/18.html vom 27. März 1995 (Stand: September 1999).

Gazdar K. (1987): Informationsmanagement wird Schlüsselfaktor. In: io Management, 56(1987)2, S. 94 – 96.

Gazdar K. (1989): Informationsmanagement für Führungskräfte: Konkrete Perspektiven für Wirtschaft, Verwaltung und Politik. Frankfurter Allgemeine Zeitung, Frankfurt.

Gemünden G., Schmitt M. (1991): Datenmanagement in deutschen Großunternehmen - Theoretischer Ansatz und empirische Untersuchung. In: Information Management, (1991) 4, S. 22 - 34.

Gennis M. (1999): Überlegungen zum Berufsbild des Informationsmanagers. In: Nachrichten für Dokumentation, 50(1999), S. 455 – 459.

Gerrity T. P., Rockart J. F. (1986): End-User Computing: Are You a Leader or a Laggard? In: Sloan Management Review, (1986)4, S. 25 – 34.

Gesellschaft für Information und Dokumentation (GID) (1985): Informationsmanagement in der öffentlichen Verwaltung der Vereinigten Staaten. IDD Verlag für Internationale Dokumentation, Frankfurt.

Gillenson M. (1985): Trends in Data Administration. In: MIS Quarterly, 9(1985) Dezember, S. 317 – 325.

Glatzer R. (1993): Measuring the Value of Information: The Information-Intensive Organization. In: IBM Systems Journal, 32(1993)1, S. 99 – 110.

Goodmann E. C. (1994): Records Management as an Information Mangement Discipline - A Case-Study from Smithkline-Beecham-Pharmaceuticals. In: International Journal of Information Management, 14(1994)2, S. 134 – 143.

Gorraiz J. (1992): Die unerträgliche Bedeutung der Zitate. In: Biblos 41(1992)4, S. 193 – 204.

Govindarajulu C., Reithel B. J. (1998): Beyond the Information Center: An Instrument to Measure End-User Computing Support from Multiple Sources. In: Information and Management, 33(1998)5, S. 241 – 250.

Greschner J., Zahn E. (1992): Strategischer Erfolgsfaktor Information. In: Krallmann H. (Hrsg.): Rechnergestützte Werkzeuge für das Management. Erich Schmidt, Berlin, S. 9 – 28.

Griese J. (1995): Informationsmanagement. In: Corsten H. (Hrsg.): Lexikon der Betriebswirtschaftslehre. 3. Auflage. Oldenbourg, München, S. 353 – 357.

Griffiths J.-M. (1982): The Value of Information and Related Systems, Products, and Services. In: Annual Review of Information Science and Technology, S. 269 – 284.

Grochla E. (1975): Betriebliche Planung und Informationssysteme. Reinbeck.

Grudowski S. (1995): Informationsmanagement und Unternehmenskultur. Dissertation. Freie Universität Berlin, Berlin.

Grudowski S. (1996): Das betriebliche Informationsmanagement aus der Sicht von Information und Dokumentation. In: Nachrichten für Dokumentation, 47(1996), S. 351 – 360.

Guimares T. (1985): IRM revisited. In: Datamation, 31(1985)5, S. 130 – 134.

Haiqi Z., Deguang H., Lei H., Jingg L. (1997): The Literature of Qigong: Publication Patterns and Subject Headings. In: International Forum on Information and Documentation, 22(1997)3, S. 38 - 44.

Hansen H. R. (1987): Wirtschaftsinformatik I: Einführung in die betriebliche Datenverarbeitung. 5. Auflage. Fischer, Stuttgart.

Harrison W., Farn C.-K. (1990): A Comparison of Information Management Issues in the United States of America. In: Information and Management, 18(1990)4, S. 177 - 188

Hars A., Scheer A.-W. (1994): Paradigmenwechsel im Informationsmanagement: Vom DV-Management zum Management des Produktionsfaktors Information. In: Information Management, (1994)2, S. 6 – 11.

Hatten M. L., Hatten K. J. (1997): Information Systems Strategy: Long Overdue - and Still Not Here. In: Long Range Planning, 30(1997)2, S. 254 – 266.

Hayek A., Schlögl Ch. (1996): Vom Handeln mit Geld zum Handeln mit Information über Geld. In: Information Management, (1996)2, S. 34 – 38.

Heinold E. (1990): Erfolgreich durch professionelles Informationsmanagement. Econ, Düsseldorf.

Heinrich L. J. (1993): Informationsmanagement. In: Wittmann W. (Hrsg.): Handwörterbuch der Betriebswirtschaft. 2. Auflage, Band 2. Poeschel, Stuttgart, S. 1749 - 1759.

Heinrich L. J. (1999): Informationsmanagement. 6. Auflage. Oldenbourg, München.

Heinrich L. J., Lehner F. (1990): Entwicklung von Informatik-Strategien. In: HMD - Praxis der Wirtschaftsinformatik 154(1990), S. 3 – 28.

Heinrich L. J., Roithmayr F. (1992): Wirtschaftsinformatik-Lexikon. 4. Auflage. Oldenbourg, München.

Heinzl A. (1995): Zur Entwicklung der betrieblichen Datenverarbeitung. Habilitation. Wissenschaftliche Hochschule für Unternehmensführung, Vallendar.

Henderson M. M. (1987): The Importance of Data Administration in Information Management. In: Information Management Review, 2(1987)4, S. 41 – 47.

Herbert M., Hartog C. (1985): MIS Rates the Issues. In: Datamation, (1985) November, S. 79 - 86.

Herget J. (1990): Externalisierung der Informationsmanagement-Funktion in mittelständischen Unternehmen: Ergebnisse einer explorativen Studie zur Nutzung von Informationsprodukten aus Online-Datenbanken. In: Herget/Kuhlen 1990, S. 121 - 141.

Herget J. (1992): Information Resources Management: Concepts, Models, Expectations and Curricular Requirements. Report 8/92. Universität Konstanz, Informationswissenschaft, Konstanz.

Herget J. (1995): Das betriebliche Informationsmanagment vor einer Neuorientierung. In: Nachrichten für Dokumentation, 46(1995), S. 25 – 32.

Herget J. (1997): Informationsmanagement. In: Buder/Rehfeld/Seeger/Strauch 1997, S. 781 – 794.

Herget J., Hensler S. (1995): Online-Datenbanken in Wirtschaft und Wissenschaft: aktuelle Nachfragestrukturen und Nutzungstendenzen. In: Wirtschaftsinformatik, 37(1995)2, S. 129 – 138.

Herget J., Kuhlen R. (Hrsg.): Pragmatische Aspekte beim Entwurf und Betrieb von Informationssystemen. Proceedings des 1. Internationalen Symposiums für Informationswissenschaft. Universitätsverlag Konstanz, Konstanz.

Herring J. E. (1991): Information Management - The Convergence of Professions. In: International Journal of Information Management, 11(1991), S. 144 – 155.

Herrschaft L. (1996): Bestimmung eines medienspezifischen Informationsbegriffes. In: Nachrichten für Dokumentation, 47(1996)3, S. 171 – 182.

Hildebrand K. (1992): Informationsmanagement - Status quo und Perspektiven. In: Wirtschaftsinformatik, 34(1992)5, S. 465 - 471.

Hildebrand K. (1995a): Gestaltung und Einführung des Informationsmanagements: Organisation, Architektur und Planung, Erich Schmidt, Berlin.

Hildebrand K. (1995b): Informationsmanagement: Wettbewerbsorientierte Informationsverarbeitung. Oldenbourg, München.

Hills P. (1988): Editorial zu einem Schwerpunktheft über Informationsmanagement. In: International Journal of Information Management, (1988)8, S. 3 – 4.

Horton F. W. (1979): Information Resources Management: Concepts and Cases. Association for Systems Management, Cleveland.

Horton F. W. (1985): Information Resources Management: Harnessing Information Assets for Productivity Gains in the Office, Factory and Laboratory. Prentice Hall, Englewood Cliffs.

Horton F. W. (1988a): Mapping Corporate Information Resources (Part 1). In: International Journal of Information Management, 8(1988)4, S. 249 – 254.

Horton F. W. (1988b): Librarianship and information management. In: Information Management Review, 4(1988)1, S. 59 – 64.

Horton F. W. (1989a): Mapping Corporate Information Resources (Part 2). In: International Journal of Information Management, 9(1989), S. 19 - 24.

Horton F. W. (1989b): Mapping Corporate Information Resources (Part 2). In: International Journal of Information Management, 9(1989), S. 91 - 95.

Horton F. W. (1989c): Information Architectures: The Information Resources Entity (IRE) Modelling Approach. In: Aslib Proceedings, 14(1989) November/Dezember, S. 313 – 318.

Horton F. W., Marchand D. A. (Hrsg.) (1987): Information Management in Public Administrations. An Introduction and Resource Guide to Government in the Information Age. 2. Auflage. Information Resources Press, Arlington.

Horvath P. (1998): Controlling. 7. Auflage. Vahlen, München.

Hoven J. (1995): IRM: An Enterprisewide View of Data. In: Information Systems Management, (1995) Summer, S. 69 – 72.

Hoven J. (1997): Data Warehousing: New Name for the Accessibility Challenge. In: Information Systems Management, (1997) Winter, S. 70 – 72.

Hübel S. (1996): Unterstützung von Dokumentationsaufgaben: schneller am Markt. In: io Management, 65(1996)10, S. 43 – 45.

Hübner H. (1996): Informationsmanagement und strategische Unternehmensführung. Oldenbourg, München.

Hübner H., et al. (1984): Forschungskooperation Wissenschaft - Wirtschaft in Österreich. Bundesministerium für Wissenschaft und Forschung, Wien.

Hunton J. E., Beeler J. D. (1997): Effects of User Participaton in Systems Development: A Longitudinal Field Experiment. In: MIS Quarterly, 21(1997)4, S. 359 – 388.

Hürlimann W. (1996): Elektronische Dokumentation: Möglichkeiten und Perspektiven. In: io Management, 65(1996)10, S. 37 - 41.

Hussain D. S., Hussain K. M. (1992): Information Management: Organization, Management and Control of Computer Processing, Prentice Hall, New York.

Igbaria M. (1990): End-User Computing Effectiveness: A Structural Equation Model. In: Omega 18(1990)6, S. 637 – 652.

Inmon W. H., Imhoff C., Sousa R. (1997): Corporate Information Factory, Wiley, New York.

Ischebeck W. (1993): Strategische Ausrichtung, organisatorische Gestaltung und Auswirkungen des Informationsmanagements. In: Scheer 1993, S. 591 – 602.

Ives B., Learmonth G. P. (1984): The Information System as a Competitive Weapon. In: Communications of the ACM, 27(1984)12, S. 1193 – 1201.

Kägi E. (1990): Das Unbehagen mit Information. In: io Management, 59(1990)2, S. 70 – 72.

Kahn B. (1983): Some Realities of Data Administration. In: Communication of the ACM, 26(1983), S. 794 – 799.

Kärki R. (1996): Searching for Bridges between Disciplines: An Author Co-Citation Analysis on the Research into Scholarly Communication. In: Journal of Information Science, 22(1996)5, S. 323 – 334.

Kaye D. (1995): The Nature of Information. In: Library Review, 44(1995)8, S. 37 – 48.

Keidel U., Winkelmann J. (1994): Standort Deutschland: Information als Wettbewerbsvorteil? In: Cogito, (1994)5, S. 28 - 32.

Keller G. (1993a): Informationsmanagement in objektorientierten Organisationsstrukturen. Gabler, Wiesbaden.

Keller G. (1993b): Dezentrales Informationsmanagement. In: Scheer 1993, S. 603 - 631.

Kern W., Schröder H.-H., Weber J. (1996) (Hrsg.): Handwörterbuch der Produktionswirtschaft. 2. Auflage, Band 7 der Enzyklopädie der Betriebswirtschaftslehre. Schäffer-Poeschel, Stuttgart.

Kettinger W., et al. (1994): Strategic Information-Systems Revisited - A Study in Sustainability and Performance, 18(1994)1, S. 31 – 58.

Kind J. (1986): Besseres Informationsmanagement durch externe Datenbanken. In: Office Management, (1986)5, S. 490 – 492.

Kind J. (1997): Online-Dienste für den professionellen Nutzer. In: Buder/Rehfeld/Seeger/Strauch 1997, S. 280 – 317.

King J. L., Kraemer K. L. (1988): Information Resource Management: Is It Sensible and Can It Work? In: Information and Management, 15(1988)1, S. 7 – 14.

Klaus H. G., Marchand D. A. (1987): Informationsmanagement in USA. In: Nachrichten für Dokumentation, 38(1987)4, S. 215 – 221.

Klein J. (1991): Darstellung der Problematik heterogener betrieblicher Informationssysteme am Informationsmodell der Unternehmung. In: Information Management, (1991)4, S. 46 - 55.

Klönne K.-H. (1991): Dokumentarchivierung auf optischen Speicherplatten. In: Office Management, (1991)4, S. 6 – 12.

Kluck M. (1997): Methoden der Informationsanalyse. In: Buder/Rehfeld/Seeger/Strauch 1997, S. 795 - 821.

Kmuche W. (1997): Informationsmanagement: chancenreiches und zukunftsrelevantes Tätigkeitsfeld mit neuen Anforderungen an die Ausbildung. In: Nachrichten für Dokumentation, 48(1995)3, S. 151 – 157.

Kornwachs K., Jacoby K. (1996): Introduction: What's New About Information? In: Kornwachs K., Jacoby K. (Hrsg.): Information: New Questions to a Multidisciplinary Concept. Akademischer Verlag, Berlin, S. 1 – 17.

Korwitz U. (1995): Welchen „Rang" hat ein Wissenschaftler? In: Nachrichten für Dokumentation, 46(1995), S. 267 – 272.

Krämer S., Walter K. D. (1996): Informationsmanagement: Medien effizient nutzen - das Wesentliche auswählen. Knaur, München.

Kraus H. (1994): Historische Entwicklung von Organisationsstrukturen. In: Krickl 1994, S. 3 – 16.

Krcmar H. (1990): Informationsmanagement - Zum Problembewußtsein deutscher DV-Leiter. In: Wirtschaftsinformatik, 32(1990)2, S. 127 - 135.

Krcmar H. (1992): Leise Töne im Information Management des Mittelstands – Ergebnisse einer Umfrage. In: Information Management, (1992)4, S. 79 – 83.

Krcmar H. (1996): Informationsproduktion. In: Kern/Schröder/Weber 1996, Sp. 717 – 728.

Krcmar H. (1997): Informationsmanagement. Springer, Heidelberg.

Krcmar H., Federmann C. (1990): Informationsmanagement in der Bundesrepublik Deutschland. In: Information Management, (1990)4, S. 6 – 17.

Kreuz W., Schöller P. (1991): Hat Informationsmanagement den Durchbruch geschafft? Ergebnisse einer empirischen Untersuchung in Großbritannien und Irland. In: Information Management, (1991)3, S. 69 – 73.

Krickl O. C. (Hg.) (1994): Geschäftsprozeßmanagement: prozeßorientierte Organisationsgestaltung und Informationstechnologie. Physica, Heidelberg.

Krickl O., Milchrahm E. (1998): Wissensmanagement in Lernenden Organisationen. In: Zimmermann/Schramm 1988, S. 88 – 102.

Kroll H. (1990): Informationsvermittlung in der Industrie. RKW-Verlag, Köln.

Krüger W., Pfeiffer P. (1988): Strategische Ausrichtung, organisatorische Gestaltung und Auswirkungen des Informationsmanagements. In: Information Management, (1988)2, S. 6 – 15.

Kuhlen R. (1980): Linguistische Grundlagen. In: Laisiepen E., Lutterbeck E., Meyer-Uhlenried K.-H. (Hrsg.): Grundlagen der praktischen Information und Dokumentation. 2. Auflage. Saur, München, S. 675 - 679.

Kuhlen R. (1989): Pragmatischer Mehrwert von Information. Sprachspiele mit informationswissenschaftlichen Grundbegriffen. Report. Universität Konstanz, Fachbereich Informationswissenschaft, Konstanz.

Kuhlen R. (1991): Zur Theorie informationeller Mehrwerte. In: Killenberg H., Kuhlen R., Manecke H.-J. (Hrsg.): Wissensbasierte Informationssysteme und Informationsmanagement. Proceedings des 2. Internationalen Symposiums für Informationswissenschaft. Universitätsverlag Konstanz, Konstanz.

Kuhlen R. (1995): Informationsmarkt. Chancen und Risiken der Kommerzialisierung von Wissen. Universitätsverlag Konstanz, Konstanz.

Kuhlen R., Finke W. (1988a): Informationsressourcen-Management: Informations- und Technologiepotentiale professionell für die Organisation verwerten. In: Zeitschrift für Führung und Organisation, (1988)5, S. 314 – 323.

Kuhlen R., Finke W. (1988b): Informationsressourcen-Management: Informations- und Technologiepotentiale professionell für die Organisation verwerten. In: Zeitschrift für Führung und Organisation, (1988)6, S. 399 - 403.

Kuhlen R., Rittberger M. (1998): Stand und Perspektiven der Informationswissenschaft unter besonderer Berücksichtigung der Erfahrungen in Konstanz. In: Ockenfeld /Mantwill 1998, S. 285 – 301.

Küting H. (1993): Informatikplanung, Informatikmanagement. Strategien und Methoden zur Innovation im Unternehmen. VDI-Verlag, Düsseldorf.

Langemo M. (1988): An Introduction to Information Resource Management. In: ARMA Records Management Quarterly, 20(1988) Oktober, S. 20 – 41.

Lawani S. M. (1981): Bibliometrics: Its Theoretical Foundations, Methods and Applications. In: Libri, 31(1981)4, S. 294 – 315.

Lawrence M., Low G. (1993): Exploring Individual User Satisfaction Within User-Led Development. In: MIS Quarterly, (1993) Juni, S. 195 – 208.

Lehner F. (1993): Informatik-Strategien - Entwicklung, Einsatz und Erfahrungen. Hanser, München.

Lehner F., Maier R. (1998): Organisational Memory Systems Application of Advanced Database and Network Technologies in Organisations. In: Proceedings of the AIS 1998 Americas Conference. URL: http://www.isworld.org/ais.ac.98/proceedings/ km.htm

Lehner F. (2000): Organisational Memory: Konzepte und Systeme für das organisatorische Lernen und das Wissensmanagement. Hanser, München.

Levitan K. B. (1982): Information Resource(s) Management – IRM. In: Annual Review of Information Science and Technology, 17(1982), S. 227 – 266.

Levitin A. V., Redman T. C. (1998): Data as a Resource: Properties, Implications, and Prescriptions. In: Sloan Management Review, 40(1998)1, S. 89 – 101.

Lewis D., Martin W. (1989): Information Management - State of the Art in the United Kingdom. In: ASLIB Proceedings, 41(1989)7-8, S. 225 – 250.

Lewis B. R., Snyder C. A., Rainer R. K. (1995): An Empirical Assessment of the Information Resource Management Construct. In: Journal of Management Information Systems, 12(1995)1, S. 199 – 223.

Liebmann H.-P., Foscht T. (1999): Wissensmanagement im Handel. In: Thexis – Fachzeitschrift Marketing, (1999)1, S. 17 – 22.

Lockemann P. (1993): Datenbank-Strategie als Teil der Informationsmanagement-Strategie. In: Scheer 1993, S. 713 - 735.

Loveman G. (1990): An Assessment of the Productivity Impact of Information Technologies. Working Paper. MIT, Sloan School of Management. Cambridge, Massachusetts.

Lytle R. H. (1986): Information Resource-Management. In: Annual Review of Information Science and Technology, 21(1986), S. 309 – 336.

Lytle R. H. (1988a): Information Resource Management: Research, Education and Practice. In: Journal of the American Society of Information Science, 39(1988)5, S. 337 – 339.

Lytle R. H. (1988b): Information Resource Management: A Five-Year Perspective. In: Information Management Review, 3(1988)3, S. 9 – 16.

Macher C. L., Cadish M., Clerc J. T., Pretsch E. (1995): Hypermedia – A New Concept for Information Management. In: Chemometrics and Intelligent Laboratory Systems, 28(1995)2, S. 213 – 228.

MacRoberts M. H., MacRoberts B. R. (1989): Problems of Citation Analysis: A Critical Review. In: Journal of the American Society for Information Science, 40(1989)5, S. 342 – 349.

Maier R., Lehner F. (1994): "Wert" des Informationsbegriffs – Vorschlag für eine theoretische Neukonzeption. In: Rauch/Strohmeier/Hiller/Schlögl 1994, S. 33 –50.

Marchand D. A. (1987): Information Management in Public Organizations: Defining a New Resource Management Function. In: Horton/Marchand 1987, S. 58 – 70.

Marchand D. A., Horton F. W. (1986): Infotrends. Profiting from Your Information Resources. Wiley, New York.

Martin J. (1987): Einführung in die Datenbanktechnik. 5. unveränderter Nachdruck.. Hanser, München.

Martin W. J., Davies C. A., Titterington A. J. (1991): Marketing the Concept of Information Management. In: Journal of Information Science, 17(1991)4, S. 209 – 220.

Martin J., Leben J. (1989): Strategic Information Planning Methodologies. 2. Auflage. Prentice Hall, Englewood Cliffs, N. J.

Martiny L. (1991): Wann ist Informationsverarbeitung strategisch? In: Information Management (1991)3, S. 50 – 53.

Mata F. J., Fuerst W. L., Barney J. B. (1995): Information Technology and Sustained Competitive Advantage: A Resource-Based Analysis. In: MIS Quarterly, (1995) Dezember, S. 487 – 504.

Mathaisel B. (1992): Putting the I Back in IT. In: Special Libraries, (1992) Sommer, S. 145 – 146.

Mathy G. (1987): Informatik-Strategie und Relationale Datenbanken. In: Information Management, (1987)2, S. 6 – 17.

McCain K. (1989): Mapping Authors in Intellectual Space: Population Genetics in the 1980s. In: Communication Research, 16(1989)5, S. 667 – 681.

McCain K. (1990): Mapping Authors in Intellectual Space: A Technical Overview. In: Journal of the American Society for Information Science, 41(1990)6, S. 433 – 443.

McFarlan F. W. (1984): Information Technology Changes the Way You Compete. In: Harvard Business Review, (1984)3, S. 98 – 103.

McKeen J. D., Guimaraes T., Wetherbe J. C. (1994): The Relationship Between User Participation and User Satisfaction: An Investigation of Four Contingency Factors. In: MIS Quarterly, (1994) Dezember, S. 427 – 451.

McPherson P. K. (1994): Accounting for the Value of Information. In: ASLIB Proceedings, 49(1994)9, S. 204 – 215.

Meier A. (1991): Datenadministration - Basis für ein effizientes Informationsmanagement. In: io Management, (1991)10, S. 33 – 35.

Meik F. (1997): Informationsmanagement reicht nicht. In: io Management, (1997)5, S. 42 – 47.

Menkus B. (1987): Records Managers Fail to Meet MIS Challenge. In: Journal of Systems Management, (1987) August, S. 36 – 37.

Menkus B. (1996): Defining Electronic Records Management. In: ARMA Records Management Quarterly, (1996) Jänner, S. 38 – 42.

Menou M. (1995a): The Impact of Information: Toward a Research Agenda for its Definition and Measurement. In: Information Processing and Management, 31(1995)4, S. 455 – 477.

Menou M. (1995b): The Impact of Information: Concepts of Information and Its Value. In: Information Processing and Management, 31(1995)4, S. 479 - 490.

Mertens P., Plattfaut E. (1986): Informationstechnik als strategische Waffe. In: Information Management, (1986)2, S. 6 – 17.

Mertens P. (1999): Integration interner, externer, qualitativer und quanitativer Daten auf dem Weg zum aktiven MIS. In: Wirtschaftsinformatik, 41(1999)5, S. 405 – 415.

Mertens P., Schrammel D. (1977): Betriebliche Dokumentation und Information. Hain, Meisenheim am Glan.

Merton R. K. (1968): Social Theory and Social Structure. Collier-McMillan, London.

Merton R. K. (1973): The Sociology of Science: Theoretical and Empirical Investigations. The University of Chicago Press, Chicago.

Meyer-Piening A. (1986): Informations-Management und –Technologie. In: Office Management, (1986)10, S. 926 - 938.

Miller B. B. (1988): Managing Information as a Resource. In: Rabin J., Jackowski E. M. (Hrsg.): Handbook of Information Resource Management. Dekker, New York, S. 3 - 33.

Mirani R., King W. R. (1994): The Development of a Measure for End-User Computing Support. In: Decision Sciences, 25(1994)4, S. 481 – 498.

Miron M., et al. (1988): The Myths and Realities of Competitive Advantage. In: Datamation, 34(1988) Oktober, S. 71 – 82.

Mitra S., Chaya A. (1996): Analyzing Cost-Effectiveness of Organizations: The Impact of IT-Spending. In: Journal of Management Information Systems, (1996) Fall, S. 29 – 57.

Modell M. E.: Datenbanken aus Managementsicht. In: Hannan J. (Hrsg.): Ein praktischer Führer für das Datenbank-Management. Vieweg, Braunschweig, S. 1 – 10.

Moll K.-R. (1994): Informatik-Management. Aufgabengebiete, Lösungswege, Controlling. Springer, Berlin.

Mores T. T. (1996): Key Issues in the Management of Information Systems: A Hong Kong Perspective. In: Information and Management, 30(1996), S. 301 – 307.

Morrison C., Berndt E. (1990): Assessing the Productivity of Information Technology Equipment in U.S. Manufacturing Industries. In: Proceedings of the Annual Meeting of the American Economic Association.

Motz A. A. (1998): Intranets - An Opportunity for Records Managers. In: ARMA Records Management Quarterly, (1998) Juli, S. 14 – 16.

Mowshowitz A. (1992): On the Market Value of Information Commodities. I. The Nature of Information and Information Commodities. II. Supply Price. III. Demand Price. In: Journal of the American Society for Information Science, 43(1992)3, S. 225 – 248.

Mundhenke E. (1986): Informationsmanagement: Erfolgreiche Einführung in US-Verwaltungen. In: Office Management, (1986)9, S. 846 – 865.

Murugesan P., Moravcsik M. J. (1978): Variation of the Nature of Citation Measures with Journals and Scientific Specialities. In: Journal of the American Society of Information Science, 29(1978), S. 141 - 147.

Nacke O. (1979): Informetrie: Ein neuer Name für eine Disziplin. In: Nachrichten für Dokumentation, 30(1979)6, S. 219 – 226.

Natanski L. , Seidensticker F.-J. (1990): Anwendungen und Konzepte für hypermedia-basiertes Informationsmanagement am netzintegrierten Managerarbeitsplatz. In: Wirtschaftsinformatik (1990)6, S. 517 – 537.

Navathe S. B., Kerschberg L. (1988): Role of Data Dictionaries in Information Resource Management. In: Information and Management, 10(1988)1, S. 21 – 46.

Nawatzki J. (1994): Integriertes Informationsmanagement: Die Koordination der Informationsverarbeitung. Eul, Bergisch Gladbach.

Nelson T. (1982): A New Home for the Mind. In: Datamation, (1982)März, S. 170 – 180.

Newsome J., McInerney C. (1990): Environmental Scanning and the Information Manager. In: Special Libraries, (1990) Herbst, S. 285 – 293.

Niedereicholz J., Wentzel C. (1985): Voraussetzungen und organisatorische Wirkungen des Informationsmanagements. In: Angewandte Informatik, (1985)7, S. 284 - 290.

Niederman F., Brancheau J. C., Wetherbe J. C. (1991): Information Systems Management Issues for the 1990's. In: MIS Quarterly, 15(1991)4, S. 475 - 500.

Nonaka I., Takeuchi H. (1997): Die Organisation des Wissens: wie japanische Unternehmen eine brachliegende Ressource nutzbar machen. (Originalausgabe: The Knowledge-Creating Company). Campus, Frankfurt/Main.

Noot T. J. (1998): Libraries, Records Management, Data Processing: An Information Handling Field. In: ARMA Records Management Quarterly, (1998) Oktober, S. 22 – 26.

North K., Probst G., Romhardt K. (1998): Wissen messen - Ansätze, Erfahrungen und kritische Fragen. In: Zeitschrift für Führung und Organisation, (1998)3, S. 158 – 166.

Ockenfeld M. (1997): Klassische Informationsdienste. In: Buder/Rehfeld/Seeger/ Strauch 1997, S. 257 – 279.

Ockenfeld M., Mantwill G. J. (1998): Information und Märkte, 50. Deutscher Dokumentartag 1998. Deutsche Gesellschaft für Dokumentation, Frankfurt.

OECD (1996): The OECD Jobs Strategy. Technology, Productivity and Job Creation. Band 2: Analytical Report. OECD, Paris.

Olaisen J. (1990): Information Versus Information Technology as a Strategic Resource: Areas of Application of Information and Information Technology in Norwegian Banks and Insurance Companies. In: International Journal of Information Management, 10(1990), S. 192 – 214.

Orna E. (1990): Practical Information Policies. Quartus, London.

Ortner E. (1990): Entwicklung des datenorientierten Ansatzes zum Informationsmanagement in den Unternehmen. In: Herget/Kuhlen 1990, S. 488 – 508.

Ortner E. (1991): Informationsmanagement. Wie es entstand, was es ist und wohin es sich entwickelt. In: Informatik Spektrum, (1991)6, S. 315 – 326.

Ortner E., Söllner B. (1988): Data Dictionary - ein Werkzeug des Information-Resource-Management. In: Information Management, (1988)3, S. 26 – 33.

Osareh F. (1996): Bibliometrics, Citation Analysis and Co-Citation Analysis: A Review of Literature II. In: Libri, 46(1996), S. 217 – 225.

Österle H., Brenner W., Hilbers K. (1992): Unternehmensführung und Informationssystem. Der Ansatz des St. Gallener Informationssystem-Managements. 2. Auflage. Teubner, Stuttgart.

Otremba G. (1987): Tätigkeitsfelder des Informationsmanagements. In: Nachrichten für Dokumentation, 38(1987)4, S. 201 – 203.

Owen D. E. (1994): IRM Concepts: Building Blocks for the 1990s. In: Training for Information Resources Management. Fédération Internationale de Documentation (FID), The Hague, S. 102 – 114.

O'Brien J. A., Morgan J. N. (1991): A Multidimensional Model of Information Resource Management. In: Information Resources Management Journal, 4(1991) 2, S. 2 – 11.

O. N. (1988): The Changing Role of the Chief Information Officer. Korn Ferrry International/Financial Times.

Paisley W. (1990): An Oasis Where Many Trails Cross: The Improbable Cocitation Networks of a Multidiscipline. In: Journal of the American Society of Information Science, 41(1990)6, S. 459 – 468.

Parker J., Houghton J. (1994): The Value of Information: Paradigms and Perspectives. In: Maxian B., Voges M. A. (Hrsg.): The Economics of Information. Proceedings of the 57th Annual Meeting of the American Society for Information Science. Learned Information, Medford, New Jersey, S. 26 – 33.

Pemberton M. J. (1992): Will the Real CIO Please Stand Up. In: ARMA Records Management Quarterly, (1992), S. 40 – 44.

Pemberton M. J. (1997): Chief Knowledge Officer: The Climax to Your Career? In: ARMA Records Management Quarterly, (1997) April, S. 66 – 69.

Peritz B. C. (1992): On the Objectives of Citation Analysis: Problems of Theory and Method. In: Journal of the American Society for Information Science, 43(1992)6, S. 448 – 451.

Peschanel F. (1991): Wann ist Informationsverarbeitung strategisch? In: Information Management, (1991)2, S. 76 – 78.

Peterhans M. (1996): Informationsmanagement. vdf Hochschulverlag, Zürich.

Petrovic O. (1995): MIASOI – Synergien zwischen Strategie und Technik. In: Information Management, 10(1995)3, S. 28 – 34.

Pfeiffer P. (1990): Technologische Grundlagen, Strategie und Organisation des IM, de Gruyter, Berlin.

Picot A. (1989): Information Management - The Science of Solving Problems. In: International Journal of Information Management, 9(1989)4, S. 237 - 243.

Picot A. (1990): Der Produktionsfaktor Information in der Unternehmensführung. In: Information Management, (1990)1, S. 6 – 14.

Picot A. (1997): Mehrwert von Information - betriebswirtschaftliche Perspektiven. In: Kubicek H., et al. (Hrsg.): Die Ware Information - auf dem Weg zu einer Informationsökonomie. Decker, Heidelberg, S. 42 – 59.

Picot A., Franck E. (1992): Informationsmanagement. In: Frese E. (Hrsg.): Handwörterbuch der Organisation. 3. Auflage. Poeschel, Stuttgart, S. 886 – 900.

Picot A., Franck E. (1993a): Aufgabenfelder des Informationsmanagement (I). In: WISU (Das Wirtschaftsstudium), 1993(5), S. 433 – 437

Picot A., Franck E. (1993b): Aufgabenfelder des Informationsmanagement (II). In: WISU (Das Wirtschaftsstudium), 1993 (6), S. 520 - 526.

Picot A., Reichwald R., Wigand R. (1998): Die grenzenlose Unternehmung: Information, Organisation und Management. Gabler, Wiesbaden.

Pietsch T., Martiny L., Klotz M. (1998): Strategisches Informationsmanagement. 3. Auflage. Erich Schmidt, Berlin.

Plocher D. (1996): The Paperwork Reduction Act of a 1995 - A 2nd Chance for Information Resources Management. In: Government Information Quarterly, 13(1996) 1, S. 35 – 50.

Porter M., Millar V. E. (1985): How Information Gives You Competitive Advantage. In: Harvard Business Review, 63(1985)4, S. 149 - 160.

Preßmar D. B. (Hrsg.) (1993): Informationsmanagement. Gabler, Wiesbaden.

Price, D. de Solla (1974): Little Science, Big Science: Von der Studierstube zur Großforschung. 1. Auflage. Suhrkamp, Frankfurt. Originalausgabe: Little Science, Big Science. Columbia University Press, 1963.

Pritchard A. (1969): Statistical Bibliography or Bibliometrics? In: Journal of Documentation, 25(1969)4, S. 348 – 349.

Probst G., Raub S., Romhardt K. (1998): Wissen managen: wie Unternehmen ihre wertvollste Ressource optimal nutzen. 2. Auflage. Frankfurter Allgemeine Zeitung / Gabler, Frankfurt / Wiesbaden.

Rathswohl E. J. (1990): Information Resource Management and the End-User: Some Implications for Education. In: Information Resources Management Journal, 3(1990)3, S. 2 – 7.

Ratzek W. (1990): Zugangsverfahren. In: Buder/Rehfeld/Seeger 1990, S. 232 – 246.

Ratzek W. (1995): Controlling, Information Management, Informationsverarbeitungs-Controlling: Herausforderung oder neue Konfliktfelder. In: Nachrichten für Dokumentation, 46(1995)2, S. 105 – 110.

Rauch W. (1982): Büro-Informations-Systeme. Sozialwissenschaftliche Aspekte der Büro-Automatisierung durch Informations-Systeme. Böhlau, Wien.

Rauch W. (1988): Was ist Informationswissenschaft? Akademische Antrittsrede. Keinreich, Graz.

Rauch W. (1991): Nützen die neuen Informationsmöglichkeiten dem einzelnen Betrieb wirklich? In: ik-report – Zeitschrift zum Informationswesen der Kreditwirtschaft, 4(1991), S. 7 – 21.

Rauch W., Strohmeier F., Hiller H., Schlögl C. (Hrsg.): Mehrwert von Information. Professionalisierung der Informationsarbeit. Proceedings des 4. Internationalen Symposiums für Informationswissenschaft, 2. - 4. November 1994, Graz. Universitätsverlag Konstanz: Konstanz 1994.

Rauh O. (1990): Informationsmanagement im Industriebetrieb. Heine, Berlin.

Ray M. (1986): Information Resources Management: Four Cornerstones for Implementing IRM. In: Information Management Review, 2(1986)2, S. 9 – 15.

Rieke F. (1986): Information Resource Managment in einem großen Unternehmen der Chemie-Industrie. In: Information Management, (1986)1, S. 26 – 35.

Roach S. (1991): Services under Siege – The Restructuring Imperative. In: Havard Business Review, (1991) September/Oktober, S. 82 – 91.

Robek M. F., Brown M. F., Stephens D. O. (1996): Information and Records Management. McGraw Hill, New York.

Rorberts N., Wilson T. D. (1987): Information Resource-Management - A Question of Attitudes. In: International Journal of Information Management, 7(1987)2, S. 67 – 75.

Rockart J. F. (1979): Chief Executives Define Their Own Data Needs. In: Harvard Business Review, (1979) March/April, S. 81 – 93.

Rockart J. F., Crescenzi A. D. (1984): Engaging Top-Management in Information Technology. In: Sloan Management Review, 25(1984)4, S. 3 – 16.

Romanczuk J. B., Pemberton M. J. (1997): The Chief Information Officer: Rise and Fall? In: ARMA Records Management Quarterly, (1997) April, S. 14 – 26.

Rosiczky M. (1991): Bedeutung exogener Information für das Informationsmanagement in österreichischen Industriebetrieben unter besonderer Berücksichtigung des Information Retrievals durch externe Datenbanken und der dabei eingesetzten Technologie. Dissertation. Wirtschaftsuniversität Wien, Wien.

Ross J. W., Beath C. M., Goodhue D. L. (1996): Develop Long-Term Competitiveness through IT Assets. In: Sloan Management Review, (1996) Herbst, S. 31 – 42.

Rüttler M. (1991): Information als strategischer Erfolgsfaktor. Erich Schmidt, Berlin.

Savic D. (1992): Evolution of Information Resource-Management. In: Journal of Librarianship and Information Science, 24(1992)3, S. 127 – 138.

Scarrott G. G. (1994): Some Functions and Properties of Information. In: Journal of Information Science, 20(1994)2, S. 88 – 98.

Scheer A.-W. (1990): EDV-orientierte Betriebswirtschaftslehre: Grundlagen für ein effizientes Informationsmanagement. Springer, Berlin.

Scheer A.-W. (1993) (Hrsg.): Handbuch Informationsmanagement: Aufgaben - Konzepte - Praxislösungen. Gabler, Wiesbaden.

Schellmann H. (1997): Informationsmanagement. Deutscher Universitätsverlag, Wiesbaden.

Schindel V. (1979): Entscheidungsorientierte Interpretation des Informationswertes und ihre jeweilige Eignung zur Beurteilung von Informationsbeschaffungsmaßnahmen. In: Zeitschrift für Betriebswirtschaft, 49(1979)1, S. 39 – 56.

Schlögl C. (1994): Ausprägungsgrad des Datenmanagements in steirischen Großunternehmen. In: Rauch/Strohmeier/Hiller/Schlögl 1994, S. 527 – 535.

Schlögl C. (1993): Hypermedia in Enterprises - A Critical Discussion. In: Ceric V., Dobric V. H. (Hrsg.): Proceedings of the 15th International Conference on Information Technology Interfaces, Pula, June 15-18, 1993. University Computing Centre, Zagreb, S. 439 - 449.

Schlögl C. (1996): Datenmanagement in österreichischen Unternehmen: ein Branchenvergleich. In: Krause J., Herfurth M. Marx J. (Hrsg.) (1996): Herausforderungen an die Informationswirtschaft, Proceedings des 5. Internationalen Symposiums für Informationswissenschaft. Universitätsverlag Konstanz, Konstanz, S. 351 – 360.

Schlögl C., Jobst H., Leitner G., Zotter H. (1998): Informationsspezialisten – made in Austria. In: Buch und Bibliothek, 50(1998)8, S. 524 – 527.

Schlögl C., Voglmayr B. (1999): Welche Informationsmanager braucht die Wirtschaft? In: Nachrichten für Dokumentation, 50(1999), S. 211 – 216.

Schlögl C., Zotter H., Jobst H., Taudes A. (1998): Eine neue Ausbildung für das Informationswesen: der Fachhochschul-Studiengang Informationsberufe. In: Ockenfeld/Mantwill 1998, S. 303 – 308.

Schmidmaier D. (1983): Die Vermittlung von Kenntnissen in der Bibliometrie. In: Zentralblatt für Bibliothekswesen, 97(1983)1, S. 17 – 21.

Schmidmaier D. (1984): Zur Geschichte der Bibliometrie. In: Zentralblatt für Bibliothekswesen, 98(1984), S. 404 – 406.

Schneider H.-J. (1991) (Hrsg.): Lexikon der Informatik und Datenverarbeitung. 3. Auflage. Oldenbourg, München.

Schneider U. (1990): Kulturbewußtes Informationsmanagement, Oldenbourg, München.

Schneider U. (1995): Documents at Work - die virtuellen Dokumente kommen! In: HMD Praxis der Wirtschaftsinformatik, (1995)181, S. 8 – 25.

Schneyman A. H. (1985): Organizing information resources. In: Information Management Review, 1(1985)1, S. 35 – 45.

Schoop E. (1999): Informationsmanagement. In: WISU, (1999)4, S. 556 - 568.

Schucan C. P. (1999): Effektivitätssteigerung mittels konzeptionellem Informationsmanagement. Dissertation. Eidgenössische Technische Hochschule Zürich, Institut für Informationssysteme.

Schulte U. (1987): Praktikable Ansatzpunkte zur Realisierung von Datenmanagement-Konzepten. In: Information Management, (1987)4, S. 26 – 31.

Schulze-Wischeler B. (1995): Lean Information. Wiesbaden, Gabler.

Schwarz E., Schlögl C. (1992): Einsatzmöglichkeiten von Hypermedia-Systemen. In: K.Ö.St.V. Glückauf (Hrsg.): Technik: Megatrends ins 21. Jahrhundert. Leoben, S. 112 - 120.

Schwarze J. (1990): Betriebswirtschaftliche Aufgaben und Bedeutung des Informationsmanagements. In: Wirtschaftsinformatik, 32(1990)2, S. 104 – 115.

Schwarze J. (1987): Daten- und Datenbankorientierung in der Betriebswirtschaftslehre. In: Angewandte Informatik, (1987)2, S. 51 - 58.

Schwarze J. (1988): Zum Berufsbild des Informations-Managers. In: Information Management, (1988)1, S. 48 – 53.

Schwarze J. (1998): Informationsmanagement: Planung, Steuerung, Koordination und Kontrolle der Informationsversorgung im Unternehmen. NWB-Stud.-Bücher.

Schwinn K., Dippold R., Ringgenberg A., Schnider W. (1999): Unternehmensweites Datenmanagement: Von der Datenbankadministration bis zum modernen Informationsmanagement. 2. Auflage. Vieweg, Braunschweig.

Schwyrz G. (1993): ICASE - Chancen und Risiken zur Lösung des Information-Management-Problems. In: Scheer 1993, S. 737 – 767.

Seibt D. (1990): Information Resource Management bzw. Informationsmanagement. In: Mertens P., et al. (Hrsg.) (1990): Lexikon der Wirtschaftsinformatik. Springer, Berlin, S. 212 - 215.

Seibt D. (1993): Begriff und Aufgaben des Informationsmanagements - ein Überblick. In: Preßmar 1993, S. 3 – 31.

Seidensticker F.-J. (1990): Information Management mit Hypermedia-Konzepten. Steuer- und Wirtschaftsverlag, Hamburg.

Settel B., Marchand D. A.: Syracuse University School of Information Studies: A Tradition of Innovation. In: Journal of the American Society for Information Science, 39(1988)5, S. 331 – 333.

Shannon C. E., Weaver W. (1949): The Mathematical Theory of Communication. University of Illinois, Urbana, Ill.

Shapiro F. (1992): Origins of Bibliometrics, Citation Indexing, and Citation Analysis: The Neglected Legal Literature. In: Journal of the American Society for Information Science, 43(1992)5, S. 337 – 339.

Silbley E. H., Lucas H. C. (1998): A Report on the First International Conference on Information Resource Management, The Hague, 24 – 26 May 1988. In: Information & Management, 15(1988), S. 1 – 5.

Silk D. (1989): Current Issues in Information Management. In: International Journal of Information Management, 9(1989)2, S. 85 – 89.

Silk D. (1990): Current Issues in Information Management – Update. In: International Journal of Information Management, 10(1990)3, S. 178 – 181.

Singh S. K. (1993): Using Information Technology Effectively. Organizational Preparedness Models. In: Information and Management, 24(1993), S. 133 – 146.

Small H. (1973): Co-Citation in the Scientific Literature. A New Measure of the Relationship between Two Documents. In: Journal of the American Society for Information Science, 24(1973)5, S. 265 – 269.

Smith L. C. (1981): Citation Analysis. In: Library Trends, (1981) Sommer, S. 83 - 105.

Soergel D. (1985): Organizing Information. Principles of Data Base and Retrieval Systems. Academic Press Inc., Orlando.

Spitta T. (1998): IV-Controlling in mittelständischen Industrieunternehmen – Ergebnisse einer empirischen Studie. In: Wirtschaftsinformatik, 40(1998)5, S. 424 – 433.

Staehle W. H. (1994): Management: eine verhaltenswissenschaftliche Perspektive. 7. Auflage. Vahlen, München.

Stephens D. O. (1992): Towards a Global Theory of Records Management. In: ARMA Records Management Quarterly, (1992) Oktober, S. 3 – 11 und S. 25.

Stephens D. O. (1998): Megatrends in Records Management. In: ARMA Records Management Quarterly, (1998) Jänner, S. 3 – 9.

Stock W. (1985): Die Bedeutung der Zitatenanalyse für die Wissenschaftsforschung. In: Zeitschrift für allgemeine Wissenschaftstheorie, 16(1985)2, S. 304 – 314.

Stock W. (1998a): Was heißt Informationswirtschaft? Eine empirische Untersuchung der Einschätzungen von Informationsspezialisten. In: Nachrichten für Dokumentation, 43(1988), S. 172 – 176.

Stock W. (1998b): Dokumentation und Informationswissenschaft: Wohin? In: Nachrichten für Dokumentation, 49(1998), S. 333 – 335.

Stock W. (1999): Web of Science: Ein Netz wissenschaftlicher Informationen – gesponnen aus Fußnoten. In: Password, (1999)7-8, S. 21 – 25.

Stonier T. (1989): Towards a General Theory of Information II: Information and Entropy. In: ASLIB Proceedings, 41(1989)2, S. 41 – 55.

Strassman P. (1988): The Business Value of Computers. The Information Economics Press, New Cancaan.

Sutherland E. (1991): Methodologies and Models for Information Management. In: ASLIB Proceedings, 43(1991)2/3, S. 99 – 107.

Synnott W. R., Gruber W. H. (1981): Information Resources Management: Opportunities and Strategies for the 1980's. Wiley, New York.

Synnott W. R. (1987a): The Information Weapon: Winning Customers and Markets with Technology. Wiley, New York.

Synnott W. R. (1987b): The Emerging Chief Information Officer. In: Information Management Review, 3(1987)1, S. 21 – 35.

Taylor A., Farrell S. (1992): Information Management in Context. In: ASLIB Proceedings, 44(1992)9, S. 319 - 322.

Taylor A., Farrell S. (1995): Information Management for Business. Scarecrow Press, Metuchen.

Taylor R. S. (1982): Value-Added Processes in the Information Life Cycle. In: Journal of the American Society for Information Science, 33(1982)5, S. 341 – 346.

Taylor R. S. (1985): Information Values in Decision Contexts. In: Information Management Review, 1(1985)1, S. 47 – 55.

Taylor R. S. (1986): Value-Added Processes in Information Systems. Ablex, Norwood.

Taylor R. S. (1996): Information Use Environments. In: Auster E., Choo C. W. (Hrsg.) (1996): Managing Information for the Competitive Edge. Neal Schuman, New York.

Taylor M. J., Moynihan E. P., Woodharper A. T. (1998): End-User Computing and Information Systems Methodologies. In: Information Systems Journal, 8(1998)1, S. 85 – 96.

Thielscher J. (1999): Kompetenzgerangel oder Verantwortungsnirwana. In: IT-Management, (1999)3, S. 12 – 17.

Toit A S A. du (1998): Information Management in South African Manufacturing Enterprises. In: International Journal of Information Management, 18(1998)3, S. 205 – 213.

Trauth E. M. (1989): The Evolution of Information Resource Management. In: Information and Management, 16(1989)5, S. 257 – 268.

Uhr W., Kosilek E. (1999): Internet-Quellen zur Integration wirtschaftsrelevanter unternehmensexterner Daten in Management Support Systems. In: Wirtschaftsinformatik, 41(1999)5, S. 461 – 466.

Ulrich P. (1992): Management: eine konzentrierte Einführung. 6. Auflage. Haupt, Bern.

Umstätter W. (1992): Die Skalierung von Information, Wissen und Literatur. In: Nachrichten für Dokumentation, 43(1992), S. 227 – 242.

Van Raan A.F.J. (1997): Scientometrics: state-of-the-art. In: Scientometrics, 38(1997)1, S. 205-218.

Vetter M. (1987): Das Jahrhundertproblem der Informatik. In: (Schweizer) Output, (1987)1, S. 25 - 34.

Vickers P. (1985): A Holistic Approach to the Management of Information. In: ASLIB Proceedings, 37(1985)1, S. 19 – 30.

Vinkler P. (1987) A Quasi-Quantitative Citation Model. In: Scientometrics, 12(1987)1 - 2, S. 47 - 72.

Vogel D. (1986): Summary of Research on End-User Computing Information Centers Conducted by the MIS Research Center at University of Minnesota. In: Proceedings of the ASIS Annual Meeting. Learned Information, Medford, N. J., S. 350 – 352.

Vogel E. (1992a): Informationsmanagement: Stand und Perspektiven des Managements von Informationsressourcen. In: Buder M., Rehfeld W., Seeger T. (Hrsg.): Grundlagen der praktischen Information und Dokumentation. Band 2, 3. Auflage. Saur, München, S. 897 - 927.

Vogel E. (1992b): Informationsmanagement: berufliche Anforderungen und Konsequenzen für die Ausbildung. Universitätsverlag Konstanz, Konstanz.

Wales J. (1988): Doomsday or Resurrection - Professional Information Management and the Management of Information Professionals. In: ASLIB Proceedings, 40(1988)7/8, S. 213 – 216.

Wang R. Y. (1998): Manage your Information as a Product. In: Sloan Management Review, 39(1998)4, S. 95 – 106.

Wang P., Turban E. (1994): Management Information Systems Issues of the 1990s in the Republic of China: An Industry Analysis. In: International Journal of Information Management, 14(1994)1, S. 25 – 38.

Watson R. T., Brancheau J. C. (1991): Key Issues in Information Systems Management. An International Perspective. In: Information and Management, 20(1991), S. 213 – 223.

Watson R. T., et al. (1997): Key Issues in Information Systems Management: An International Perspective. In: Journal of Management Information Systems, 13(1997)4, S. 91 – 115.

Wattenberg U. (1987): Informationsmanagement in Japan. In: Nachrichten für Dokumentation, (1987)4, S. 229 – 232.

Weill P. (1990): The Relationship Between Investment in Information Technology and Firm Perfomance: A Study of the Valve Manufacturing Sector. Working Paper No. 19. Universität Melbourne, The Graduate School of Management, Melbourne.

Weinstock M. (1971): Citation Indexes. In: Encyclopaedia of Library and Information Science. Band 5. New York, S. 16 - 40.

Weitzendorf T. (2000): Der Mehrwert von Informationstechnologie: Eine empirische Studie der wesentlichen Einflussfaktoren auf den Unternehmenserfolg. Gabler, Wiesbaden.

Wenzlaff B. (1991): Vielfalt der Informationsbegriffe. In: Nachrichten für Dokumentation, 42(1991), S. 355-361

Wersig G. (1974): Information - Kommunikation - Dokumentation. Ein Beitrag zur Orientierung der Informations- und Dokumentationswissenschaft. Verlag Dokumentation, Pullach.

Wersig G. (1989): Organisations-Kommunikation. Die Kunst, ein Chaos zu organisieren. FBO-Fachverlag, Baden-Baden.

Wersig G. (1990a): Organisiertes Chaos: eine umfassende Konzeption zum Informationsmanagement. In: GDI-Impuls, (1990)3, S. 8 – 18.

Wersig G. (1990b): Informationsmanagement. Möglichkeiten der Aus- und Weiterbildung. In: Cogito, (1990)3, S. 2 – 4.

White H. D. (1990): Author Co-Citation Analysis: Overview and Defense. In: Borgman 1990, S. 84 - 106.

White H. D., Griffith B. C. (1981): Author Cocitation: A Literature Measure of Intellectual Structure. In: Journal of the American Society for Information Science, 32(1981)5, S. 163 – 171.

White H. D., Griffith B. C. (1982): Authors as Markers of Intellectual Space: Cocitation in Studies of Science, Technology, and Society. In: Journal of Documentation, 38(1982), S. 255 – 262.

White H. D., McCain K. W. (1989): Bibliometrics. In: Annual Review of Information Science and Technology, 24(1989), S. 119 – 186.

White H. D., McCain K. W. (1998): Visualizing a Discipline: An Author Co-Citation Analysis of Information Science, 1972 – 1995. In: Journal of the American Society for Information Science, 49(1981)4, S. 327 – 355.

Wigand R. T. (1988): Fünf Grundsätze für die erfolgreiche Einführung des Informations-Managements. In: Information Management, (1988)2, S. 24 – 30.

Wiggins R. E. (1988): A Conceptual Framework for Information Resources Management. In: International Journal of Information Management, 8(1988)1, S. 5 – 11.

Wild J. (1971): Zur Problematik der Nutzenbewertung von Information. In: Zeitschrift für Betriebswirtschaft, 41(1971), S. 315 - 334

Wildemuth B. M. (1988): The Management of End-User Computing: Lessons from a Qualitative Study. In: Borgman C. L., Pai E. Y. H. (Hrsg.): Proceedings of the ASIS Annual Meeting. Learned Information, Medford, N. J., S. 41 – 47.

Wilson D. (1995): IT Investment and ist Productivity Effects: An Organizational Sociologist's Perspective on Directions for Future Research. In: Economics of Innovation and New Technology, 3 (1995)3-4, S. 235 –251.

Wilson D. (1998): Managing Information. Butterworth, Oxford.

Wilson T. (1987): Information for Business: The Business of Information. In: ASLIB Proceedings, 39(1987)10, S. 275 - 279.

Winterhager M., Weingart P., Sehringer R. (1988): Die Cozitationsanalyse als bibliometrisches Verfahren zur Messung der nationalen und institutionellen Forschungsperformanz. In: Daniel/Fisch 1988, S. 319 – 358.

Wiseman C. (1985): Strategy and Computers. Information Systems as Competitive Weapons. Dow Jones-Irwin, Homewood, Ill.

Wissmann C. (1993): Techniques of Data Retrieval for Scientometric Research in the ISI® Citation Indexes. In: Journal of Information Science, 19(1993)5, S. 363 – 376.

Wittmann W. (1959): Unternehmung und unvollkommene Information. Unternehmerische Voraussicht - Ungewissheit und Planung. Westdeutscher Verlag, Köln.

Wittmann W. (1979): Wissen in der Produktion. In: Kern W. (Hrsg.): Handwörterbuch der Produktionswirtschaft, Band 7 der Enzyklopädie der Betriebswirtschaftslehre, Poeschel, Stuttgart, Sp. 1900 – 1910.

Wittmann W. (1993): Handwörterbuch der Betriebswirtschaft. 5. Auflage, Teilband 2 (I – Q), Band 2 der Enzyklopädie der Betriebswirtschaftslehre. Schäffer-Poeschel, Stuttgart.

Wolfram G. (1990): Organisatorische Gestaltung des Informations-Managements: Konzeption und aufbauorganisatorische Aspekte. Eul, Bergisch Gladbach.

Wohlgenannt R. (1969): Was ist Wissenschaft. Vieweg, Braunschweig.

Woll A., Vogl G., Weigert M. M. (Hrsg.) (2000): Wirtschaftslexikon. Band 2, L – Z, 9. Auflage. Oldenbourg, München.

Wollnik M. (1986): Informationsmanagement – Inflation der Konzepte. In: Computerwoche, 11. Juli 1986, S. 20 – 22.

Wollnik M. (1988): Ein Referenzmodell des Informationsmanagements. In: Information Management, (1988)3, S. 34 – 43.

Yang H.-L. (1996): Key Information Management Issues in Taiwan and the US. In: Information and Management. 30(1996)5, S. 251 – 267.

Zahn E., Rüttler M. (1989): Informationsmanagement: Eine strategische Antwort auf kritische Herausforderungen der Unternehmensumwelt. In: Controlling, (1989)1, S. 34 – 43.

Zahn E., Rüttler M. (1990): Ganzheitliches Informationsmanagement. In: Heilmann H., Gassert H., Horvath P. (Hrsg.): Informationsmanagement. Poeschel, Stuttgart.

Zahn E., Wieselhuber N., Fridrich A. (1991): Informationsmanagement: Ein Weg zur besseren Entscheidung und Kommunikation. Rationalisierungs-Kuratorium der deutschen Wirtschaft, Eschborn.

Zehnder C. A. (1987): Informationssysteme und Datenbanken. 4. Auflage. Teubner, Stuttgart.

Zijlker A. W. (1988): Setting the Scence for I.R.M. In: Information and Management, 15(1988), S. 79 – 84.

Zimmermann H. H., Schramm V. (Hg.) (1998): Knowledge Management und Kommunikationssysteme: Workflow Management, Multimedia, Knowledge Transfer. Proceedings des 6. Internationalen Symposiums für Informationswissenschaft (ISI'98). Universitätsverlag Konstanz, Konstanz.

1. Unternehmensmerkmale

1) In welcher Branche ist Ihr Unternehmen hauptsächlich tätig?

....

2) Wo ist der Konzernsitz Ihres Unternehmens?
   o in Österreich (österreichisches Unternehmen)
   o im Ausland (ausländisches Unternehmen)

   Falls im Ausland:
   - In welchem Land? ....

3) Wie hoch war der ordentliche Unternehmensumsatz/die Bilanzsumme 1999 (in Österreich)?
   .... (in Mio ATS)

4) Wie viele Mitarbeiter beschäftigt Ihr Unternehmen zur Zeit (in Österreich)?
   .... Mitarbeiter

5) Wie hoch ist das Verhältnis zwischen Arbeitern und Angestellten in Ihrem Unternehmen?
   ..... % Arbeiter, ... % Angestellte

6) Welcher Führungsstil herrscht in Ihrem Unternehmen vor?

   autoritär   0 ----- 1 ----- 2 ----- 3   kooperativ

2. Antwortender

1) Welche Funktion (Leiter EDV-Abteilung, Leiter IVS, ...) haben Sie in Ihrem Unternehmen inne?

....

2) Welche Ausbildung haben Sie: Matura (HTL, HAK, Gymnasium, ...) / Studium (Betriebswirtschaftslehre, Informatik, Wirtschaftsinformatik, ...)?

....

3. Organisation – Informationsfunktion

1) Wie lautet der Name Ihrer "Informationsfunktion" (EDV-Abteilung, Informationsvermittlungsstelle, ...)?

....

Falls es sich um eine informationsorientierte Informationsfunktion (Dokumentationsstelle, IVS, ...) handelt (sonst weiter mit Frage 2):

   - Welche Informationsdienste/-produkte erbringen Sie für Ihr Unternehmen?

....

....

....

   - Aus welchen Abteilungen kommt Ihr Hauptnutzerkreis?

....

2) Wie viele Mitarbeiter hat Ihre Informationsfunktion?
.... Mitarbeiter (auf Vollzeitbasis)   ... Mitarbeiter (auf Werkvertragsbasis)

3) Bitte skizzieren Sie die grobe Aufbauorganisation Ihrer Informationsfunktion (die obersten 2 Ebenen)

....

....

....

....

....

....

....

4) Wie ist Ihre Informationsfunktion in die Unternehmensorganisation eingegliedert?
   o Linienstelle
   o Stabstelle
   o Matrixorganisation
   o Sonstiges: ....

5) Auf welcher Hierarchiestufe befindet sich der Leiter Ihrer Informationsfunktion in Ihrem Unternehmen?
   o 1. Ebene/Vorstandsebene
   o 2. Ebene/z. B. Bereichsleiter
   o 3. Ebene/z. B. Abteilungsleiter
   o 4. Ebene/z. B. Gruppenleiter

Falls der Leiter Ihrer Informationsfunktion nicht Vorstandsmitglied ist:

- Welchem Vorstandsressort/Bereich ist Ihre Informationsfunktion zugeordnet?
  ....

6) Wurden Teile Ihrer Informationsfunktion in der Vergangenheit ausgelagert: ja/nein?
   Falls ja:

- Welche? ....

7) Welche <u>Stellen</u> bzw. (Unter)Abteilungen beschäftigen sich in Ihrem Unternehmen noch <u>primär</u> mit Information (Informationsbeschaffung, -analyse, -speicherung, -aufbereitung und -vermittlung), Informationstechnologie oder Informationsmanagement? (Mehrfachauswahl möglich)
   Anmerkung: Nur solche Stellen/Abteilungen, die "informationsvermittelnde" (**informationsorientierte Informationsfunktion:** z. B. Durchführung von Datenbankrecherchen, Beschaffung von Fachliteratur) oder "technologiebasierte" Informationsdienstleistungen (**EDV-Abteilung**: z. B. Entwicklung von Anwendungssoftware) für <u>andere</u> Stellen/ Abteilungen erbringen.

	Kontaktperson
☐ EDV	....
☐ Informations- und Dokumentationsstelle	....
☐ Unternehmensbibliothek	....
☐ betriebliche Informationsvermittlungsstelle	....
☐ Stelle "Informationsmanagement"	....
☐ Wissensmanagement	....
☐ Stelle Umweltanalyse/Konkurrenzbeobachtung (primärer Aufgabenbereich!)	....
☐ *Sonstige:*	....
☐ *Sonstige:*	....

Fragen 8 – 13 nur, falls es mehrere Informationsfunktionen gibt:

8) Wie sind die einzelnen Informationsfunktionen in Ihrem Unternehmen integriert?
   o zentrales (übergeordnetes) IM (strukturorganisatorische Integration)
   o dezentral/föderal (einzelne Informationsfunktionen autonom)
   o sonstige Formen:
      Welche? ....

Falls kein zentrales IM:

-   Halten Sie eine strukturorganisatorische Integration aller Informationsfunktionen für sinnvoll?

      nein   0 ----- 1 ----- 2 ----- 3   ja

      Warum? ....

      ....

      Warum nicht? ....

      ....

9) Wie stark sind die "beruflichen" Kontakte zu den anderen Informationsfunktionen (ggf. nach einzelnen Informationsfunktionen differenziert)?
   keine (0), monatlich (1)   0 ----- 1 ----- 2 ----- 3   wöchentlich (2), täglich (3)

10) Halten Sie eine Intensivierung der Kontakte zu den anderen Informationsfunktionen für sinnvoll (ggf. nach einzelnen Informationsfunktionen differenziert)?
         nein   0 ---- 1 ---- 2 ---- 3   ja

Warum? ....

....

Warum nicht? ....

....

11) Worin sehen Sie Gemeinsamkeiten zu den anderen Informationsfunktionen? (ggf. nach einzelnen Informationsfunktionen differenziert)?

....

....

....

12) Worin sehen Sie Unterschiede zu den anderen Informationsfunktionen? (ggf. nach einzelnen Informationsfunktionen differenziert)?

....

....

....

13) Überwiegen Ihrer Meinung nach die Unterschiede (ggf. nach einzelnen Informationsfunktionen differenziert)?
         nein   0 ---- 1 ---- 2 ---- 3   ja

4. Selbstverständnis

1) Bitte reihen Sie die nachfolgenden Definitionen nach <u>Ihrem Verständnis</u> von <u>Informationsmanagement</u> (IM) (1 = größte, 3 = geringste Übereinstimmung):

... effektiver und effizienter Einsatz von Informationstechnologie

... Beschaffung/Erzeugung, Speicherung, bedarfsgerechte Aufbereitung und Weitervermittlung von Information

... durch Information/Informationstechnologie für das Unternehmen neue Möglichkeiten erschließen / wettbewerbsorientierter Einsatz von Information bzw. IT

Falls keine dieser Definitionen <u>Ihrem Verständnis</u> voll entspricht:

- Wie würden Sie den Begriff IM definieren?

....

....

....

2) Wie oft wird der Begriff "Informationsmanagement" (IM) in Ihrer Organisation verwendet?

nie   0 ---- 1 ---- 2 ---- 3   sehr häufig

3) Handelt es sich Ihrer Meinung nach bei IM allgemein (nicht aus der Sicht Ihrer Informationsfunktion) um ein klar definiertes Managementkonzept?

nein   0 ---- 1 ---- 2 ---- 3   ja

- Anmerkungen: ....

....

....

....

4) Bevorzugen Sie einen anderen Begriff (der Ihr Selbstverständnis besser zum Ausdruck bringt): ja/nein?

Falls ja:

-Welchen? ....

Bitte gehen Sie bei allen nachfolgenden Fragen von Ihrem Begriffsverständnis von Informationsmanagement bzw. dem von Ihnen bevorzugten Begriff (statt IM) aus.

5) Welche "Seite" (des Informationslebenszyklus) umfasst IM <u>aus der Sicht Ihrer Informationsfunktion</u> primär:

o Management der <u>Informationsbereitstellung</u>

o <u>Informationsnutzung</u> durch die Endbenutzer

6) Welche Objekte (Informationsressourcen) umfasst IM <u>aus der Sicht Ihrer Informationsfunktion</u>? (Mehrfachauswahl möglich)

☐ Daten bzw. Information

☐ Anwendungssoftware

☐ Hardware

☐ Mitarbeiter der Informationsfunktionen, z. B. EDV-Mitarbeiter

☐ Endbenutzer

7) Welche Informationsarten werden aus der Sicht Ihrer Informationsfunktion <u>primär</u> vom IM berücksichtigt?

- Bedeutung/zeitlicher Bezug:
  - o operativ/administrativ
  - o strategisch

- Herkunft:
  - o interne Daten
  - o externe Daten

- Medium/Datenträger:
  - o elektronisch
  - o papierbasiert
  - o sonstige nichtelektronische Daten

- Strukturiertheitsgrad:
  - o strukturierte Daten: z. B. Kundennummer, Kundenname, Postleitzahl, Ort, ...
  - o unstrukturierte Daten: z. B. Texte, bibliographische Datensätze, ...

- Verfügbarkeit:
  - o formales Wissen: computergestützte Informationssysteme, Dokumentationen, externe Datenbanken, ...
  - o informales/implizites Wissen: Erfahrungswissen, nichtdokumentiertes Knowhow der Mitarbeiter,...

8) Ist Ihrer Meinung nach Information eine Unternehmensressource, der die gleiche Bedeutung zukommt wie zum Beispiel den Ressourcen Arbeit oder Kapital?

nein   0 ---- 1 ---- 2 ---- 3   ja

5. Umsetzung des Informationsmanagements

5.A) Informationsfunktionsspezifisch: EDV-Abteilung/Organisation

1) Gibt es in Ihrem Unternehmen unternehmensweite Standards für den Einsatz von (verteilter) Informations-technologie: ja/nein?

Falls ja:

- Bitte geben Sie zu jedem der nachfolgenden Bereiche einige Beispiele an:
  Computer/Systemsoftware: ....
  Anwendungssoftware und -entwicklung: ....
  Telekommunikation/elektron. Datenaustausch: ....
  ....

- Werden diese Standards eingehalten?

  nein   0 ---- 1 ---- 2 ---- 3   ja

2) Verfügt Ihr Unternehmen zumindest teilweise über eine Informations(system)architektur (ein Modell der Informationsverarbeitung): ja/nein?

Falls ja:

- Welche Komponenten umfasst Ihre Informations(system)architektur? In welchem Umfang sind die einzelnen Komponenten realisiert?

	gar nicht	teilweise	großteils	vollständig
- Daten	o	o	o	o
- Funktionen	o	o	o	o
- Prozesse	o	o	o	o
-	o	o	o	o
-	o	o	o	o

3) Gibt es eine Stelle/Subabteilung Datenmanagement (zuständig für Datenmodellierung, Datenstandardisierung, Datenbankadministration, ...): ja/nein?

Falls ja:
- Wie viele Mitarbeiter hat diese Subabteilung (Stelle)? ....

4) Wie hoch schätzen Sie das Verhältnis zwischen Individualsoftware und Standardsoftware in Ihrem Unternehmen (gemessen am durchschnittlichen "Abdeckungsgrad" der einzelnen Unternehmensfunktionen)?
.... % Individualsoftware, ... % Standardsoftware

5) Versuchen Sie systematisch, neue Anwendungspotentiale, die sich durch IT-Innovationen ergeben, bewusst auszuloten und in Ihrem Unternehmen in Zukunft nutzbringend einzusetzen: ja/nein?

Falls ja:

- Wie gehen Sie dabei vor?

....
....
....

5.B) Informationsfunktionsübergreifend

a) IM-Planung/Strategie

1) Wird in Ihrer Informationsfunktion ein Verzeichnis der Informationsressourcen (Hardware, Anwendungssoftware, externe Datenbanken, ...) geführt: ja/nein?

Falls ja:

- Welche Informationsressourcen verwalten Sie in diesem Verzeichnis?

....

....

....

- Verwenden Sie ein bestimmtes Werkzeug (Data Dictionary, InfoMapper, ...): ja/nein?

  - Welches? ....

2) Gibt es einen schriftlich ausformulierten (unternehmensweiten) Informations(technologie)plan: ja/nein?

Falls ja:

- Basiert die Informations(technologie)planung auf der Unternehmensstrategie und den Unternehmenszielen: ja/nein?

- Welche Arten von Informations(technologie)plänen gibt es in Ihrem Unternehmen? (Mehrfachauswahl möglich)
    - ☐ operativer/administrativer Informations(technologie)plan
    - ☐ strategischer Informations(technologie)plan

Falls nein:

- Warum gibt es keinen Informations(technologie)plan?

....

3) Arbeitet der Leiter Ihrer Informationsfunktion <u>direkt</u> bei der <u>Unternehmens</u>planung mit: ja/nein?

4) Wird in Ihrem <u>Unternehmen</u> <u>aktiv</u> versucht, durch den Einsatz von Information bzw. Informationstechnologie Wettbewerbsvorteile zu erreichen: ja/nein?

Falls ja:

- In welchen Bereichen setzen Sie Information/IT bewusst zur Erreichung von Wettbewerbsvorteilen ein? (Mehrfachauswahl möglich)
    - ☐ Produktdifferenzierung
    - ☐ Verbesserung von Kundendienst/Service
    - ☐ Entwicklung von neuen Produkten
    - ☐ Lieferantenbeziehungen
    - ☐ Kostensenkung
    - ☐ Marktnischen in bezug auf Kundengruppen, geografische Regionen oder spezielle Produktausprägungen
    - ☐ Zusammenarbeit mit anderen Unternehmen
    - ☐ Sonstige: ....

b) Informationsleitbild/"Informationsrichtlinien"

1) Gibt es in Ihrem Unternehmen (Ihre Informationsfunktion betreffende/von Ihrer Informationsfunktion heraus-
   gegebene) Richtlinien bzw. Handlungsempfehlungen für den Umgang mit Information(stechnologie)?
   o schriftlich
   o "nur im Kopf"
   o keine

   Falls Informationsrichtlinien schriftlich:

   -   Wo sind diese Richtlinien festgehalten?

   ....

   Falls nicht schriftlich:

   -   Warum verfügen Sie über keine schriftlichen Informationsrichtlinien?

   ....

   ....

   ....

   Falls schriftlich oder im Kopf:

   -   Inhalte/Bereiche:

   ....

   ....

   ....

   - Wie hoch ist der Bekanntheitsgrad dieser Richtlinien?
        unbekannt   0 ---- 1 ---- 2 ---- 3   überall bekannt

        Falls beim Großteil des dafür in Frage kommenden Personenkreises bekannt:

        -   Anwendung/Bindung daran?
        gar nicht   0 ---- 1 ---- 2 ---- 3   völlig

c) Informations(verarbeitungs)controlling

1) In welcher Form wird Ihre Informationsfunktion geführt?
   o Profit Center
   o Cost Center (Verantwortlichkeit für Budgeteinhaltung)
   o Sonstige: ....

2) Wie hoch ist das Gesamtbudget (Sachaufwand, Personalaufwand, ...) Ihrer Informationsfunktion? .... öS (in
   tausend öS)

3) Erheben/ermitteln Sie für Ihre Informationsfunktion (Basis)Kennzahlen: ja/nein?

Falls ja:
- Welche <u>Bestandskennzahlen</u> (z. B. Anzahl Programme, Anzahl Datenbanken, Buchbestand, ...) erheben Sie?

....

....

....

- Welche <u>Prozesskennzahlen</u> (geben Auskunft über die Nutzung der Informationsressourcen, z. B. Anzahl Benutzer, Transaktionszahl, Anzahl durchgeführter Datenbankrecherchen, ...) ermitteln Sie?

....

....

....

4) <u>Planen und steuern</u> Sie die Kosten Ihrer Informationsfunktion nach Kostenarten (führen Sie eine "Informationskostenartenrechnung"): ja/nein?

Falls ja:
- Bitte nennen Sie die 5 wichtigsten Kostenarten (Reihung nach der Höhe der Kosten)?

1. ....

2. ....

3. ....

4. ....

5. ....

5) Wie werden die von Ihrer Informationsfunktion erbrachten Leistungen weiterverrechnet?
   o Verrechnungspreise
      o zu Vollkosten
      o zu Teilkosten: Kostendeckungsgrad: ca. .... %
   o Kostenstellenumlage
   o gesamter Kostenblock als unternehmensfixe Kosten betrachtet
   o Mischsysteme
      Welche? ....

6) Wie ermitteln Sie den Nutzen der von Ihrer Informationsfunktion erbrachten Leistungen?

....

....

....

....

d) Methoden

Welche der folgenden Methoden setzen Sie im Rahmen des IM ein? (Mehrfachauswahl möglich)

- Strategische Informations(system)planung
   ☐ Erfolgsfaktorenanalyse
   ☐ Wert(schöpfungs)ketten-Analyse

- ☐ Analyse der Wettbewerbskräfte
- ☐ Portfolio-Technik
- ☐ "Strategiegenerator" (Wiseman)
- ☐ ....
- ☐ ....

- Informations(verarbeitungs)controlling:
  - ☐ Investitionsrechnungen
    Welche? ....
  - ☐ Benchmarking
  - ☐ Methoden der Aufwandsschätzung
    Welche? ....
  - ☐ Methoden der Nutzenschätzung (Argumentebilanz, Nutzwertanalyse, ...)
    Welche? ....
  - ☐ Kennzahlen
  - ☐ ....
  - ☐ ....

- Allgemeine Methoden:
  - ☐ Stärken-/Schwächenanalyse (-profile)
  - ☐ Szenariotechnik
  - ☐ Checklisten
  - ☐ Fehlerbaum-Analyse
  - ☐ ....
  - ☐ ....
  - ☐ ....
  - ☐ ....

- Sonstige Methoden:
  - ☐ Business System Planning (BSP) (IBM)
  - ☐ Kommunikationssystem-Studie (IBM)
  - ☐ ....
  - ☐ ....
  - ☐ ....
  - ☐ ....

e1) Endbenutzermanagement: alle Informationsfunktionen

1) Gibt es in Ihrem Unternehmen (im Rahmen einer sogenannten benutzergesteuerten Informationsverarbeitung) ein (von Ihrer Informationsfunktion "(mit)betriebenes") "Information Center"/Benutzerservice: ja/nein?

Falls ja:
- Welche Aufgaben werden vom "Information Center" wahrgenommen?
  ....
  ....
  ....

Falls nein:
- Gibt es einen formell eingesetzten Mitarbeiter/eine Stelle, der/die die Endbenutzer im Umgang mit Information(s)technologie) im Bedarfsfall (z. B. Computerprobleme) berät bzw. unterstützt: ja/nein?

2) Werden bei Bedarf (informations(technologie)bezogene) Endbenutzerschulungen durchgeführt bzw. wird den Mitarbeitern die Teilnahme an derartigen Weiterbildungsveranstaltungen ermöglicht: ja/nein?

e2) Endbenutzermanagement: EDV-Abteilung

3) Wirken die Endbenutzer bei der Planung/Auswahl und Einführung von neuen Informationssystemen aktiv mit: ja/nein?

Falls ja:
- In welcher Form (Mehrfachauswahl möglich)?
  - ☐ Führungs-/EDV-Ausschüsse (Abstimmung der EDV-Planung und Ressourcenfreigabe)
  - ☐ projektbezogene Lenkungsausschüsse (für die Dauer der Projektdurchführung zur Projektkontrolle)
  - ☐ Sonstige: ....

4) Besteht in Ihrem Unternehmen für einen Teil der Mitarbeiter (außerhalb der Informationsfunktionen) die Möglichkeit, die Unternehmensdaten direkt abzufragen (nicht über Anwendungsprogramme): ja/nein?

Falls ja:

- In welcher Form können die Mitarbeiter die Unternehmensdaten direkt abfragen (Data Warehouse, Führungsinformationssystem, Entscheidungsunterstützungssystem, ...)?

  ....

- Wie hoch schätzen Sie den Prozentsatz der Mitarbeiter des Verwaltungsbereiches (außerhalb der EDV-Abteilung), der einen direkten Zugriff auf die Unternehmensdaten hat? ...... %

e3) Endbenutzermanagement: informationsorientierte Informationsfunktionen
(falls es in einem Unternehmen keine informationsorientierte Informationsfunktion gibt: Frage 3 bis 5 ebenfalls an EDV-Abteilung)

3) Führt ein Teil der Mitarbeiter Recherchen in externen Datenbanken selbständig (ohne direkte Beteiligung Ihrer Informationsfunktion) durch: ja/nein?

Falls ja:
- Welchen Abteilungen gehören diese Mitarbeiter an?
  ....

4) Sind Fachabteilungen für die Beschaffung von Fachliteratur teilweise selbst zuständig: ja/nein?

5) Werden von einigen Fachabteilungen Dokumentationen selbst "betrieben": ja/nein?

5) Sollte ein Teil der informationsbezogenen Tätigkeiten (in bezug auf Informationssuche, -beschaffung, -beschaffung, -analyse, -speicherung, -aufbereitung, -weitervermittlung) zentral wahrgenommen werden?

        nein   0 ---- 1 ---- 2 ---- 3   ja

Welche? ....
....

7) Sehen Sie die Gefahr, dass durch die Übernahme von (zusätzlichen) "Informationstätigkeiten" durch die Endbenutzer (z. B. Datenbankrecherchen) letztendlich die Existenz Ihrer Informationsfunktion gefährdet ist?

        nein   0 ---- 1 ---- 2 ---- 3   ja

Begründen Sie Ihre Antwort:
....

6. Umsetzungsprobleme, zukünftige Entwicklung des IM

1) Was sind die Hauptprobleme bei der Umsetzung des IM? (<u>maximal</u> 5 Nennungen)
- ☐ 1) mangelnde Unterstützung durch die Unternehmensführung
- ☐ 2) Fehlen von bewährten Methoden
- ☐ 3) Unklarheit des IM-Konzepts
- ☐ 4) mangelnde Bewertbarkeit des Nutzens von Information
- ☐ 5) zu starke technische Orientierung des IM
- ☐ 6) mangelnde Bereitschaft im Unternehmen, Daten/Information mit anderen zu teilen
- ☐ 7) die für die Umsetzung eines IM erforderlichen Ressourcen sind nicht vorhanden
- ☐ 8) die Bedeutung von Information als wesentlicher Beitrag zum Unternehmenserfolg wird großteils nicht erkannt
- ☐ 9) Schwierigkeit, den Nutzen des IM-Konzepts für das Unternehmen einschätzen zu können
- ☐ 10) hohe Komplexität des IM-Konzepts
- ☐ 11) Bewusstsein ist nicht vorhanden, dass Information mit Kosten verbunden ist
- ☐ 12) Kommunikationsprobleme mit den Endbenutzern
- ☐ 13) die sich rasant ändernde Informationstechnologie
- ☐ 14) im Unternehmen vorhandene Informationstechnologie engt den Handlungsspielraum zu sehr ein
- ☐ 15) Sonstige? ....
- 16) ....
- 17) ....

2) Wie sehen Sie die Entwicklung des IM (aus Ihrer Perspektive) in den nächsten 5 Jahren in Ihrem Unternehmen (Trends, zukünftige Schwerpunktsetzung, Rolle des IM, ...)?

....

....

....

....

....

....

....

....

Der Deutsche Universitäts-Verlag

Ein Unternehmen der Fachverlagsgruppe BertelsmannSpringer

Der Deutsche Universitäts-Verlag wurde 1968 gegründet und 1988 durch die Wissenschaftsverlage Dr. Th. Gabler Verlag, Verlag Vieweg und Westdeutscher Verlag aktiviert. Der DUV bietet hervorragenden jüngeren Wissenschaftlern ein Forum, die Ergebnisse ihrer Arbeit der interessierten Fachöffentlichkeit vorzustellen. Das Programm steht vor allem solchen Arbeiten offen, deren Qualität durch eine sehr gute Note ausgewiesen ist. Jedes Manuskript wird vom Verlag zusätzlich auf seine Vermarktungschancen hin überprüft.

Durch die umfassenden Vertriebs- und Marketingaktivitäten, die in enger Kooperation mit den Schwesterverlagen Gabler, Vieweg und Westdeutscher Verlag erfolgen, erreichen wir die breite Information aller Fachinstitute, -bibliotheken, -zeitschriften und den interessierten Praktiker. Den Autoren bieten wir dabei günstige Konditionen, die jeweils individuell vertraglich vereinbart werden.

Der DUV publiziert ein wissenschaftliches Monographienprogramm in den Fachdisziplinen

Wirtschaftswissenschaft	Psychologie
Informatik	Literaturwissenschaft
Kognitionswissenschaft	Sprachwissenschaft
Sozialwissenschaft	

www.duv.de

Änderungen vorbehalten.
Stand: 1.7.2000

Abraham-Lincoln-Str. 46
65189 Wiesbaden